BIBLIOTHÈQUE MORALE

DE

LA JEUNESSE

1re SÉRIE IN-4°

Il vit sa fille étendue sur la plate-forme.

LES NAUFRAGÉS

DE

L'ILE BORNÉO

PAR

LE CAPITAINE MAYNE-REID

Traduit de l'anglais par E. DELAUNEY

AVEC GRAVURES DANS LE TEXTE

ROUEN
MÉGARD ET Cie, LIBRAIRES-ÉDITEURS
1884

Propriété des Éditeurs,

LES NAUFRAGÉS

DE

L'ILE BORNÉO.

I.

UN ÉQUIPAGE NAUFRAGÉ.

Position désespérée. — Tous sont morts, moins six. — Ils luttent pour sauver leur vie. — Le ciel au-dessus, la mer au-dessous, et rien en vue !

Où donc s'en va ce frêle esquif jeté sur la mer immense et qui semble un point perdu dans l'espace ?

Pas de côte en vue ! pas de voile à l'horizon !

Et pourtant voyez : c'est bien la pinasse d'un navire marchand que nous apercevons sans voile et sans mât. Elle dérive à l'aventure sous un ciel des tropiques, brûlée par les rayons d'un soleil de plomb qui parcourt lentement le zénith d'un azur sans égal.

Il y a bien des avirons à bord, mais nul ne s'en sert. Ils pendent abandonnés à travers leurs tolets, ballottés par le flot, sans qu'aucune main prenne la peine de les diriger.

Et cependant le canot n'est point vide. Sept formes humaines projettent leur ombre dans le sillon lumineux qu'il laisse après lui. Nous pouvons y distinguer six vivants et un mort.

Parmi les premiers nous comptons quatre hommes faits, dont trois de race blanche ; le quatrième, au teint bistré, dénote une autre origine.

L'un de ces blancs était un homme de haute stature, brun, barbu, qui semblait être, soit un Européen, soit un Américain, bien que la régularité de ses traits et leur forme allongée pussent faire pencher pour cette dernière supposition, d'ailleurs fondée, puisqu'il était natif de New-York.

Son voisin, de race blanche aussi, contrastait étrangement et de tous points avec lui. Autant l'un était brun, autant l'autre était rouge. Cheveux carotte, teint roussi, complètement dénaturé par l'action continue du soleil des tropiques, on devinait en lui un Irlandais.

Le troisième, mince, grêle, avec un visage presque imberbe, des joues d'une pâleur livide, des yeux enfoncés dans leurs orbites et roulant avec une expression farouche, ne portait aucun cachet bien distinctif. Il était vêtu d'un costume de marin, mais de la classe des simples matelots.

Quant au quatrième, au teint bistré, son nez aplati, ses pommettes saillantes, ses yeux obliques, ses cheveux droits et noirs comme l'aile du corbeau, trahissaient en lui un originaire de la Malaisie.

Les deux autres êtres vivants étaient deux adolescents de race blanche, le frère et la sœur, ayant à peine deux ans de différence ;

l'aîné, le garçon, pouvait avoir seize ans, et la fille quatorze. Une grande ressemblance régnait entre eux, et leur taille était presque identique.

Le quatrième blanc, qui gisait mort au fond du bateau, était également vêtu en simple matelot.

Il n'y avait pas longtemps que la vie avait abandonné ce pauvre corps épuisé, et, à en juger par l'apparence des survivants, peu de temps s'écoulerait avant qu'ils fussent réduits, eux aussi, à la même immobilité.

Qu'ils sont blêmes et décharnés, ces six êtres qui semblent minés par la faim !

Les deux enfants, couchés à l'arrière du canot, entrelacent leurs bras amaigris, qui n'ont plus de forme. Le grand brun, barbu, assis sur un banc, regarde d'un œil hagard le cadavre qui gît à ses pieds, tandis que les trois autres ont également les yeux fixés dessus, mais avec des expressions bien différentes.

Celle de l'Irlandais annonce la douleur de la perte d'un vieux camarade sincèrement regretté ; celle du Malais est empreinte de cette placidité impassible qui caractérise sa race, tandis que celle de l'homme aux orbites enfoncés est affreuse à voir ; elle révèle les plus horribles instincts que la souffrance puisse éveiller dans l'âme humaine : ceux qui poussent au cannibalisme.

Cette scène décrite demande des explications sur les causes qui l'ont motivée. Hélas ! elles sont faciles à donner.

Le Yankee au teint brun est le capitaine Robert Redwood, maître de barque de la marine marchande américaine, faisant le commerce avec les îles de l'Archipel indien. L'Irlandais est son maître charpentier, le Malais son pilote, tandis que les deux autres hommes sont tout ce qui reste de l'équipage. Enfin les deux adolescents sont ses enfants, qui, n'ayant plus de mère, ni de proches parents pour veiller sur eux, accompagnent leur père dans ses voyages.

En se rendant de Manille, une des Philippines, à l'établissement hollandais de Macassar dans les Célèbes, le navire avait été pris dans un typhon et submergé vers le milieu de la mer des Célèbes.

Son équipage avait eu la vie sauve, grâce à la pinasse, mais n'avait obtenu ce répit à la mort des noyés que pour succomber en détail, et dans une lente agonie, aux tortures multiples de la faim, de la soif, de la fatigue et de l'inclémence d'une température qui s'ajoutait à tous leurs autres maux.

On les avait vus succomber l'un après l'autre, et l'on avait dû les rendre à la tombe humide qui les réclamait. Maintenant il ne restait plus que six survivants, six squelettes plutôt, dont il semblait que le jour suivant peut-être dût voir cesser les souffrances et se terminer l'agonie.

Il paraîtra étrange sans doute que les adolescents que nous voyons enlacés à l'arrière du canot, comme s'ils espéraient que la mort n'oserait pas les séparer à son appel suprême, eussent résisté jusque-là. Ils n'étaient guère que des enfants, surtout la fillette; comment donc avaient-ils supporté cette terrible épreuve plus longtemps que des matelots doués la plupart d'une constitution fort robuste?

C'est que, si bizarre que cela paraisse, dans cette lutte contre l'épuisement par inanition, la jeunesse se montre beaucoup plus vivace que la maturité, à tel point qu'un petit enfant supportera les mêmes privations, proportions gardées, beaucoup mieux et plus longtemps que l'homme fait.

Navire pris dans un typhon.

Si le capitaine Redwood est lui-même encore l'un des plus robustes survivants, cela tient en partie à la richesse de son organisation, mais surtout à la présence de ses chers enfants; sa tendresse pour eux, sa terreur du sort qui les attend, ont neutralisé en partie l'action du désespoir et surexcité en lui tous les principes de vitalité.

Si un vif sentiment d'affection peut, comme nous le croyons, réagir sur les ressorts vitaux, c'est sans doute aussi ce qui soutient l'Irlandais.

Bien qu'il ne soit que le charpentier du bord, il ressent pour son capitaine une affection réellement fraternelle. C'est que ce n'est pas d'aujourd'hui qu'il connaît le capitaine Redwood et est attaché à son service ; il y a des années qu'il a fait son premier voyage avec lui. Il est à juste titre considéré comme l'un des hommes les plus sûrs de son équipage, et ces longs rapports ont cimenté une cordiale amitié entre le patron et l'employé, amitié que ce dernier étend sans réserve sur les deux enfants qui reposent les bras entrelacés à l'arrière de la pinasse.

Quant au Malais, les privations sont bien parvenues à imprimer leurs traces sur lui, mais assurément pas comme elles l'ont fait sur ses compagnons d'infortune. Il se peut que son teint bronzé donne moins de prise sur ses traits à la pâleur qui blémit toutes ces figures hâves et décharnées ; mais en tout cas, il paraît encore aussi plein de vie, aussi souple de membres, aussi nerveux que si de rien n'était. Il eût bien encore ramé avec l'énergie qui sauve, s'il n'eût fallu que de l'énergie pour être sauvés.

Parmi tous ces gens destinés à périr sur cette barque, il est désigné pour être le dernier à subir ce sort, aussi clairement que l'homme aux yeux hagards est désigné pour être la première victime.

Au-dessus de ce groupe, emblème de la misère même, brille le radieux soleil des tropiques. Autour de lui, à perte de vue, reluit et scintille la mer calme et bleue, qui semble réfléchir et renvoyer les rayons du soleil, comme ferait un métal en fusion ; au-dessous de lui, au fond de l'eau transparente et claire, se reflète un autre firmament peuplé, non pas d'oiseaux, mais d'étranges apparitions, d'êtres aux formes repoussantes et bizarres, parmi lesquels on remarque le remora et le requin à tête de marteau.

La barque semble un point dans cette triple immensité qui l'environne, l'immensité du ciel qui la surplombe, de la mer sur la surface de laquelle elle erre à l'aventure et des profondeurs de l'océan qu'elle domine.

Les naufragés ne sont donc séparés que par l'épaisseur d'une planche et quelques pieds d'eau transparente de ces monstres horribles qui se meuvent avec la rapidité du choc électrique.

Et rien en vue !

Ni une terre, ni un navire, ni une voile ! Rien qui puisse leur communiquer quelque espoir ! Autour d'eux, au-dessus d'eux, tout resplendit, tandis qu'en eux tout est ténèbres, effroi, douleur.

II.

LE MARTEAU.

Précaution du capitaine. — On se débarrasse du mort. — La tombe commune dans l'Océan. — Le type d'un monstre.

Pendant quelque temps, les infortunés étaient restés dans un morne silence, lançant parfois un rapide regard au cadavre couché au fond de leur embarcation, et se demandant peut-être combien de temps pouvait s'écouler encore avant qu'ils fussent, eux aussi, réduits au même état.

De temps à autre également, ils s'interrogeaient d'un regard machinal qui n'ajoutait rien à leur abattement, mais confirmait toujours plus leur désespoir.

Dans l'un de ces moments, le capitaine Redwood et l'Irlandais furent tous les deux frappés en même temps de l'éclat inaccoutumé et sauvage qui brillait dans les yeux du marin survivant. Ils en devinèrent le sens, trop facile, hélas! à percevoir, et échangèrent un coup d'œil significatif.

Depuis près de vingt-quatre heures, la conduite bizarre du matelot avait frappé tout le monde et fait naître dans les esprits une certitude presque absolue de son insanité. La mort du marin qui gisait à leurs pieds — le neuvième de ceux qui avaient succombé depuis le naufrage — l'avait comme apaisé pendant quelque temps. Il était resté calme sur son banc, les coudes posés sur ses genoux et la tête dans ses mains, tranquille et presque immobile.

Peu à peu toutefois, cette longue contemplation avait produit un effet extraordinaire sur ce pauvre cerveau. L'expression d'égarement s'était accrue, et à la période dont nous parlons, il dévorait littéralement des yeux ce corps à peine refroidi.

Après un moment de réflexion causée par cette découverte inquiétante, le capitaine fit un signe à son charpentier et lui dit à voix très basse, de manière à ne pouvoir attirer l'attention du matelot :

— Murtagh, il est inutile de garder ce corps ici plus longtemps. Rendons-lui les tristes honneurs des funérailles que la mer accorde à ceux de ses enfants qui meurent sur son sein.... Et celui-là était bien un marin et un vrai....

Mais l'Irlandais, ne faisant attention qu'à ce qui lui était dit, et non à la manière dont on le lui disait, s'écria :

— Ah! oui, un vrai! on peut le dire, capitaine. Et penser que c'est le neuvième que nous allons jeter par-dessus bord ! Tout l'équipage d'un vieux navire y a passé, à l'exception de nous trois, des enfants et du Malais. Si ce n'était que votre honneur vit encore, je dirais que les bons s'en vont et que les mauvais restent ; car je vous demande à quoi peut servir ce noiraud qui semble vouloir nous enterrer tous....

Le capitaine, à qui s'adressait cet imprudent discours, était comme sur des charbons ardents; il y mit un terme par un geste brusque. Il en redoutait l'effet, non sur le Malais, mais sur le matelot aliéné. Heureusement, celui-ci, tout absorbé par d'autres préoccupations, ne parut pas les avoir compris ni même entendus, et le capitaine put en quelques mots, prononcés à la hâte, communiquer à Murtagh les quelques instructions nécessaires à son dessein.

Il est inutile de garder ce corps ici plus longtemps.

— Soulève-le par les épaules pendant que je le prendrai par les pieds, et laissons-le glisser tout doucement en dehors du bateau. Et toi, Laloo, reste où tu es, nous n'aurons pas besoin de ton aide.

Ces derniers mots furent adressés au Malais dans sa propre langue, afin que lui seul pût les comprendre.

Le mobile qui les avait dictés était aisé à saisir. Si le Malais, assis à côté du fou, se levait pour prêter main-forte, il se produirait une commotion dans la chaloupe qui ne pourrait manquer de frapper l'attention du matelot, et peut-être déterminerait quelque crise; ce que l'on redoutait d'autant plus, qu'on en ignorait la nature.

Taciturne comme à son ordinaire, le Malais acquiesça d'un signe de tête à l'injonction reçue, sans avoir l'air d'avoir compris ou cherché à comprendre la raison qui rendait son concours superflu dans le genre d'opération qui se préparait. Mais néanmoins il n'était pas aussi étranger à ce qui se passait que son mutisme pouvait le faire supposer; Il était assez intelligent pour que l'état de son voisin ne fût pas demeuré pour lui un mystère.

Se levant alors sans bruit, le capitaine et le charpentier prirent le cadavre entre leurs bras et le soulevèrent. Si faibles qu'ils fussent, ce fardeau n'excédait pas leurs forces. C'est que ce n'était plus qu'un squelette dont la peau desséchée maintenait seule la structure osseuse.

Ils le déposèrent un instant sur le plat-bord de la chaloupe, et, dans une courte pause, les deux hommes, les yeux levés au ciel, unirent leurs prières, puis l'Irlandais fit dévotement deux ou trois signes de croix.

Après ce cérémonial sommaire, le chef et le camarade du défunt, également émus, soulevèrent de nouveau le corps, et, après une dernière et affectueuse étreinte, étendirent leurs bras en dehors du bateau et laissèrent doucement glisser l'infortuné.

Point de bruit, point de secousse. La mer, en se refermant, n'indiqua le lieu de la sépulture que par un léger remous, tel qu'eût pu en produire le passage d'une écorce légère.

Si insensible qu'eût été le plongeon du corps, il n'en produisit pourtant pas moins un effet aussi instantané que violent.

Le camarade du matelot dont on venait de célébrer ainsi les obsèques, quasiment à la dérobée, se dressa sur ses pieds, en poussant un cri rauque qui retentit au loin sur l'Océan. D'un bond qui fit affreusement pencher la pinasse, il s'élança vers le bord d'où le cadavre avait été livré à l'abîme, et, les bras étendus au-dessus de sa tête, se tint prêt à plonger pour ramener le corps.

Ce qu'il vit aurait dû suffire à l'arrêter.

Requin.

Le cadavre descendait d'un mouvement lent et doux, sa chemise de toile bleue prenant une teinte plus pâle, à mesure qu'il s'enfonçait dans le flot transparent. Mais, venant en sens inverse, comme si elle montait des plus sombres profondeurs de l'Océan, s'avançait une créature monstrueuse, difforme, horrible à voir : c'était un requin à tête de marteau, le redoutable *zygœna* de la mer des Célèbes.

On ne voyait d'abord que deux yeux énormes, brillant d'une lueur fauve, au milieu de deux protubérances en forme de joues ;

ce sont elles, du reste, qui donnent à la tête de ce hideux animal cette singulière ressemblance avec un marteau de forgeron, qui lui a valu son nom. Il nageait rapidement vers sa proie; les spectateurs avaient à peine aperçu les contours de sa forme disgracieuse, qu'il avait déjà disparu au milieu d'une sorte de pluie de perles bleuâtres qui se produisit dans l'eau comme par enchantement, enveloppant tout à la fois et dérobant à la vue et le poisson vivant et le matelot mort.

A travers ce nuage d'un nouveau genre, on pouvait distinguer de pâles lueurs phosphorescentes, semblables à l'éclair déchirant un ciel orageux. Puis bientôt des bulles d'air et des flocons d'écume montèrent à la surface du flot. Cela n'eut que la durée d'un instant, mais ce fut terrible, inoubliable.

Quand ce brouillard liquide se fut dissipé, et que les naufragés purent de nouveau interroger les profondeurs de l'Océan, ils ne virent plus rien ni du vivant ni du mort.

Le zygœna s'était assuré de sa proie; et, si décharnée qu'elle fût, il l'avait déjà entraînée vers quelque caverne ignorée de son mystérieux domaine.

III.

L'ALBATROS.

Un homme à la mer. — Au secours. — Tentatives. — Le sauvera-t-on ?
— L'oiseau fatal.

Le capitaine Redwood et l'Irlandais étaient comme glacés d'effroi par l'horrible spectacle qui venait de se dérouler sous leurs yeux.

Les enfants étaient non moins émus, car l'un et l'autre s'étaient redressés brusquement pour suivre du regard ce qu'ils voyaient impressionner si vivement leur père.

Il n'y avait pas jusqu'au Malais, accoutumé depuis sa première enfance aux scènes les plus tragiques et aux dénouements les plus sanglants, qui n'eût perdu de son flegme à considérer les flots troublés par ce drame imprévu. Son visage généralement impassible trahissait une émotion douloureuse.

Tous se laissèrent retomber sur leurs bancs; seul l'insensé resta debout, et, chose affreuse, son regard interrogeait le flot avec une anxiété qui témoignait de son regret que ce fût déjà terminé. La fixité, l'opiniâtreté de ce regard semblait indiquer qu'il aurait voulu pouvoir pénétrer jusqu'au plus profond de l'Océan.

Si ses compagnons avaient pu jusqu'alors entretenir quelque doute sur l'insanité de son état mental, son attitude en ce moment devait le dissiper entièrement. Un fou pouvait seul considérer de sang-froid ce qui venait de se passer.

Toutefois cela ne dura pas.

A peine les autres s'étaient-ils laissés tomber à leurs places respectives, que le malheureux poussa un cri plus sauvage et plus strident encore que le premier, joignit les mains au-dessus de sa tête comme un plongeur prêt à s'élancer, et escalada un des bancs.

Il n'y avait pas à se méprendre sur son intention.

Le capitaine, Murtagh et le Malais se levèrent d'un bond, étendant les mains pour le retenir; mais il était trop tard. Avant que l'un des trois eût pu l'atteindre, il avait pris l'élan fatal et se débattait déjà entre deux eaux.

Aucun des spectateurs ne se sentit assez fort pour plonger après lui et tenter de le sauver. Selon toute probabilité, leurs efforts eussent été vains, non seulement à cause de leur extrême faiblesse, mais surtout parce que le même état de démence qui avait déterminé le pauvre fou à se précipiter dans l'abîme pouvait agir encore sur son cerveau et le pousser à entraîner une autre victime avec lui sous les flots.

Retenus par cette pensée, tous restèrent debout dans le canot, attendant de voir reparaître l'infortuné.

Il remonta en effet, mais à une assez grande distance, car une brise qui s'était graduellement élevée faisait en ce moment dériver la pinasse plus vite qu'auparavant.

Quand on aperçut de nouveau la tête du matelot au-dessus de la surface liquide bouillonnante et frangée d'écume, il était à une centaine de mètres de distance ; pas assez loin cependant pour qu'on ne pût distinguer l'expression de son visage. Cette expression s'était transformée comme par magie.

A l'égarement de la folie avait succédé une crainte, ou plutôt une terreur aussi vive que réfléchie.

L'immersion dans la mer profonde et glacée avait agi sur son cerveau enfiévré et produit une brusque et complète réaction. Les accents déchirants avec lesquels il appelait au secours dénotaient clairement qu'il se rendait compte du péril dans lequel il s'était placé.

Ses appels ne devaient pas rester sans réponse. Murtagh et le Malais se précipitèrent vers les rames avec toute l'énergie que leur laissait leur faiblesse croissante, et le capitaine s'élança à l'arrière pour tâcher de faire manœuvrer le gouvernail.

En un instant la pinasse eut viré de bord et s'avança vers le nageur, qui, de son côté, se dirigeait vers elle aussi vite que le lui permettaient ses forces épuisées.

Il semblait impossible qu'on ne le rejoignît pas. Le seul danger que l'on redoutât était l'attaque du requin ; mais on avait quelque raison d'espérer que celui-ci, occupé de sa proie récente, n'était pas encore sur la piste d'une autre victime.

Il est vrai que le monstre n'était pas seul de son espèce ; les eaux dans lesquelles se mouvait le nageur pouvaient être infestées par la présence d'un nombre plus ou moins grand de ces êtres repoussants et difformes ; mais puisqu'on n'en avait encore aperçu qu'un seul, et que celui-là se trouvait momentanément hors de cause, c'était une raison pour qu'ils redoublassent d'efforts, les malheureux ! pour se rapprocher de leur camarade.

Ils avaient tout contre eux, leur épuisement et le vent. Néanmoins telle était leur décision énergique, qu'ils avançaient lentement, mais sûrement, certains de réintégrer bientôt à bord, dans de meilleures conditions, celui qui leur avait causé tant d'inquiétude.

Ils avaient déjà franchi plus de la moitié de la distance. Une demi-encâblure les séparait à peine du matelot, qui faisait de son mieux pour tâcher de les rejoindre. On ne voyait aux alentours ni requin, ni poisson d'aucune sorte, partant aucun symptôme de danger ; seulement, dans les cieux, planait à une grande hauteur un oiseau immense, que son long bec crochu et ses ailes infléchies comme la lame d'un cimeterre leur firent reconnaître pour un albatros.

C'était en effet le grand albatros des mers de l'Inde, dont l'envergure dépasse celle de l'aigle le plus grand et atteint presque celle du condor de l'Amérique du Sud, ce géant des oiseaux de proie.

Les matelots de la chaloupe ne jetèrent à l'oiseau qu'un coup d'œil distrait. Que leur importait cet habitant de l'air ? Ce qui les préoccupait, c'était le zygœna aux mœurs sanguinaires et féroces, et tous continuaient à examiner la mer à l'entour d'eux, cherchant à scruter ses profondeurs pour en deviner les périls et les prévenir.

Toujours nul requin en vue ! Tout semblait favorable. En dépit des cris lamentables du nageur, qui, d'instant en instant, faiblissait et se sentait entraîné sous l'eau, ceux de la pinasse se croyaient certains de le sauver.

— Pauvre diable, disait le capitaine, il est bien guéri cette fois ; il n'y a plus rien à craindre pour lui maintenant ; dans un instant nous l'aurons rejoint.

Le but qu'il visait était évidemment la tête du nageur.

Et tous unissaient leurs vœux et leurs efforts dans ce but unique, dont la réalisation semblait devoir alléger un peu leur sombre désespoir. Soudain un cri poussé par Laloo changea la face des choses.

Le Malais avait cessé de ramer, et son bras pendait sur l'aviron comme s'il eût été frappé de paralysie ; comme l'Irlandais, il ramait le dos tourné au nageur. Cet arrêt et ce mouvement brusque avaient été déterminés par le passage d'une ombre sur le bateau ;

quelque chose se mouvait dans l'espace au-dessus de l'embarcation.

Tous regardèrent en avant.

Ils ne virent rien que l'albatros qui fendait l'air, non plus comme précédemment dans les hautes régions et d'un mouvement lent et uniforme, mais du vol rapide du faucon fondant sur sa proie. Il ne semblait pas descendre suivant une ligne droite, mais suivant une parabole allongée comme un aérolithe projeté sur la surface de la mer.

L'oiseau, avec un bruit d'ailes semblable au grincement du cabestan, s'avançait dans une direction parfaitement définie, et le but qu'il visait était évidemment la tête du nageur.

Une étrange clameur, dans laquelle se confondaient toutes les voix, s'éleva au-dessus de l'Océan. Du côté de l'embarcation prévalut un douloureux étonnement; dans le cri de l'homme à la mer, une incommensurable terreur; et à ces deux notes distinctes, se mêla le croassement rauque de l'albatros, bientôt suivi d'un cri qui pouvait passer pour l'expression ironique de son triomphe. Puis, rapide comme la pensée, on entendit un sourd craquement. Le bec puissant et acéré de l'oiseau pénétrait dans le crâne du matelot, le frappant de mort aussi sûrement que l'eût fait un boulet de six et envoyant son corps sans vie au fond de la mer.

On ne le revit plus, et, exténués par ce long effort si fatalement terminé, les naufragés se laissèrent retomber à leur place, plus morts que vifs, abandonnant leur barque à la dérive.

IV.

LE CRI DU DUGONG.

Une nuit orageuse. — La voile improvisée. — Sous le vent. — Un cri mystérieux.
— Ce qu'annonce le dugong. — Terre.

Jusqu'au jour où le neuvième matelot avait succombé à la faim, et où le dixième avait été frappé par l'albatros, les naufragés s'étaient de temps en temps essayés à ramer. Depuis ce moment ils n'y songèrent plus. La faiblesse, jointe à l'accablement, prit le dessus.

Du reste, à quoi bon s'imposer cette fatigue inutile? Il n'y avait point de terres en vue, ni aucun indice qu'il y en eût dans le voisinage; et si un navire devait croiser leur route, ils avaient tout autant de chance de se trouver sur son passage, de quelque manière qu'ils s'y prissent, soit en restant au repos, soit en se livrant à des efforts laborieux autant que superflus.

Ils laissèrent donc leurs rames inactives se balancer à leur gré avec un grincement plaintif, et restèrent assis sur leurs bancs, indifférents à tout, et la tête penchée sur la poitrine, regardant à leurs pieds avec un morne désespoir.

Seul le Malais restait sur le qui-vive : ses grands yeux noirs, brillant encore du feu de la pensée, interrogeaient incessamment l'espace, comme si leur affreuse situation ne fût pas encore parvenue à l'abattre.

Cette interminable journée qui avait vu périr leurs deux camarades touchait enfin à son terme sans qu'aucun changement se fût produit en leur faveur. Le soleil de feu dont les ardeurs les avaient tant fait souffrir, disparut au sein de l'Océan et fut suivi du court crépuscule des tropiques.

Comme les ombres de la nuit les enveloppaient de leurs sombres replis, le père, agenouillé à côté de ses enfants, offrit une prière à Celui qui tient en ses mains la vie et la destinée de tous les hommes ; l'Irlandais s'y joignit de tout son cœur, et le Malais, bien que mahométan, murmura de son côté la même ardente pétition à Allah !

Telle était leur coutume, matin et soir, depuis qu'ils avaient quitté le vaisseau échoué et qu'ils étaient exposés à toutes les tortures qui les avaient assaillis dans l'embarcation.

Peut-être cette prière du soir fut-elle plus fervente que de coutume, car ils sentaient que leur fin était de plus en plus prochaine et qu'ils marchaient lentement, mais sûrement, vers la mort.

Pendant la nuit, il se produisit un fait assez rare dans ces parages. Le ciel s'obscurcit de nuées.

Etait-ce un bon ou un mauvais présage ? Nul n'aurait pu le dire. Si ces nuages étaient un signe précurseur de tempête, leur frêle embarcation courait mille fois le risque d'être mise en pièces et submergée ; si, au contraire, cela se bornait à une pluie d'orage, c'était un soulagement assuré ; car on recueillerait un peu de cette eau bienfaisante dans une bâche pliée au fond du bateau. Quelles délices en perspective !

Quoi qu'il en soit, la pluie dont on attendait le rafraîchissement et un bien-être relatif ne tomba point ; seul le vent souffla en bourrasque et dégénéra bientôt en tourmente. Le lendemain nos infortunés étaient encore en vie. La brise se leva de bonne heure et fraîchit subitement après le coucher du soleil.

C'était la première brise sérieuse qu'eussent eue les naufragés depuis qu'ils étaient sur la pinasse, et elle s'établit précisément dans la direction où ils avaient intérêt à aller.

Avec la fraîche caresse du vent qui venait rafraîchir son front brûlant, le capitaine sentit renaître en lui une secrète espérance que partagèrent bientôt Murtagh et le Malais.

— Si nous avions seulement une voile ! murmura le capitaine avec un soupir.

— Une voile, capitaine ? N'avons-nous pas la bâche de toile cirée ? répondit aussitôt Laloo dans un langage inimitable, que nous n'essayerons pas de reproduire. Pourquoi ne pas l'employer en forme de voile ? dit-il en l'attirant à lui.

— Tiens ! il a raison, le Malais, dit le brave Murtagh en se portant à la rescousse.

— Allons, camarade, venez, vous m'aiderez. Nous dresserons une rame pour nous servir de mât ; il ne nous faudra pas longtemps : ça va aller tout seul.

— Tout disposé à vous servir, Laloo, reprit l'Irlandais en décrochant un des avirons, tandis que son compagnon dépliait la bâche et s'évertuait à en faire disparaître les plis.

Avec la dextérité d'un marin consommé, Murtagh eut bientôt dressé son mât improvisé et assujetti sa base entre deux des couples du canot. Puis il l'amarra solidement à une des fortes planches qui remplissaient l'office de banc. Le capitaine lui-même prêta main-forte quand il s'agit de fixer la bâche à l'extrémité du mât à la façon d'une voile.

En un instant cette voile saisit la brise et se gonfla. Aussitôt la pinasse sembla s'animer sous cette impulsion. Elle fendit l'onde avec rapidité, laissant derrière elle un sillon lumineux dans les flots phosphorescents qui semblaient de feu liquide.

Les naufragés n'avaient point de boussole et par conséquent ils ne pouvaient savoir exactement dans quelle direction ils étaient emportés. Mais une bande jaunâtre, marquant le côté où avait disparu le soleil, était encore visible à l'horizon au moment où le vent avait commencé à fraîchir; et comme c'était un de ces vents stables, réguliers, qui soufflent des heures entières sans aucune saute, ils pouvaient conjecturer la direction qu'ils suivaient : c'était bien vers ce point de l'horizon où la lueur jaunâtre ne s'était totalement effacée que depuis peu; en d'autres termes, vers le couchant.

A l'ouest de l'endroit où le cyclone avait frappé le navire s'étend la grande île de Bornéo; or, ils savaient que cette île était la terre la plus proche, et c'était de ce côté qu'ils avaient constamment cherché à se diriger depuis leur désastre. Leur voile improvisée promettait donc de les conduire en une seule nuit beaucoup plus près de la terre que n'avaient pu le faire en plusieurs jours leurs efforts désespérés.

Ce fut une mortelle nuit de douze heures ; car sous la ligne — et les naufragés n'en étaient qu'à trois degrés à peine — les jours et les nuits sont d'égale durée.

Pendant ces douze longues heures, le vent souffla constamment dans la direction voulue, et l'épaisse et résistante toile goudronnée, en saisissant le moindre souffle, se comportait aussi bien que la meilleure des voiles.

C'était par le fait tout ce qu'il fallait à la pinasse, qui n'aurait pu supporter plus de toile dehors par une brise de mer aussi violente. La bâche remplissait l'office d'une voile de cap pour permettre à l'embarcation de courir devant le vent.

Le capitaine Redwood lui-même était à la barre ; tout le monde se sentait encouragé et réjoui par la rapidité qu'on avait atteinte.

Ils avaient bien fait une trentaine de lieues avant que revînt l'aube sur laquelle ils comptaient comme sur un supplément de consolation. Ses premières lueurs blanchissaient à peine à l'horizon, quand un son vint frapper leurs oreilles et produire au milieu d'eux une véritable commotion de joie.

Ce bruit se répercutait sur la sombre surface de l'abîme, dominant le murmure des vagues et le sifflement du vent. Il ressemblait à une voix humaine, et, bien qu'il résonnât comme un cri d'appel douloureux, les naufragés l'entendirent avec joie.

C'était l'espoir que dans un voisinage relatif se trouvaient d'autres êtres humains ; car, bien qu'ils pussent comme eux être en péril, ils n'étaient assurément pas réduits à une si dure extrémité. Leur sécurité pouvait avoir été compromise par la tempête, mais eux du moins étaient sans doute forts et bien portants et ne devaient pas ressembler aux squelettes affamés qui formaient tout l'équipage de la pinasse.

— Que pensez-vous que ce soit, capitaine? dit l'Irlandais. Ne serait-ce pas quelque navire en détresse?

Avant que le capitaine eût pu répondre, le même cri retentit de nouveau à travers l'immensité, avec un accent aussi déchirant que celui d'un moribond se tordant sur son lit d'agonie.

— Le dugong! s'écria Laloo, reconnaissant cette fois le son lamentable qu'il venait d'entendre, et qui est si conforme à la voix humaine, que l'on peut s'y tromper.

— Malheureusement ce n'est pas autre chose! reprit le capitaine Redwood avec un redoublement de tristesse.

Il savait, hélas! que le dugong ou lamantin, appelé vache marine dans les mers orientales, ne pouvait leur être d'aucune utilité; tandis que ses longs gémissements étaient précurseurs d'une aggravation à leurs peines, puisqu'ils sont l'indice presque assuré d'une tempête violente.

Pour lui et pour Murtagh, la présence de ce cétacé était donc loin d'être une consolation, et ils se laissèrent retomber sur leurs bancs dans la même attitude de découragement, avec peut-être un degré de plus.

Mais il n'en fut pas ainsi pour Laloo, qui connaissait mieux les mœurs de l'animal. Il savait que le dugong est amphibie, et que par conséquent, là où il se trouve, on peut être certain du voisinage de la terre. Il déduisit ces raisons et communiqua cette particularité à ses compagnons de souffrance; ce qui suffit à ranimer leur courage et leur énergie.

L'aube qui grandissait durant cet intervalle avait atteint les proportions du jour naissant. Devant eux, se détachant nettement sur le ciel lumineux, s'élevaient les montagnes bleues de Bornéo.

— Terre ! terre ! répétèrent simultanément toutes ces poitrines épuisées.

Que pensez-vous que ce soit, capitaine ?

— Oui, terre ! Dieu soit béni ! continua le capitaine d'un ton de vive gratitude.

Et comme sa pinasse, obéissant toujours à la double impulsion de la brise et de la voile, avançait rapidement vers la côte, il s'agenouilla avec ses enfants de chaque côté et offrit d'ardentes actions de grâces au Dieu souverain de la terre et des flots, qui, dans sa clémence, allait l'arracher, lui et les siens, aux périls de l'Océan.

V.

SUR LES BRISANTS.

Les rochers de corail. — Une entreprise dangereuse. — La passe entre les rochers.
— On aborde enfin.

La main toute-puissante qui avait ainsi secouru nos pauvres naufragés dans leur extrémité, en leur envoyant un vent favorable dont le souffle les avait poussés en vue de l'île de Bornéo, n'avait pas laissé renaître en eux tant d'espérances pour les anéantir ensuite en vue du port.

Et pourtant ils purent un moment croire que tel allait être leur sort.

Quand ils furent assez près du rivage pour en distinguer nettement la configuration, ils aperçurent entre eux et lui une ligne blanche semblable à une traînée de neige, qui s'étendait à plusieurs milles à droite et à gauche aussi loin que leur vue pouvait atteindre.

C'était une de ces barrières de récifs de corail qui enserrent la plupart des îles de l'océan Indien, puissants remparts élevés par de petits insectes, et qui semblent destinés à protéger ces délicieux paradis contre les assauts d'un océan habituellement calme, mais parfois terrible, quand le typhon le soulève et précipite sur les côtes ses vagues furieuses, semblables à des hordes de démons.

En approchant de ces récifs, le capitaine Redwood, avec son coup d'œil de marin, vit que tant que le vent soufflerait d'aussi haut, il n'y aurait pour la pinasse aucune chance de traverser, et que mettre le cap sur eux serait simplement courir au-devant d'une destruction assurée.

Aussitôt donc on largua la voile en dénouant le câble et en restituant la toile goudronnée au fond de l'embarcation. Quant à l'aviron qui avait servi de mât, il fut laissé debout; on n'en avait nul besoin; car il en restait cinq autres inoccupés, et on n'avait l'emploi que de quatre. Laloo et Murtagh en prirent chacun une paire, le capitaine se remit au gouvernail, et les rôles se trouvèrent distribués.

L'intention du capitaine n'était point d'aborder; bien au contraire, il voulait être en mesure de contrôler à son gré son embarcation, afin de l'empêcher de glisser vers les récifs dont la crête aiguë, surgissant au milieu de l'écume blanche, leur interdisait l'approche de la terre par une barrière des plus redoutables.

Maintenir la chaloupe hors de la portée de ce dangereux voisinage était tout ce que les rameurs pouvaient tenter. Affaiblis comme ils l'étaient par des souffrances de toute nature et par le manque prolongé de nourriture, ils avaient fort à faire de retenir la pinasse, poussée en avant par la rude brise qui leur avait rendu un si grand service et menaçait maintenant de leur jouer un si mauvais tour. Leurs efforts, si énergiques qu'ils fussent en comparaison de leur épuisement, menaçaient de se trouver impuissants, et la situation semblait s'aggraver.

Heureusement, comme si Dieu, les prenant en pitié, voulait leur venir en aide, le soleil apparut radieux à l'horizon. Il sembla sourire à leur infortune et se mettre de la partie des faibles. Sous l'influence de ses premiers rayons, le vent tomba. Les longs gémissements qu'il avait fait retentir toute la nuit cessèrent comme par magie, et un calme plat leur succéda. En même temps que le vent, les vagues s'apaisèrent, mais ces dernières plus graduellement.

Il devenait plus facile de gouverner le canot, qui n'avait plus à résister au courant; on pouvait sans grand effort ramer dans une direction parallèle à la ligne des récifs, et, après avoir louvoyé l'espace de plus d'un mille, on aperçut enfin dans les brisants une passe qui permettait de les franchir sans s'exposer à courir trop de risques.

Le cap fut aussitôt mis dessus ; les rameurs réunirent leurs forces en un dernier effort, tandis que le capitaine dirigeait sa course avec tout le talent dont est susceptible un pilote américain qui joue une suprême partie.

La tentative était audacieuse. Quoique le vent fût tombé, la mer était encore d'une grosseur effroyable. Les lames venaient se briser sur ces récifs avec une sauvage énergie et un fracas terrible, que la terre ne connaît que dans les soubresauts de ses convulsions volcaniques.

D'énormes colonnes d'eau étaient projetées de part et d'autre de la trouée qu'il s'agissait de traverser, et doublaient encore de volume, grâce à leur immense revêtement d'écume étincelante qui ressemblait aux piliers d'une trombe.

Entre ces massives colonnes bouillonnantes et troublées, s'étendait un étroit espace de mer calme — relativement du moins — car, même là, une embarcation ordinaire, sous la meilleure direction du monde, eût couru le risque d'être submergée.

Quelle chance de succès pouvait donc avoir une lourde pinasse, avec un chétif équipage insuffisant autant par le nombre que par la force, à mener à bien une si redoutable entreprise? Ne semblait-il pas qu'en dépit de tous les avantages qui, depuis la veille, par une dispensation vraiment providentielle, avaient surgi en leur faveur, le capitaine Redwood et les quelques survivants de son équipage allaient périr au milieu des récifs de Bornéo, pour servir à leur tour de pâture aux requins, qui trouvent une demeure digne d'eux au milieu de ces écueils battus par la tempête?

Mais il ne devait pas en être ainsi.

Les prières que les naufragés n'avaient cessé de faire monter vers le ciel dès la première apparition de ces brisants, dont la blancheur de neige déguisait traîtreusement le péril, avaient été entendues d'en-haut. Celui qui les avait soutenus à travers tant de maux et de dangers, fortifia leurs bras en ce moment de crise et leur communiqua la force d'en triompher.

Avec une adresse surprenante, fruit d'une prompte intelligence et d'une longue expérience, le capitaine Redwood lança le canot droit sur l'étroite et périlleuse passe; et avec une ardeur que l'imminence seule du danger pouvait leur avoir infusée, Murtagh et le

Malais jouèrent de l'aviron de manière à se surprendre eux-mêmes.

L'unité de leur action fut si parfaite, que dix secondes plus tard la chaloupe avait filé comme une flèche dans l'étroite trouée et se trouvait à l'intérieur de l'enceinte des rochers, glissant sous l'impulsion des rames qui s'élevaient et s'abaissaient aussi doucement que si l'on eût vogué sur la calme surface d'un lac tranquille.

En moins de dix minutes, la quille de la pinasse touchait les sables de Bornéo, et son équipage prenait pied.

Pauvres gens! Ils n'avaient pas fait vingt mètres sur le rivage de ce pas tremblant que connaissent les bébés, les convalescents et les vieillards, qu'ils se laissaient tomber à deux genoux. Ce fut avec des accents aussi pénétrés que ceux de Colomb abordant à l'île de Cat, ou ceux des pèlerins touchant enfin le rocher de Plymouth, qu'ils rendirent grâces à Dieu pour leur délivrance.

VI.

UNE HUITRE GIGANTESQUE.

Trouvera-t-il ? — La fontaine de vie. — Un endroit propice pour camper. — Est-ce une pierre ou un coquillage ? — L'huître de Singapour. — Un repas copieux.

— De l'eau ! de l'eau !

La torture de la faim est une des plus dures à supporter ; mais il en est une pire encore, celle de la soif. Dans les premières heures où commencent ces deux souffrances, on ne saurait déterminer laquelle est la plus douloureuse ; mais, à la longue, la faim perd de son acuité par suite de la faiblesse même qu'elle détermine, tandis que l'agonie produite par la soif ne connaît pas de soulagement possible.

Privés presque entièrement de nourriture depuis près d'une semaine, nos pauvres amis souffraient encore plus de la soif que de toute autre chose. Dès qu'ils eurent terminé leur action de grâces, leur première pensée, leur premier cri fut :

— De l'eau ! de l'eau !

En se relevant, ils regardèrent autour d'eux, pour voir s'ils n'apercevraient pas dans le voisinage quelque ruisseau ou quelque source.

L'Océan avec son immensité se débattait en vain auprès d'eux; ce n'était pas après ses flots qu'ils soupiraient. Ils en avaient assez de « l'onde amère »; ils ne songeaient guère à lui jeter un seul regard de regret.

C'était vers la terre que s'élançaient toutes leurs aspirations; c'était la lisière de la forêt située à quelque cent pas du rivage qu'ils interrogeaient avec une véritable anxiété, le banc de sable sur lequel ils avaient échoué se prolongeait à perte de vue entre le bois et la mer.

Néanmoins, à une courte distance, on distinguait une échancrure dans la ligne de sable. Cela ne pouvait être qu'une petite crique formée par la mer ou l'embouchure d'un cours d'eau. Dans ce dernier cas, les naufragés n'avaient qu'à se féliciter, car c'était pour eux une bonne fortune inappréciable.

Laloo, le plus vivant de la petite troupe, se hâta d'aller s'assurer de ce qu'il en était. Les autres se contentèrent de le suivre des yeux, on peut imaginer avec quelle ardeur de désir.

Pauvres gens! ils étaient partagés entre la crainte et l'espérance; mais le capitaine Redwood était plus tourmenté par la première que soutenu par la seconde. Il savait que, dans cette partie de l'Océan, des mois se passent quelquefois sans une goutte de pluie, et que si l'on ne trouvait ni source ni ruisseau, ils n'en seraient pas moins exposés à périr de soif.

Enfin ils virent Laloo se pencher au bord de la petite baie, puiser de l'eau dans la paume de ses deux mains jointes et la porter à ses lèvres pour la goûter. L'incertitude ne dura qu'un instant, car presque aussitôt parvenait à leurs oreilles, dans le langage malais, ce cri joyeux :

— De l'eau ! de l'eau douce ! Une rivière !

A peine si, le matin même, le cri de : *Terre ! terre !* avait été plus doux aux pauvres naufragés que ce nouveau cri : *De l'eau douce !* que faisait entendre le Malais avec force démonstrations de joie.

Le capitaine Redwood, qui seul connaissait la langue de la Malaisie, rendit cette bonne nouvelle intelligible à ses compagnons ; seulement il ajouta :

— Laloo nous annonce de l'eau douce ; Dieu veuille qu'il n'ait pas exagéré !

Tous se dirigèrent ou plutôt se précipitèrent vers la rivière. Ils se couchèrent à plat ventre sur le bord et s'y désaltérèrent à longs traits, recommençant sans cesse, sans crainte de se faire du mal.

Il semblait que cette eau leur infusât une vie nouvelle ; et sans qu'ils s'en doutassent encore, c'était à elle déjà qu'ils avaient dû la vie le matin ; car c'était le courant du petit fleuve se jetant dans l'Océan, qui avait produit la passe dans les récifs de corail grâce à laquelle ils avaient pu franchir la dangereuse ligne de brisants. Sans ce fleuve, il n'y aurait point eu d'ouverture, et l'embarcation avec son équipage aurait été broyée par le ressac.

Les madrépores ne construisent point leurs murailles de corail à l'embouchure d'un fleuve ; de là les espaces qui restent ouverts de loin en loin, formant des espèces de détroits qui donnent accès aux vaisseaux les plus considérables.

Quand nos amis ne souffrirent plus de la soif, la faim se réveilla plus impérieuse que jamais, et l'on n'eut plus qu'une pensée : trouver un moyen de la satisfaire.

De nouveau tous les yeux se tournèrent vers la forêt, en remontant le cours de la rivière, à l'exception de ceux de Laloo. Le brave Malais avait vu, près de l'endroit où ils avaient quitté le bateau, quelque chose d'intéressant. Il appela Murtagh et le pria de réunir des débris de bois mort et d'allumer le feu, tandis que lui s'en retournerait par où il était venu.

Murtagh, accompagné du capitaine et des enfants, remonta le cours de l'eau et gagna l'endroit où la rivière sortait de la solitude ombreuse de la forêt.

La forêt commençait brusquement, juste à la limite du banc de sable. Les troncs serrés formaient une sorte de muraille végétale de plus de trente-trois mètres de hauteur; quelques arbres épars çà et là avaient seuls poussé en dehors de cette ligne. Le premier, le plus proche de la mer, était un grand arbre rappelant l'aspect de l'orme par son tronc haut et lisse et ses longues branches feuillées, formant un écran impénétrable aux ardeurs du soleil, déjà assez haut sur l'horizon, et qui devenait de plus en plus chaud, à mesure qu'il s'élevait davantage dans les cieux.

L'endroit était donc admirablement choisi pour y établir un campement. Sous ce frais ombrage, les naufragés pouvaient se reposer jusqu'à ce que le retour de leurs forces leur permît de se chercher ou de se construire une habitation plus commode.

Une ample provision de branches mortes gisait aux alentours.

Murtagh en composa une pile imposante avant de chercher son briquet pour allumer le feu.

Cependant l'attention de la petite troupe était concentrée sur Laloo.

Que pouvait-il bien faire là-bas dans la direction du bateau? Quel intérêt l'y avait ramené? Leur étonnement ne diminua pas quand ils le virent dépasser l'endroit où la pinasse avait échoué sur le sable, et marcher droit dans la mer comme s'il voulait se rapprocher des brisants.

Quand il fut dans l'eau à peu près jusqu'aux genoux, on le vit se baisser et engager apparemment une lutte violente avec un corps quelconque, qui échappait absolument à leur observation.

Enfin leur surprise fut au comble quand ils le virent se redresser, porteur d'un objet qui ressemblait fort à un quartier de rocher, auquel adhéraient un grand nombre de coquillages et quelques plantes marines.

— Qu'est-ce que cet animal de Malais veut faire de cette grosse pierre? demanda Murtagh stupéfait. Et regardez, capitaine, ne voilà-t-il pas qu'il nous l'apporte comme quelque chose de rare? J'avais pensé qu'il se serait donné toute cette peine pour quelque poisson ou toute autre chose à manger; mais enfin, si affamés que nous soyons, il ne va pas nous faire manger des pierres, je suppose.

— Pas si vite, Murtagh, dit le capitaine, qui avait mieux examiné l'objet en question. Ce n'est pas une pierre que Laloo nous apporte, mais bien un coquillage.

— Cette grosse pierre un coquillage!... Allons, capitaine, pourquoi vous moquer ainsi de moi?

— Je n'y songe nullement, mon garçon, et je te répète que ce que Laloo nous apporte sur son épaule est, si je ne me trompe, une huître.

— Une huître!... Voyons..., voyons, capitaine, une huître de deux pieds de long et de plus d'un de large ! Une huître, cette grosse chose qu'il peut à peine porter? Voyez donc, c'est tout ce qu'il peut faire, et il ploie sous le faix.

— Tout ce que tu dis est très juste; mais il n'en est pas moins vrai que je ne me trompe pas ; c'est bien une huître. Je distingue parfaitement certains détails qui m'échappaient d'abord et me laissaient quelques doutes. Ne vois-tu pas d'ici les grosses côtes dont elle est sillonnée? Allons, Murtagh, hâte-toi de nous faire un bon feu, car ces sortes d'huîtres ont un goût trop fort pour être mangées crues. Laloo a certainement l'idée que nous allons faire griller celle-là.

Murtagh obéit à cette injonction, si bien que, lorsque le Malais arriva, chancelant sous le poids de son singulier gibier, la fumée se dégageait d'un tas de fagots qui ne tardèrent pas à produire un foyer incandescent.

— Tenez, capitaine, dit le Malais, en jetant sa charge aux pieds de Redwood, voilà assez de poisson pour faire à tous un bon déjeuner. C'est ça qui est nourrissant, et nous n'avons pas besoin de nous inquiéter de l'ouvrir. Le feu s'en chargera bien tout seul.

Tous se groupèrent autour de l'énorme coquillage et l'examinèrent avec curiosité, surtout les enfants.

C'était un de ces singuliers mollusques qu'on trouve dans les mers des Indes, et que les Malais connaissent sous le nom d'*huîtres de Singapour.* On en a vu des spécimens ayant un mètre de longueur et plus de cinquante centimètres dans leur plus grande largeur.

Leur curiosité, du reste, fut bientôt satisfaite, car, avec des estomacs délabrés comme les leurs, ils n'étaient guère dans les conditions voulues pour se livrer à des études approfondies sur la conchyologie.

Une huître! Voyons, capitaine, une huître de deux pieds de long!

Laloo reprit donc l'huître à deux mains pour la soulever et la laissa retomber au milieu des fagots dûment enflammés. Puis on entassa les tisons tout autour et dessus, jusqu'à ce que l'immense coquille eût complètement disparu sous une grosse pile de braise et de bois. Les plantes marines qui y adhéraient de toutes parts craquaient au contact de cette chaleur, et l'eau de mer pétillait, mêlant ses vapeurs à la fumée et aux flammes brillantes qui s'élevaient en tourbillonnant vers les branches protectrices de l'arbre.

Au bout d'un certain temps, Laloo, qui n'en était pas à la préparation de sa première huître de Singapour, annonça que celle-ci était ou devait être cuite à point, ce qui revenait au même pour nos pauvres affamés. On commença l'opération de son dégagement. On écarta les fagots plus vite encore qu'on ne les avait empilés, avec une sorte de crochet ou de gaffe que Murtagh avait emportée de la pinasse, et qui servit également à attirer l'huître hors de son lit brûlant.

Presque instantanément elle s'ouvrit d'elle-même, et ses larges valves laissèrent voir assez de chair pour fournir au souper de quinze individus, au lieu des cinq qui s'apprêtaient à s'en rassasier, pourvu toutefois que ces quinze personnes n'eussent pas les mêmes raisons que nos amis d'être affamées.

Tout le monde s'assit autour de l'énorme mollusque, et, pourvu de couteaux et d'autres ustensiles dont le prévoyant Irlandais avait eu la précaution de se munir, chacun s'escrima dessus. Nul ne songea à quitter sa place tant qu'il resta quelque parcelle de nourriture adhérente aux deux coquilles.

Quand elles furent parfaitement nettes, un grand résultat était déjà obtenu : nos pauvres amis commençaient à oublier les tortures dont ils avaient si cruellement souffert.

VII.

UNE LOCALITÉ DANGEREUSE.

Un coup d'œil sur le paysage. — Le père va à la chasse. — Choix d'un siège. — Accident inattendu. — Qu'est-ce que cela peut être ? — Le fruit du durion.

Après leur copieux repas d'huître rotie, qui, bien que plat de souper, constituait tout leur déjeuner, ils se reposèrent tout le reste du jour et toute la nuit suivante. Cette longue période de complète inaction leur était nécessaire, moins à cause d'un impérieux besoin de sommeil que pour se refaire de l'épuisement qu'avait produit leur long jeûne, uni à des fatigues bien au-dessus de leurs forces.

Ils dormirent bien, étant donné qu'ils n'avaient pour couchette que la terre nue, et pour couverture que les vêtements en lambeaux qui leur tenaient à peine sur le corps. Mais ils y étaient accoutumés. Quand on a passé tant de nuits couché à la dure sur une planche, exposé à toutes les intempéries de l'air et à tous les caprices du vent et de l'élément perfide, on cesse d'être difficile.

Le froid ne les gêna pas non plus ; car, bien que les nuits soient plus froides à terre que sur mer, et que, même sous les tropiques, elles arrivent à être parfois glaciales, celle-ci fut tiède et clémente. Rien ne vint donc nuire au sommeil des naufragés, si ce n'est peut-être d'horribles cauchemars, conséquences inévitables des maux et des périls contre lesquels ils avaient si longtemps eu à lutter.

L'aube se leva sereine et radieuse, comme elle l'est du reste presque toujours à Bornéo, et les naufragés, une fois debout, s'étonnèrent de se retrouver déjà plus dispos et réconfortés tant au moral qu'au physique.

Nos deux jeunes amis, Henri et Hélène, étaient non seulement ranimés, mais joyeux. Ils se sentaient tout disposés à errer de côté et d'autre et à s'extasier devant toutes les choses nouvelles qu'ils voyaient autour d'eux. C'était tantôt la belle plage au sable fin et argenté, ou la nappe bleue de l'Océan qui paraissait si unie à la distance où ils se trouvaient, ou bien encore la splendeur incontestable de cette ceinture de neige aux reflets irisés, qui enserrait entre elle et le rivage un bras de mer aussi tranquille qu'un lac souriant ; tantôt le ruisseau au flot transparent dans lequel des poissons bizarres prenaient leurs ébats ; puis les grands arbres de la forêt au sein de laquelle ils voyaient les palmiers au large éventail, les bambous plantés comme de hautes lances ; en un mot, les mille choses qui rendent enchanteurs les paysages de ces régions tropicales.

Cependant, en dépit de la beauté scénique et de l'attrait qu'elle exerçait sur eux, avant de se livrer à l'examen détaillé de toutes ces merveilles, ils éprouvaient le désir de renouveler connaissance avec les huîtres de Singapour.

Il ne leur manquait, pour être tout à fait heureux, que la certitude d'un déjeuner comme celui de la veille, qui n'était plus pour eux, hélas! qu'à l'état de souvenir.

Palmiers.

Un appétit de fort bon aloi à leur âge les tourmentait grandement. Qu'est-ce qui se chargerait de le satisfaire? Telle était la question importante qui les empêchait de se livrer à une admiration sans bornes des choses toutes nouvelles qui sollicitaient leur attention.

La réponse n'était pas facile. S'il se fût seulement agi de demander qui se chargerait de procurer le déjeuner, la solution eût été plus aisée à trouver; car Laloo était parti en tournée d'exploration dans le champ humide déjà visité la veille; Murtagh était au bord du ruisseau, occupé à pêcher les individus inconnus, à robe rose ou dorée, qui y remplaçaient les truites et les saumons du lac de Killarney, dans sa vallée natale; le capitaine, muni d'une carabine retrouvée au fond du canot, carabine qu'il maniait aussi bien que le gouvernail, s'était éloigné dans la direction des bois.

Henri et sa sœur restèrent seuls au pied de leur arbre, car leur père ne pensait pas qu'il y eût aucun danger à courir pour eux. Il connaissait assez la faune de l'île de Bornéo pour être certain qu'il n'y existait ni tigres, ni lions. Si l'on avait été à Sumatra, l'île la plus rapprochée, ou sur quelque côte des îles du continent, dans la presqu'île de Malacca, dans la Cochinchine ou dans l'Hindoustan, il eût pu redouter de les voir attaqués par quelques-uns de ces faunes; mais sur les côtes de Bornéo, on n'était point exposé à de semblables rencontres; ce fut donc sans inquiétude qu'il laissa ses enfants, en leur recommandant de ne point s'écarter de l'arbre sous lequel ils se trouvaient, afin qu'il pût servir de point de ralliement.

Nos jeunes amis ne tardèrent pas toutefois à se lasser de leur inaction forcée. Ils avaient été trop longtemps contraints de rester couchés dans la chaloupe pour que cette position ne leur parût pas intolérable. Ils s'ennuyèrent bientôt et éprouvèrent, avec toute l'impatience de leur âge, le besoin de se remuer, d'aller, de venir, de faire quelque chose, en un mot. Pour tromper ce besoin d'activité, ils se contentèrent pour un moment de tourner autour du tronc de l'arbre, en examinant son écorce, ses branches, en s'efforçant de se créer un intérêt.

Cependant leurs forces les trahirent ; la lassitude s'empara d'eux, et ils se prirent à souhaiter ardemment un siège. Rester accroupi par terre est une position peu commode et appréciée seulement des sauvages ; l'homme civilisé n'y trouve qu'une attitude contrainte et gênée, qui ne remplacera jamais pour lui la chaise ou le fauteuil, ni même le modeste banc de bois sur lequel il s'asseyait dans son enfance.

Nos amis regardèrent donc autour d'eux pour voir s'ils ne découvriraient pas quelque objet qui pût être converti en siège. Mais rien ne répondait à leur besoin du moment. Il n'y avait ni souche, ni grosse pierre dans le voisinage ; la plage, ainsi que le rivage adjacent, n'était couverte, nous l'avons dit, que d'un sable fin et uni.

— J'ai notre affaire ! s'écria tout à coup Henri, qui s'était creusé la cervelle pour procurer à sa sœur ce qu'elle désirait. Tiens, vois-tu les coquilles de notre huître d'hier ? C'est tout juste ce qu'il nous faut, Lélé. Tu en auras une et moi l'autre.

Tout en parlant, il se baissa et commença à retourner les immenses valves et à les disposer pour en faire des sièges.

Mais c'était tout ce qu'il pouvait faire que d'en venir à bout. Hélène, en bonne sœur qu'elle était, ne voulut pas le laisser se fatiguer tout seul et lui prêta le concours, peu efficace assurément, de ses mains délicates.

Avec ce déploiement de bonne volonté, les grosses coquilles ne tardèrent pas à être mises sens dessus dessous ; leurs faces convexes, s'élevant d'un pied au-dessus du sol, se trouvèrent disposées comme les deux enfants les voulaient. Ceux-ci y prirent place aussitôt et se pavanèrent sur ce siège, qui leur offrait, paraît-il, un bien-être et un délassement incomparables.

Ils étaient là, riant à qui mieux mieux de leur invention et de l'élasticité très contestable de leur siège, quand se produisit une circonstance qui leur donna la mesure du peu de sécurité qu'offrait leur asile momentané.

La conversation allait gaiement son train, sans la moindre nuance d'alarme, quand Henri sentit tout à coup quelque chose tomber sur son bras et de là ricocher sur la coquille avec un éclat terrible et en y faisant une large échancrure.

La première impression du jeune garçon fut qu'on avait dû lui lancer une pierre. Il avait été atteint au-dessus du coude ; et en examinant la place, il vit que la manche de sa veste était coupée ou plutôt lacérée de l'épaule à l'avant-bras, comme si l'on y avait passé violemment les dents aiguës d'une étrille. De plus, il éprouvait une certaine douleur, et l'on voyait des taches de sang à sa chemise.

Il interrogea les alentours pour se rendre compte de l'ennemi qui l'avait ainsi brutalement attaqué. Il craignait vivement de voir tout à coup un ou plusieurs sauvages débusquer des buissons voisins et s'élancer vers eux.

Rien ne bougea.

Henri, fort étonné, laissa alors son regard errer sur le sol, et il eut la satisfaction d'y découvrir le projectile qui l'avait si lestement dépouillé de la manche de sa jaquette.

Ce n'était point une pierre, mais bien une grosse boule, tant soit peu ovoïde, de la grosseur d'un boulet de 10, d'une couleur vert foncé, et toute hérissée de grandes épines ressemblant à celles du porc-épic.

Il comprit au premier coup d'œil que cet objet ne lui avait été lancé par personne, par la simple raison que personne n'aurait pu le manier sans se blesser avec les longs et nombreux piquants dont il était armé de toutes parts. Il fallait donc qu'il se fût détaché de l'arbre immense à l'ombre duquel ils s'abritaient.

Hélène était arrivée la première à cette conclusion ; car, assise un peu en arrière de son frère, elle avait eu le temps de voir la direction verticale qu'avait suivie le projectile improvisé.

Sans aucun doute, par conséquent, cette boule était le fruit de l'arbre sous lequel ils étaient assis. A en juger par la manière dont la manche de Henri avait été traitée, sans parler de l'état de son bras et de l'éclat enlevé à la coquille, il n'était pas douteux non plus que si ce fruit pesant fût tombé sur la tête du jeune garçon, il l'eût mis dans le même état où serait un œuf qui se rencontrerait sur le passage d'un obus.

Les deux enfants n'étaient pas assez sots pour rester à un endroit où leur vie se trouvait ainsi menacée à la façon de la tête de Damoclès. Sur l'arbre d'où était tombé un si dangereux projectile, il devait s'en trouver un, ou dix, ou vingt autres tout aussi prêts à se détacher et à leur nuire.

Avec une semblable appréhension, beaucoup trop justifiée, ils ne s'attardèrent pas sous l'ombrage perfide et inhospitalier. Ils s'élancèrent et coururent aussi vite que leur faiblesse le leur permit, ne s'arrêtant que lorsqu'ils purent à bon droit se croire hors de toute atteinte.

Une fois sur le terrain découvert, ils examinèrent de loin la boule verte restée sur le sable, près des sièges improvisés dont ils regrettaient doublement les charmes pour en avoir joui si peu. Puis ils regardèrent l'arbre lui-même, après lequel pendaient en effet une foule d'autres globes de même dimension, mais que la grande hauteur à laquelle ils étaient suspendus faisait paraître à peine de la grosseur d'un abricot ou d'une pêche.

Bien que la tentation fût grande d'aller satisfaire une légitime curiosité en considérant de près le fruit qui était à leur portée, les deux enfants y résistèrent, pour ne pas se hasarder de nouveau sous l'arbre aux fruits menaçants.

Du reste, le bras de Henri réclamait quelque soin, car il était assez sérieusement endommagé. Hélène, ayant voulu le soigner, souleva la manche de la chemise et s'aperçut que le sang coulait encore. A cette vue, l'effroi lui arracha un cri d'alarme, qui ramena auprès d'eux Laloo d'abord, puis Murtagh et le capitaine.

— Qu'y a-t-il? demandèrent les deux derniers en s'empressant d'accourir.

Mais l'impassible Malais n'avait pas eu besoin de poser une seule question. D'un coup d'œil il s'était rendu compte de ce qui s'était passé. La boule verte, le bras malade, la terreur d'Hélène avaient, pour lui, une corrélation trop intime entre eux pour qu'il lui fût nécessaire de demander aucune explication.

— *Dulion*, dit-il simplement en regardant l'arbre.

— Durion, répéta le capitaine en rétablissant l'orthographe du mot.

— Oui, capitaine, et je suis bien fou de n'y avoir pas pensé plus tôt et de ne vous avoir pas averti. C'est un danger sérieux, très sérieux! Quand cela tombe une fois sur le crâne, on en a pour son compte, je vous le garantis.

L'explication de Laloo était superflue.

VIII.

A LA CHASSE AU DURION.

Experientia docet. — Ils sont trop verts. — Nécessité est mère d'industrie. — Le durion. Une sensation nouvelle et un fruit dangereux. — Récits de voyageurs.

Dès qu'on eut terminé l'échange de questions et de réponses qui accompagne toujours un accident, de quelque nature qu'il soit, Murtagh, sans rien dire, se détacha du petit groupe et courut vers le fruit dont il entendait parler pour la première fois.

Laloo, qui surprit son intention, le regarda courir avec un singulier sourire et ne lui cria pas gare. Etait-il piqué du sans-gêne avec lequel l'Irlandais le traitait parfois? Trouvait-il qu'il s'avançait souvent fort à la légère, se mêlant de questions auxquelles il lui était impossible de comprendre grand'chose? Avait-il pris de l'humeur de voir que le charpentier ne prenait jamais la peine de lui demander son avis, à lui qui, naturel du pays, en savait plus long que tous les membres de la petite troupe réunis?

Nul ne saurait le dire. Toujours est-il qu'un éclair ironique et malicieux passa dans son regard, en voyant l'empressement de son camarade à courir vers le durion. Il attendait le dénouement de l'affaire avec un superbe dédain.

L'Irlandais s'avançait sans méfiance. Il s'empara avec empressement de l'objet de sa convoitise, mais il ne le souleva pas bien haut. A seize centimètres de terre, il laissa retomber le fruit épineux, comme si c'eût été la plus chaude pomme de terre d'une chaudronnée sortant du feu.

— Och! qu'est-ce que je n'ai pas fait maintenant! s'écria-t-il avec une abominable grimace. J'ai la main tout en sang. Par où faut-il donc prendre cette horrible boule? Il n'y a pas un seul endroit qu'on puisse toucher.

— Prenez garde, *Multa*, cria alors Laloo. Après ce qui vient de vous arriver, vous feriez bien de regarder en haut. Il y a d'autres fruits pareils qui pourraient vous traiter la cervelle comme celui-là vous a traité les mains.

Murtagh ne se le fit pas répéter; lançant un regard craintif vers les branches de l'arbre, il quitta son fatal ombrage avec un nouveau rugissement de douleur.

Le Malais, très satisfait de son triomphe, se traîna alors avec précaution vers le durion, et, sans détacher les yeux des fruits suspendus au-dessus de sa tête, afin d'être en mesure de se garer de tout accident, s'il paraissait devoir s'en produire un, il piqua le fruit avec le bâton pointu qui lui servait dans sa chasse aux coquillages et le lança aussi loin qu'il put sur la grève.

Il le suivit alors en courant, et, ouvrant son long couteau, il en inséra la lame au milieu des nombreux piquants, força l'enveloppe et mit à nu la pulpe savoureuse.

Il y en avait juste assez pour que chacun pût goûter à ce délicieux régal et se mettre à en désirer davantage, lors même qu'ils n'eussent pas été poussés par la faim. Mais celle-ci les pressait vivement, d'autant que la chasse et la pêche, trop tôt interrompues, étaient restées infructueuses, et que les trois hommes étaient revenus les mains vides : chose terrible, hélas! pour des estomacs également vides.

La mésaventure de Murtagh.

Il fallait donc trouver quelque chose à manger. Gibier, coquillage ou poisson, peu importait, pourvu qu'on eût un morceau à se mettre sous la dent. Malheureusement, l'huître de la veille semblait ne s'être trouvée là que par hasard. Laloo avait eu beau faire, il commençait à désespérer d'en découvrir une autre.

Cependant le fruit du durion était non seulement agréable au goût, mais extrêmement nourrissant, et pouvait tenir lieu de tout autre aliment, si seulement on parvenait à s'en procurer assez pour satisfaire des appétits aussi bien aiguisés.

Il n'en manquait certes pas sur l'arbre; mais ils étaient à une si grande hauteur, que, comme les raisins de la fable, ils semblaient devoir rester pour eux *trop verts* ou insaisissables.

Le tronc de l'arbre s'élevait droit et lisse jusqu'à la hauteur de vingt-trois mètres, sans offrir une seule branche, ni même une aspérité qui permît d'y poser le pied. Malgré cela, Laloo n'eût pas été embarrassé d'y grimper, s'il avait été dans son état normal. Mais il en était loin. Bien qu'il fût celui des trois qui avait le moins souffert, sa vigueur et son agilité n'en avaient pas moins reçu une rude atteinte.

Depuis un moment, ils étaient tous à considérer l'arbre, en se mettant l'esprit à la torture pour découvrir le moyen de le dépouiller de son fruit, quand une idée lumineuse et originale jaillit du cerveau du capitaine Redwood.

Se rappelant tout à coup qu'en outre de la carabine, on avait jeté dans le bateau un vieux mousquet, il pensa qu'à l'aide de balles couplées on pourrait atteindre les fruits, malgré l'extrême élévation à laquelle ils se trouvaient placés.

Il ne l'eut pas plus tôt conçue, qu'il passa à l'exécution de son idée. Le mousquet fut chargé d'une couple de balles réunies par une forte ficelle goudronnée. Le capitaine le prit, et, visant l'endroit où le fruit était le plus épais, lâcha la détente et tira.

Le coup fit pas mal de dégât parmi les branches qu'il atteignit, mais, résultat plus important, cinq ou six noix tombèrent avec grand fracas sans blesser personne heureusement. Un second coup en abattit encore une douzaine, et la petite troupe se trouva pourvue de nourriture au moins pour vingt-quatre heures.

On ramassa avec des précautions infinies les fruits épineux, et on les transporta sous un arbre voisin, dont les branches touffues ne montraient aucun de ces produits si doux au palais, mais trop redoutables pour les cerveaux qu'ils risquaient de rencontrer dans leur chute.

Ce fut également là que nos amis transférèrent leurs nouveaux quartiers, ainsi que les objets peu nombreux que renfermait le bateau, dans le but d'y établir un campement stable et régulier.

Comme il faisait très chaud et qu'ils n'avaient rien à faire cuire, les naufragés n'allumèrent point de feu. Ils se contentèrent de dévorer leurs durions crus. Après quoi, Laloo les intéressa tous, en leur faisant connaître certaines particularités au sujet de l'arbre auquel ils étaient redevables de leur déjeuner.

Nous ne reproduirons pas exactement la description qu'il en fit; car, dans son idiome imparfait, il avait de la peine à se faire comprendre. Ce sera donc partie en résumant les détails donnés par lui, et partie en les complétant par d'autres documents, que nous ferons connaître à nos lecteurs cet arbre curieux et utile.

Le durion est un des plus grands arbres des forêts de ces contrées. Il se rapproche beaucoup de l'orme; mais son écorce est lisse et s'enlève par écailles comme celle du platane. On le trouve dans la plupart des îles de l'Archipel indien, et, comme le mangoustin, il ne vient bien dans aucune autre partie du monde.

C'est ce qui fait sans doute que partout ailleurs son fruit est peu connu, d'autant plus que, lorsqu'il est mûr, on ne peut le transporter à de grandes distances.

Ce fruit, nous l'avons dit déjà, a la forme d'une boule un peu allongée. Sa grosseur est celle des grosses noix de coco. La coque, d'une belle couleur bronzée, est garnie en entier de fortes épines très pointues, dont toutes les bases se touchent en formant des hexagones.

Avec ces « chevaux de frise », le durion est si bien défendu, que, lorsque sa tige est coupée ras, il est impossible de le prendre sans se piquer ou se déchirer cruellement les doigts. L'enveloppe où sont fixées ces épines est si solide et si dure, que, de quelque hauteur que tombe le fruit, jamais il ne se brise ni même ne se fend.

De la base au sommet de la noix courent, entre les épines, cinq faibles lignes qui correspondent à autant de divisions ; c'est au long de ces lignes que le fruit peut être ouvert à l'aide d'un couteau bien tranchant, sans compter beaucoup d'efforts et d'adresse.

Les parois intérieures des cinq loges sont blanches et soyeuses, et remplies par un lobe de pulpe couleur de crème, entourant plusieurs graines de la grosseur d'une châtaigne.

Cette pulpe forme la partie comestible du fruit ; sa consistance et sa saveur sont assez difficiles à définir et à faire apprécier. M. Wallace, le célèbre chasseur naturaliste, en a donné la bizarre et enthousiaste description que voici :

« Une crème riche et semblable à du beurre qui serait fortement parfumé d'amandes en donne une idée générale ; mais à ce goût d'abord prédominant se mêlent des bouffées de parfum qui rappellent le fromage à la crème, la sauce à l'oignon, le vin d'Espagne, et d'autres incongruités non moins disparates. Puis il y a dans sa chair une douceur onctueuse qu'aucun autre fruit ne possède, et qui rend celui-ci encore plus délicat. Il n'est ni acide, ni juteux, ni sucré; mais on ne songe pas à lui souhaiter aucune de ces qualités, car, tel qu'il est, il est parfait.

Le chasseur naturaliste Wallace.

« Il ne produit ni nausées ni aucun effet désagréable, et plus on en mange, moins on a envie de s'arrêter. En un mot, manger du durion est une sensation nouvelle qui vaut la peine d'entreprendre un voyage en Orient.

« Quand le fruit est mûr, il se détache de lui-même. Le seul moyen de manger des durions parfaits, c'est de se trouver là quand ils tombent et de les manger aussitôt. Leur parfum est alors moins pénétrant. Avant leur maturité, ils forment, si on les fait cuire, un plat de légume excellent. Mais les Dyaks les mangent crus, aussi bien verts que mûrs.

« Lorsque la saison a été bonne, on en sale de grandes quantités, qu'on conserve dans des jarres en bambou et qu'on peut garder toute l'année. Le durion prendrait ainsi un goût très désagréable aux Européens ; mais les Dyaks l'apprécient alors plus hautement que jamais, comme assaisonnement pour le riz.

« Il y a dans les forêts deux variétés de durions sauvages, dont les fruits sont beaucoup plus petits, et dont l'un est à l'intérieur d'une belle couleur orangée.

« Il ne serait peut-être pas juste de dire que le durion est le meilleur de tous les fruits, car il ne peut suppléer aux fruits juteux ou acides, comme l'orange, le raisin, la mangue, la mangouste, qui sont exquis et rafraîchissants ; mais comme aliment d'une saveur incomparable, on peut dire qu'il est sans rival.

« Si j'avais à désigner deux fruits seulement pour représenter la perfection, je choisirais certainement l'orange parmi les fruits juteux et le durion parmi les fruits nourrissants, les proclamant la reine et le roi des fruits.

« Le durion est quelquefois dangereux, mais non pas pour l'estomac. Quand les fruits arrivent à maturité, ils tombent journellement et à toute heure. Aussi n'est-il pas rare de voir se produire des accidents parmi les personnes qui se promènent ou travaillent sous ces arbres.

« Si, dans sa chute, le durion atteint un homme, il produit d'horribles blessures ; les épines labourent les chairs, et le choc lui-même détermine de graves contusions. Toutefois il est rare que ces contusions entraînent la mort à leur suite, en raison de la copieuse effusion de sang amenée par la déchirure, qui prévient l'inflammation, conséquence, sans cela, infaillible de la violence du coup.

« Un chef dyak m'affirmait avoir reçu une fois un durion sur la tête ; il avait cru devoir mourir de la blessure, et néanmoins s'était rétabli dans un temps relativement très court. »

Les naturalistes de la Malaisie, aussi bien que les étrangers résidant sur ces côtes, considèrent le durion comme supérieur à toute autre espèce de fruits ; en d'autres termes, comme le meilleur du monde entier.

L'ancien voyageur Luischott, qui en a fait mention dès l'année 1599, prétendait que sa saveur l'emporte sur celle de n'importe quel autre fruit, tandis qu'un autre voyageur, à peine plus récent, le docteur Paludanus, en parle ainsi :

« Ce fruit est d'une nature chaude et humide et semble d'abord, pour ceux qui n'y sont pas accoutumés, rappeler le goût de l'oignon pourri ; mais aussitôt qu'ils y ont goûté, ils le préfèrent à tout autre aliment. Les naturels du pays lui prodiguent les plus honorables épithètes, le célèbrent en temps et hors de temps, et ne dédaignent pas de lui consacrer de longues pièces de vers. »

IX.

UN GAVIAL BAILLONNÉ.

Un cri de détresse. — L'approche du gavial. — Que faire ? — Le Malais sauveur. — Détails zoologiques. — Hélène est saine et sauve.

Après avoir terminé leur déjeuner, les trois hommes songèrent tout d'abord à se procurer quelque chose de plus substantiel pour le prochain repas, soit du gibier, de la volaille ou du poisson.

Comme précédemment, ils se dispersèrent dans des directions différentes. Le capitaine Redwood se dirigea vers la forêt, Murtagh vers le ruisseau, et Laloo vers le bord de la mer.

Ce dernier fut bientôt dans l'eau presque jusqu'aux genoux, espérant toujours découvrir une huître de Singapour. Il avait emporté avec lui un bâton de bambou, dont une des extrémités, fortement aiguisée, lui servait pour sonder le sable, afin de s'assurer qu'aucune huître égarée n'y était encore ensevelie.

Le frère et la sœur furent de nouveau laissés seuls; mais cette fois il ne leur fut pas recommandé de ne point s'écarter de l'arbre. Le capitaine, au contraire, leur avait enjoint de prendre un bain : le besoin de cette ablution se faisant vivement sentir après un séjour aussi prolongé dans la pinasse, où ne régnait pas une propreté absolue, et avec des vêtements saturés d'eau de mer. Leur père espérait en outre que cela réagirait sur leurs jeunes organisations, de manière à y ramener plus promptement la force et la santé.

Ils entrèrent donc dans l'eau, non point ensemble, mais à quelque distance l'un de l'autre, Henri préférant de beaucoup le bord de la mer, tandis qu'Hélène s'engageait dans le ruisseau, dont le cours transparent avec son lit de sable fin la tentait. En outre, elle pensait y être plus en sûreté contre le ressac et les courants.

Mais le clair ruisseau n'offrait de sécurité qu'en apparence, comme la suite le fit bien voir. A peine le capitaine et ses hommes s'étaient-ils éloignés hors de la portée de la voix, que dans l'air calme de midi s'éleva un cri qui effaroucha les oiseaux au riche plumage des forêts de Bornéo, et arrêta leur chant aussi subitement que l'eût fait la détonation du fusil de Redwood.

Ce cri fut entendu du capitaine, qui errait cependant à quelque distance en cherchant un endroit propice pour se mettre à l'affût; de Murtagh, sur la berge du ruisseau, bien qu'il fût absorbé par la tâche aride d'amorcer des poissons ou repus ou timides; du Malais, qui, dans l'eau jusqu'aux genoux, ne songeait pourtant qu'aux huîtres de Singapour; et même de Henri, qui se délectait à jouer avec la marée montante. Seule Hélène n'en fut point surprise, car c'était elle qui l'avait poussé.

Est-il besoin de dire que c'était un cri de détresse, qui ramena tout le monde effaré vers le point d'où il était parti?

En moins d'un rien de temps, le capitaine et ses hommes étaient groupés sur le bord du ruisseau, à la place même qu'ils avaient quittée peu d'instants auparavant. Là les attendait un spectacle qui les glaça de crainte et les remplit d'horreur.

La jeune fille, ne trouvant pas sur le bord assez d'eau pour s'exercer à la nage, son exercice favori, s'était peu à peu aventurée presque au milieu du courant, qui avait bien trente-trois mètres de large, et c'est là qu'on l'apercevait immergée jusqu'au dessus des épaules, sa tête seule dépassant la surface du flot.

En face d'elle, et venant du bord opposé, se voyait une autre tête si hideuse d'aspect, que l'on s'expliquait au premier coup d'œil l'intensité d'effroi qu'exprimait le cri d'Hélène.

C'était la tête d'un énorme reptile de la forme d'un lézard, qui, rampant d'un espace couvert de joncs, s'était glissé silencieusement dans l'eau et se dirigeait à toute vitesse vers la baigneuse terrifiée.

Il n'y avait pas d'illusion à se faire sur les intentions du monstre qui nageait en droite ligne vers sa victime.

— Un gavial! cria le Malais, dès qu'il aperçut l'énorme saurien, long d'environ sept mètres, avec une tête de plus d'un mètre et des mâchoires de même dimension. La mâchoire supérieure était surmontée de cette protubérance en forme de bosse qui distingue le gavial des autres reptiles.

— Un gavial! répétèrent les autres, non sous forme interrogative, mais avec horreur, car ils ne connaissaient que trop la forme et la nature de l'animal qui traversait la rivière.

Au moment où ils atteignaient tous la rive, vingt mètres à peine séparaient le hideux animal de l'enfant, que rien ne semblait pouvoir arracher à une destruction certaine.

D'abord, en apercevant le danger, la jeune fille avait tenté quelques efforts énergiques pour regagner la berge ; mais, gênée par la profondeur du courant et paralysée par la terreur, elle avait abandonné son entreprise. Elle était maintenant immobile avec de l'eau jusqu'au cou, poussant des cris inarticulés.

— Que faire? grand Dieu! que faire?...

En moins d'une minute le gavial allait être sur elle, et déjà ses mâchoires semblaient s'apprêter à se refermer sur cette tendre et charmante proie, dont il ne ferait certes pas plus de cas que de n'importe quelle autre.

Le père, véritable incarnation de la détresse, était debout sur la rive. De quelle utilité pouvait lui être sa carabine, que, dans son désespoir, il avait épaulée, puis laissée retomber? Les balles, grosses comme un pois, ne feraient que s'aplatir sur le crâne du reptile, aussi inoffensives qu'un grain de grêle.

A supposer même qu'on pût l'atteindre à l'œil, son seul endroit sensible, chose bien incertaine, cela n'empêcherait pas que l'événement fatal ne s'accomplît.

L'Irlandais tourmentait ses hameçons dans une angoisse semblable, se sentant impuissant. Que pouvait-il tenter pour sauver la fille de son bien-aimé capitaine?

Quant à notre jeune ami Henri, sans armes, sans vêtements, tel qu'il était sorti de son bain, il était frappé de stupeur.

Cependant tous les trois allaient se précipiter à l'eau, bien résolus de se placer entre le reptile et sa victime pour détourner d'elle sa fureur à tout prix.

Mais Laloo, qui avait deviné leur intention, les prévint.

D'une voix de stentor, le Malais, toujours impassible, leur cria de ne point bouger. Ils obéirent, voyant qu'il se préparait à agir et craignant de contrarier son action.

Le monstre nageait en droite ligne vers sa victime.

Mais cette action, quelle pouvait-elle être? Il n'avait dans les mains qu'une arme qui n'en était pas une. Que pouvait-il tenter avec un morceau de bambou pointu à ses deux extrémités? Il l'avait pris la veille parmi les tisons du feu et aiguisé par un bout pour aller à la recherche des huîtres. C'était le même bâton dont il venait de se servir pour vérifier le fond de sable; mais depuis son arrivée sur la rive, il avait promptement tiré son couteau et apointé l'autre bout.

Ce fut avec ce mauvais supplément d'arme qu'il se précipita dans le courant, et, avant que les témoins de cette scène pussent revenir de leur surprise, il était déjà entre le monstre et la pauvre jeune fille.

L'instant d'après, sa tête brune, avec ses longs cheveux noirs flottant en arrière, émergea soudain tout à côté des mâchoires ouvertes du reptile; puis la tête disparut encore sous l'eau; mais en même temps son bras bronzé s'éleva, brandissant son bâton pointu, semblable à ces emblèmes qui surmontaient parfois les cimiers des anciens.

Alors on aperçut un mouvement du bâton, si preste, qu'il en fut à peine perceptible, suivi immédiatement d'un brusque mouvement de recul du saurien, accompagné d'une série de contorsions si violentes, que l'eau, énergiquement fouettée par la queue, ne fut bientôt plus autour de lui qu'une immense nuée d'écume.

Au milieu de ce bouleversement, la tête du Malais reparut; mais, cette fois, près de la tête de l'enfant, qui, sous la direction et la protection de son habile et généreux sauveur, regagnait la rive, et était bientôt remise saine et sauve entre les bras de son père. Nous renonçons à dépeindre l'instant qui suivit cette réunion presque miraculeuse.

Il se passa quelque temps néanmoins avant que le ruisseau eût recouvré sa tranquillité accoutumée. Pendant près d'une demi-heure le reptile ne cessa de se débattre; sa queue puissante continuait à frapper l'eau et à la transformer en écume, tandis que le flot qui s'engouffrait entre ses mâchoires ouvertes, maintenues comme par un bâillon, le suffoquait en pénétrant sans interruption dans sa gorge.

En dépit de son organisation amphibie, il était certain que la mort devait s'ensuivre. Il n'y avait point de salut possible. Bientôt, en effet, l'énorme dépouille du reptile, entraînée par le courant, descendit vers l'Océan, ce réceptacle immense, pour y servir à son tour de proie aux requins ou à tout autre monstre marin encore plus hideux et plus vorace que lui-même, si toutefois il en existe.

Crocodile et jaguar se disputant une proie.

On désigne quelquefois cet animal sous le nom de crocodile du Gange; mais il est d'une laideur encore plus repoussante que le crocodile et l'alligator, et il diffère des deux par plusieurs particularités qui ont bien leur importance.

Pour n'en citer que quelques exemples, il en diffère essentiellement par la bouche, ses mâchoires étant extraordinairement longues et étroites, et par sa tête, dont les deux côtés sont droits et perpendiculaires et dont la surface supérieure est quadrilatérale. Il a un nombre de dents double ou presque double de celles du crocodile du Nil, bien que celui-ci, on le sait, soit déjà fort abondamment pourvu de ces instruments de destruction. Quelle aubaine pour un dentiste qui aurait à traiter une mâchoire de gavial avec ses cent vingt dents bien comptées !

C'est un animal amphibie; il aime beaucoup l'eau, et ses pattes postérieures palmées lui permettent de s'y mouvoir avec une grande célérité.

L'énorme reptile qui avait menacé la vie d'Hélène avait environ huit mètres de long.

Inutile d'insister sur la gratitude du capitaine Redwood, et sur le regret qu'il éprouva de n'avoir à sa disposition aucun moyen de reconnaître dignement le service immense que venait de lui rendre son fidèle et loyal compagnon.

X.

LES OISEAUX FOUISSEURS.

Que ne donnerait-on pas pour manger des œufs ? — La *beushee* supposée. — Les constructeurs de forts. — Un nid curieux. — Le mégapode. — On examine le terrain. — Avertissement de Laloo. — La ponte des œufs. — La patience récompensé. — Des provisions venues fort à point. — *A malo ad ovum.*

La diète frugale, quoique délicieuse à bien des égards, est loin d'être réconfortante. Laloo le disait volontiers, et Murtagh le répétait après lui avec non moins de conviction. L'Irlandais déclarait qu'il aurait mieux aimé déjeuner de pommes de terre et de beurre à discrétion, bien qu'un morceau de jambon ou même de bœuf salé lui eût encore paru plus désirable.

Hélas ! tous tombaient d'accord qu'un morceau de viande fraîche ou salée leur serait de la plus grande utilité ; et encore, c'était pour ne pas dire indispensable au complet rétablissement de leurs forces.

Mais cet accord complet des membres de la petite troupe ne résolvait pas la question, qui se présentait toujours dans son intégrité.

— Où, quand et comment aurait lieu le premier repas de viande tant désiré? et de quoi se composerait-il?

La forêt, si loin que le capitaine Redwood l'eût explorée, ne semblait habitée par aucun animal vivant. Il avait erré pendant plus d'une heure sous la feuillée, sans apercevoir ni un quadrupède ni même un oiseau ; et bien qu'il y eût des poissons dans la rivière, et qu'il dût se rencontrer maints coquillages dans la mer, le long de la grève, ni Murtagh ni Laloo n'avaient réussi à en capturer un seul.

Le désir ou plutôt le besoin de manger de la viande s'était développé chez les naufragés avec une telle énergie, qu'ils en venaient à regretter d'avoir laissé le gavial mort dériver vers la mer. Au moins le monstre eût été une fois utile à quelque chose ; et si l'on n'en avait coupé que des tranches peu délicates et peu savoureuses, on ne leur eût pas demandé autre chose que de se laisser manger.

Découragés par leur insuccès et dominés par leur faiblesse, ils ne tentèrent plus rien ce jour-là, mais restèrent allongés sous leur arbre.

Pendant qu'ils mangeaient leur souper, composé de durions comme l'avaient été les deux repas précédents, on mit la conversation sur le chapitre des œufs, et tout le monde se prit alors à en désirer. Oh! si l'on en avait seulement quelques douzaines ! Comme ce serait bien là ce qui leur conviendrait ! Ce serait à la fois réconfortant, nourrissant et si bon !

Mais pas plus que le gibier, les œufs n'étaient chose facile à se procurer.

— Où en trouver? s'écriait Murtagh avec désespoir.

Il faut dire que le brave Irlandais se sentait de force à en consommer plus d'une douzaine à lui tout seul, à la coque, pochés, sur le plat, en omelette, ou même crus, avouait-il avec une naïveté parfaite.

— Des œufs! des œufs! s'était-il écrié à la première mention que Laloo en avait faite. Je donnerais beaucoup pour revoir la forme d'un œuf, et j'en avalerais bien un plein panier, quand ce seraient des œufs de cygne ou d'autruche; ce ne serait pas la grosseur qui m'effrayerait, bien sûr! Mais qu'est-ce qui vous a donc mis les œufs en tête, Laloo, mon brave?

— Ce qui me les a mis en tête? C'est qu'il n'en manque pas dans le voisinage. Le tout serait de savoir où les trouver.

— Eh! qu'en savez-vous? Etes-vous sorcier par hasard?

— Pas besoin d'être grand sorcier pour cela, Multa. N'avez-vous pas entendu gémir toute la nuit le mali?

— Le mali? Il faudrait d'abord que je susse ce que c'est que votre mali.

— C'est un gros oiseau comme le dindon. Je l'ai bien entendu, moi! Il poussait des gémissements comme un homme qui s'en va mourir.

— Och! je me rappelle maintenant. J'ai entendu des lamentations toute la nuit. Ça en devenait même ennuyeux. J'ai cru que c'était une *beushee*, à supposer qu'il y en ait dans un pareil pays perdu. Ah! c'était un oiseau, dites-vous? Mais en quoi cela peut-il nous intéresser? Ses cris ne nous donneront pas ses œufs et ne nous feront pas découvrir son nid.

— Son nid? Il n'est pas bien loin, j'en réponds. Le mali fait son nid dans les sables, tout au bord de la mer. Demain matin, je me mettrai à sa recherche, et il se peut fort bien que je le découvre.

En effet, pendant toute la nuit précédente, ils avaient entendu une voix plaintive, dont les accents lamentables les avaient tous désagréablement impressionnés. Le capitaine Redwood les avait remarqués, ne se souvenant pas d'avoir jamais entendu rien de semblable. Il avait cru que ces cris étaient poussés par quelque espèce d'oiseaux de mer, de ceux qui fréquentent les côtes ; mais il ne lui était pas venu à la pensée qu'il pût y avoir des nids dans le voisinage.

Aussi dès le lever du soleil avait-il été sur pied, dans l'espoir de tirer un coup de fusil heureux. N'eût-ce été que des mouettes, il aurait été enchanté d'en abattre une ou deux, et de contribuer pour sa part au déjeuner commun. Mais il n'y avait pas d'oiseaux en vue, pas plus de mouettes que d'autres.

Laloo lui expliqua alors que ce n'étaient point des oiseaux de mer qui avaient ainsi troublé leur sommeil, mais bien des oiseaux habitant les forêts, et qui ne viennent sur le rivage que dans le moment de la ponte. Leur présence actuelle sur ce point dénotait donc sûrement l'existence de nids dans un rayon peu étendu.

Tandis qu'ils s'entretenaient de ce sujet, leurs yeux tombèrent précisément sur un véritable troupeau des oiseaux en question.

Il y en avait bien une cinquantaine. Ils n'étaient point perchés sur des arbres ni même occupés à voler. Ils marchaient à pas comptés sur la grève sablonneuse, avec une allure calme et majestueuse, absolument comme les volailles des fermes, quand elles se dirigent vers un champ nouvellement ensemencé, et s'arrêtent çà et là pour picorer quelque graine égarée.

Ces volatiles étaient à peu près de la grosseur d'une poule de

Cochinchine. Grâce à leur plumage lustré, mélangé d'un beau noir et d'un blanc délicatement teinté de rose, à leur tête casquée, à leur queue relevée, ils avaient une ressemblance frappante avec nos volailles d'Europe.

En effet, ils appartiennent à une tribu très voisine de la famille des *gallinacées*, et représentent celle-ci en Australie et dans plusieurs îles de la Malaisie, où les véritables types propres à cette race n'existent pas.

Volailles d'Europe.

Ils se divisent en plusieurs espèces distinctes. Quelques-uns, comme le *tallegalla* d'Australie, se rapprochent, comme forme et comme aspect général, du dindon, tandis que d'autres pourraient être considérés plutôt comme des espèces de faisans.

Le tallegalla entre autres a la singulière habitude de déposer et de cacher ses œufs sous des buttes formées de sable, de décombres ou de débris divers, qu'il combine entre eux, et dans lesquels il abandonne ses œufs à une sorte d'incubation spontanée.

De là leur nom de *constructeurs de monticules*, qui est donné à l'espèce entière, bien que tous ses membres n'obéissent pas à la même loi. Quelques-uns se servent d'un procédé différent, bien qu'analogue, pour amener leurs œufs à bonne fin.

Les naturalistes ont donné à ces oiseaux le nom de *mégapodes*, à cause de leurs pattes très larges, dont les doigts longs et armés d'ongles crochus les mettent à même de fouiller profondément le sol, et d'amonceler les herbes et autres débris en tas, où leurs œufs, pensent-ils, trouvent une retraite assurée.

Quelquefois ces mégapodes, comme les appellent les Australiens, car ils sont aussi communs en Australie qu'à Bornéo, élèvent des buttes ou monticules de terre et d'herbe qui atteignent jusqu'à cinq mètres de hauteur sur une circonférence de vingt mètres.

Ces oiseaux sont gros et lourds, raides et disgracieux dans leurs mouvements, lents et maladroits dans leur vol. Leurs jambes sont épaisses, et leurs doigts longs et gros.

Bien qu'il existe entre la manière dont le tallegalla construit son nid et celle du mégapode quelque différence, néanmoins les deux méthodes ont entre elles des points de ressemblance très marqués, comme on en pourra juger par le récit suivant :

« Traçant un cercle d'un rayon considérable, dit M. Wood, les oiseaux commencent à marcher autour de ce cercle, en prenant soin continuellement d'arracher et d'entraîner avec leurs larges pattes les feuilles, les herbes et les branchages morts qui se rencontrent dans le parcours et de les rejeter vers le centre.

« Chaque fois qu'ils achèvent un tour, ils rétrécissent leur cercle, de sorte qu'ils ont bientôt labouré un vaste espace circulaire, contenant au milieu un monticule bas et irrégulier. Par la répétition fréquente de cette opération, ils diminuent le diamètre de la butte et en accroissent la hauteur, si bien qu'à la fin ils ont produit une sorte de petite colline en forme de cône grossier.

« Après ce travail préliminaire, ils creusent vers le centre de la butte une cavité d'un mètre trente-trois centimètres de profondeur environ, dans laquelle ils déposent leurs œufs, qu'ils recouvrent, et abandonnent ensuite, pour l'incubation, aux influences combinées de la chaleur du soleil et de la fermentation.

« Mais ce n'est pas du tout dans le but d'échapper aux soins et à la responsabilité qu'impose la famille que ces oiseaux en agissent ainsi ; car le mâle surveille ses œufs avec une maternelle vigilance, étant doué d'un merveilleux instinct pour connaître la température qui leur est nécessaire.

« Souvent il les cache sous d'épaisses couches de feuilles, tandis que plus tard il les découvre et les met presque à nu, répétant ce manège à plusieurs reprises dans la journée.

« Enfin les œufs sont éclos. Mais, bien qu'échappés à leur coquille, les petits ne quittent pas le nid avant douze heures au moins. Après même qu'ils se sont hasardés à un voyage de découverte en dehors de la butte, on les voit aux approches de la nuit le regagner au plus vite, et l'on voit également le père s'empresser de les recouvrir dans leur cachette comme au temps où ils n'étaient encore qu'à l'état d'œufs. »

Une remarque singulière et générale a été faite au sujet de ces nids : c'est qu'une sorte d'ouverture cylindrique ou cheminée est toujours pratiquée au centre du monticule, dans le but évident d'y faire pénétrer l'air extérieur, comme aussi de livrer passage aux gaz produits par la fermentation.

Chaque nid peut contenir la valeur d'un boisseau d'œufs ; et comme ces œufs ont un goût excellent, ils sont aussi recherchés des Européens que des indigènes.

Le tallegalla a de plus l'habitude de creuser de grands trous dans la terre et de s'y cacher sous une couche de poussière, à la façon des gallinacées, et ces trous servent souvent d'indication aux chasseurs d'œufs et les guident jusqu'au nid lui-même.

Après cette longue digression, revenons enfin à nos mégapodes de Bornéo, ceux-là mêmes dont l'apparition avait si vivement surexcité l'intérêt et la curiosité du capitaine Redwood et de sa petite troupe.

Ces oiseaux, appelés malis par Laloo, appartenaient à l'espèce connue sous le nom de *maleos*. Ils ne venaient point de mettre pied à terre en cet endroit, n'étant pas très habiles sous le rapport du vol ; mais ils s'étaient subitement révélés à la vue de nos pauvres naufragés, après avoir tourné un monticule de sable, sorte de dune qui les avait jusqu'à ce moment dérobés aux regards.

Comme les spectateurs étaient restés couchés sous l'ombrage épais de leur arbre, les oiseaux ne les aperçurent point, mais continuèrent lentement leur promenade sur le rivage pour y vaquer à leurs petites affaires.

Nos observateurs virent bientôt en quoi consistaient ces affaires. Bien que quelques-uns des volatiles s'arrêtassent par moment pour ramasser un ver, un coquillage ou une graine, il était évident qu'ils n'étaient pas venus là simplement pour y parader et y chercher leur repas du soir.

De temps à autre, on en voyait quelques-uns s'écarter rapidement du troupeau, courant avec la légèreté du faisan. Ils s'arrêtaient ensuite brusquement, examinaient le terrain dans toutes les directions, et appelaient enfin leurs compagnons avec des gloussements réitérés.

Un caquetage général se produisait aussitôt, comme si toute la troupe était engagée dans une discussion relative aux intérêts communs.

Nos amis remarquèrent que ceux qui prenaient ainsi l'initiative de ces reconnaissances et de ces discussions différaient un peu des autres. La protubérance en forme de casque qui distingue la race à la partie postérieure de leur tête, était plus élevée, les tubercules placés à la base de leurs narines plus saillants, et le rouge de leurs joues nues était d'une teinte plus prononcée et plus brillante. Enfin, leur plumage était plus lustré, et les nuances en étaient plus vives.

C'étaient les mâles ou coqs de la troupe. Cependant la différence entre eux et leurs poules est moins grande que celle qui existe entre le sultan de nos basses-cours et ses favorites; car il faut que l'oiseau soit assez proche pour qu'on puisse faire la distinction du sexe.

Ils se trouvaient encore à deux cents mètres environ de l'endroit où nos amis restaient en embuscade, et, d'après la direction qu'ils leur voyaient prendre, il n'était pas probable qu'ils s'en approchassent davantage.

Le capitaine avait allongé la main vers son fusil pour le charger d'un peu de plomb qu'il avait par hasard sur lui, et il s'apprêtait à tirer au milieu de la bande; mais Laloo l'arrêta par quelques mots prononcés à voix basse.

— N'essayez pas de tirer, capitaine; ils sont trop loin, vous perdriez tout. Ils cherchent sans doute une place pour y déposer leurs gros œufs. Il vaut bien mieux attendre un peu et savoir où ils mettront ces derniers.

Ainsi averti, le capitaine repoussa doucement sa carabine, et tous continuèrent à observer en silence les maléos, qui poursuivaient leur course et leur examen de terrain, sans se douter qu'on les eût menacés un instant.

Lorsqu'ils furent presque en face du campement, à un endroit où le sable était sec, facile à fouiller et hors de portée de l'atteinte de la marée, ils s'arrêtèrent tous sur l'avis de l'un d'entre eux, qui, par la richesse de son plumage et la hautaine fierté de sa démarche, paraissait le personnage important de la tribu, et était, suivant toutes les probabilités, le chef reconnu de l'expédition.

Ici s'écoula une beaucoup plus longue période de caquetage et de gloussements pleins d'éloquence. Cette interminable conférence ne fut point, comme les autres, abrégée par la remise en marche du gros de la troupe, mais au contraire par son arrêt définitif.

Avec leurs grandes pattes armées d'argots, les maléos sans exception se mirent à gratter le sable, qu'ils rejetaient autour d'eux en nuages et en pluie.

Pendant quelque temps ils furent à peine visibles, le sable soulevé en tourbillons les dérobant aux regards sous une poussière opaque. Ce jeu se continua pendant près d'une demi-heure.

Toutefois ce n'était pas un jeu autant que cela en avait l'air; car, quand il eut pris fin, nos spectateurs purent voir dans le sable une excavation d'un diamètre assez grand et d'une profondeur suffisante pour que plus de la moitié du troupeau, restée dans le trou, y fût complètement invisible.

A partir de ce moment, nos amis remarquèrent que cette fosse fut constamment occupée par un certain nombre d'oiseaux, les uns y entrant, les autres en sortant, mais tous paraissant remplir en commun, et chacun à son tour, un devoir quelconque.

Le second point qui frappa nos spectateurs fut celui-ci : c'est que ceux qui vaquaient à cette occupation, dont ils ne pouvaient, à la distance où ils étaient, surprendre le secret, étaient les volatiles au plumage terne et modeste, c'est-à-dire les poules, tandis que les coqs se promenaient aux alentours, en redressant leur queue et avec tout l'orgueil et toute l'importance qui conviennent aux maîtres des cérémonies dans les jours de gala.

Cette scène singulière dura au moins une heure, pendant laquelle Laloo eut à déployer toute son éloquence pour contenir ses compagnons et les empêcher d'intervenir soit par un geste, soit de toute autre manière, en leur promettant une grande récompense digne de la vertu dont ils faisaient preuve.

Enfin la séance fut levée ; mais aussitôt, et sans interruption aucune, une autre partie de grattage lui succéda. Le sable fut renvoyé dans le trou avec la même ardeur qu'il en avait été tiré et le même accompagnement de pluie pulvérulente. Après quoi, émergeant du nuage qu'ils avaient soulevé, les mégapodes se dispersèrent par groupes de deux ou trois, qui prirent chacun une direction différente : les uns couraient sur la grève d'une allure rapide, les autres s'élevaient perpendiculairement dans les airs et s'envolaient vers la forêt avec un grand bruit d'ailes.

— A notre tour, maintenant, dit Laloo, ses grands yeux tout pétillants de joie ; c'est le moment où nous allons toucher la récompense de notre patience et de notre sagesse. Nous avons des œufs ! C'est meilleur que le durion, je vous le garantis. Ils sont bons les œufs de mali, vous m'en direz des nouvelles !

Comme il n'était plus nécessaire ni de se cacher, ni de prendre aucune précaution, tout le monde fut sur pied en un clin d'œil et courut vers la place où l'on avait vu les volatiles si activement occupés.

Seulement il ne restait plus trace de la cavité naguère si profonde ; la surface du sol était aussi unie à cet endroit qu'ailleurs. Heureusement, il restait les traces du sable fraîchement remuée, et çà et là des empreintes d'ergots ; sans cela, on n'aurait jamais pu supposer qu'une troupe d'oiseaux de cette dimension venait d'y creuser et d'y remblayer un trou comme celui que les naufragés avaient encore présent à la mémoire.

Laloo et Murtagh prirent leur course vers la chaloupe et en rapportèrent chacun un aviron, dont ils se servirent comme de pelle ou de bêche. Le trou fut bientôt creusé de nouveau, et près de trois douzaines de gros œufs d'un rouge brique apparurent, disposés de manière à former une sorte de stratification irrégulière.

Ils avaient à peu près la forme accoutumée ; bien que moins allongés que les nôtres, ils avaient cependant un bout plus petit que l'autre. Ce qu'ils offraient de plus remarquable, c'était leur grosseur tout à fait disproportionnée avec celle de l'oiseau qui les avait pondus ; car si celui-ci ne dépassait pas la taille de la poule commune, ceux-là en revanche étaient au moins aussi gros que ceux de l'oie.

Avec l'adresse et le soin naturels à sa race, Murtagh laissa tomber et cassa le premier œuf auquel il toucha. C'était une denrée trop précieuse pour qu'on s'exposât à la perdre; on en recueillit donc le contenu dans un gobelet d'étain de la grandeur d'une tasse à thé ordinaire, et le gobelet se trouva rempli jusqu'au bord.

C'était un ravitaillement qui arrivait bien à propos. Ces beaux œufs justifièrent la prédiction du Malais et supportaient avantageusement la comparaison avec ceux de nos poules. Bien des personnes dans une condition moins précaire que celle de nos affamés les considèrent comme préférables à ces derniers et trouvent qu'ils se rapprochent davantage de ceux de la poule d'Inde.

On en fit cuire une douzaine pour le déjeuner du lendemain et l'on poussa l'épicurisme jusqu'à en varier le mode de cuisson. Quelques-uns furent mis à la coque, l'une des écailles de l'huître de Singapour remplaçant assez bien la casserole absente pour faire bouillir l'eau, tandis que l'autre écaille, transformée en poêle à frire, servit à la confection d'une énorme omelette admirablement réussie.

Ce repas fut pour eux une source de bien-être infini, bien qu'on y eût renversé l'ordre du service, et qu'au lieu d'être servi *ab ovo ad malum*, il le fût au contraire *a malo ad ovum*. Il est vrai que cela se pratique ainsi dans certains pays, notamment en Espagne, où l'on sert volontiers les œufs à la fin du repas.

XI.

LES LANOONS.

Plans d'avenir. — Voleurs d'hommes. — Les pirates malais. — Nouvelle cause d'effroi. — La difficulté vaincue.

Certainement, de toutes les substances assimilables, la plus nutritive est sans contredit le liquide appelé lait. Il se transforme presque immédiatement en sang, puis en chair et en muscles, suivant l'usage qui lui est assigné par le Créateur. Aussi est-ce le premier aliment donné à tous les êtres vivants, non seulement aux mammifères, mais aux ovipares et même aux végétaux, à la première période de leur existence.

Aux mammifères il est présenté simplement sous la forme naturelle de lait. Les seconds le reçoivent sous celle de blanc d'œuf; tandis que le jeune arbre ou la jeune plante, s'élançant de l'embryon, le trouve dans la fécule ou matière succulente qui l'entoure et dans laquelle il est demeuré caché et en apparence sans vie, jusqu'à ce que le soleil l'ait fait éclore à l'existence.

C'est un composé d'albumine, de gluten et d'autres substances parfaitement combinées qu'on retrouve et dans la glande mammaire, et à l'intérieur de l'œuf, et dans la graine, la racine, ou le fruit d'où surgit le nouveau-né, homme ou bête, oiseau destiné à fendre l'air, poisson aux nageoires rapides, reptile rampant, ou arbre des forêts profondément enraciné au sol.

Le léger repas d'huître avait rendu l'activité aux estomacs délabrés de nos amis; le fruit du durion, lui succédant comme un dessert, n'avait pas manqué d'exercer également sur eux une action bienfaisante. Ce ne fut pas cependant avant de s'être restaurés à la source de la force vitale, représentée sous une de ses formes rudimentaires, l'œuf, qu'ils sentirent leur sang reprendre son cours normal et réparer complètement leur vigueur et leur activité.

Murtagh fut le premier à se sentir revivifié et à se déclarer prêt à tout; mais les autres, sous l'influence du sain et nourrissant aliment, se joignirent bien vite à lui pour déclarer qu'ils sentaient renaître une vigueur nouvelle, qui ne tarda pas à se manifester; car ils se mirent presque aussitôt à débattre leurs plans d'avenir, auxquels jusqu'alors ils n'avaient point eu le courage de songer.

Naturellement la question était de savoir quand et comment ils quitteraient la plage peu hospitalière sur laquelle le typhon et les vents les avaient jetés comme autant d'épaves. La côte paraissait inhabitée, et, bien qu'elle se fût montrée moins inhospitalière qu'ils ne l'avaient craint tout d'abord, ils ne se sentaient aucune inclination d'y prolonger leur séjour.

Notre patron de barque américain n'avait pas la moindre ambition de rivaliser avec l'Ecossais Selkirk et de devenir un nouveau

Robinson Crusoé. Quant à Murtagh et au Malais, ni l'un ni l'autre n'avaient de vocation pour être de nouveaux Vendredis pendant une période plus ou moins prolongée, surtout tant qu'il restait le moindre espoir d'échapper à cette vie d'ermite.

La soirée se passa donc tout entière à discuter le but vers lequel ils allaient tendre, ainsi que les meilleurs moyens de le poursuivre une fois qu'il serait arrêté, et les préparatifs qu'il pourrait nécessiter.

Un des détails intéressants de cette question de prochain départ était de savoir si nos explorateurs reprendraient la mer avec leur bateau peu maniable, ou s'ils tenteraient une expédition par terre, afin de gagner un établissement européen.

Le capitaine Redwood savait qu'il y en avait un certain nombre dans l'île de Bornéo. Il y connaissait les résidences hollandaises de Sambas et de Sarabang; le comptoir du gouvernement anglais dans l'îlot de Labuan, et l'étrange établissement hétérogène, moitié colonie, moitié royaume, qui reconnaissait alors l'autorité de l'audacieux aventurier anglais, sir James Brooke, lequel avait pris le titre de rajah de Sarawak.

S'ils parvenaient à atteindre un de ces endroits, soit par mer, soit en longeant la côte, soit à travers les terres, les naufragés pourraient considérer leurs épreuves comme terminées. Il ne restait donc qu'à déterminer lequel de ces établissements devait se trouver le plus proche et quel était le meilleur moyen à adopter pour y parvenir.

Après mûres réflexions, il fut décidé qu'on irait à Labuan.

Du point du littoral où le capitaine Redwood supposait avoir été jeté, cette ville lui semblait être de beaucoup la plus rapprochée, et, par le fait, la seule que des voyageurs dans des circonstances aussi défavorables pussent se flatter d'atteindre.

Bien entendu, aucun des membres de la petite troupe n'osa mettre en avant la proposition de partir immédiatement : c'eût été folie. Leurs forces étaient loin de le leur permettre encore. La discussion n'avait donc pour but que de tout combiner pour un voyage dont l'époque restait indéterminée, mais qu'ils se prépareraient de leur mieux à accomplir avec succès.

Quoiqu'ils fussent sains et saufs sur la terre ferme et qu'ils n'eussent plus rien à redouter des périls de l'abîme, ils ne se croyaient pas pour cela en droit de crier victoire ni à l'abri de tout danger.

La partie de la côte où ils avaient abordé paraissait totalement inhabitée; ce n'était pas du reste ce qui leur causait de l'inquiétude; au contraire, des créatures humaines étaient ce qu'ils redoutaient le plus au monde de voir surgir devant eux.

D'après la situation du navire lorsqu'il avait été submergé par le typhon, d'après la distance parcourue depuis lors et la direction dans laquelle on avait navigué, le capitaine Redwood ne doutait pas qu'ils ne fussent sur la côte nord-est de Bornéo, qui fait face à la mer des Célèbes. Il avait assez longtemps trafiqué dans les îles de la Malaisie pour savoir que cette partie du littoral était des plus dangereuses, non par suite de l'existence de bêtes féroces, mais en raison de la fréquentation de ces hommes cruels et déprédateurs entre tous : les pirates.

Ces écumeurs de mer s'élancent des forteresses retranchées qui leur servent de retraite, situées au milieu des lagunes des nombreuses îles de la Malaisie, et de là ils infestent tout l'Archipel indien. Mais leurs croisières favorites sont les mers qui entourent les îles de Sooloo et qui s'étendent entre Bornéo et la Nouvelle-Guinée.

Ils sont généralement connus sous le nom de Lanoons de l'Illanon, presqu'île méridionale de l'île de Mindanao, leur principale résidence et leur lieu de refuge le plus sûr.

Ils ont cependant d'autres repaires et d'autres forts, qui leur servent de rendez-vous, notamment dans presque toutes les îles de la mer des Célèbes, surtout dans l'île qui porte ce nom, ainsi que sur les côtes septentrionales et méridionales de Bornéo.

A Bornéo, ils sont connus sous le nom de pirates Dyaks, dénomination assez incorrecte, puisque la plupart de ces flibustiers, sans foi ni loi, sont de pure race malaise; tandis que les Dyaks ne prennent que peu de part à leurs brigandages et en sont le plus souvent les premières victimes.

Les embarcations dont se servent ces bandits sont de lourds navires assez semblables à d'énormes jonques; on les appelle des *praüs*. Ils ont des mâts courts, massifs, et d'immenses voiles carrées formées par des nattes de jonc.

Mais ce qui inspire le plus de confiance aux criminels possesseurs de ces embarcations, ce sont surtout les larges avirons en forme de pelle dont elles sont munies et l'adresse incomparable de leurs rameurs. Chaque praü compte à son bord de trente à quarante rameurs, et les plus grandes en entretiennent un nombre beaucoup plus considérable.

Ceux-ci, assis sur deux files de chaque côté de l'embarcation, ne prennent jamais part au combat. Seuls les chefs et les guerriers combattent, postés sur une sorte de plate-forme qui s'étend sur presque toute la longueur de la praü.

Le grand avantage que ces écumeurs de mer trouvent dans leurs avirons, c'est que, grâce à eux, dans ces régions tropicales où les vents et les accalmies ne sont pas rares, ils peuvent aisément prendre l'avantage sur les vaisseaux à voiles ordinaires. D'autre part, quand un vent frais s'élève et qu'ils désirent éviter la poursuite de quelque navire, ils peuvent, au moyen de leurs fortes rames, arriver contre le vent du navire qui leur donne la chasse et se mettre à l'abri.

La capture de vaisseaux n'est pas toujours le but des croisières de ces pirates. Parfois ils la dédaignent comme n'étant point assez productive. Ils combinent avec leurs pirateries sur mer des expéditions à l'intérieur des différentes îles, remontant le cours des fleuves et pillant les villes et les établissements situés sur leurs rives.

Le butin convoité ne consiste pas uniquement en marchandises, bijoux, argent et objets de diverse nature, mais quelquefois, souvent même, en hommes, en femmes et en enfants; car ils sont voleurs d'hommes, aussi bien que meurtriers et pirates. Leurs captifs sont transportés dans un de leurs lieux de rendez-vous et gardés jusqu'au moment où ils se décident à s'en défaire, en les vendant comme esclaves. Un marché pour cette sorte de marchandise est facile à trouver. Il y en a dans presque toutes les îles de la Malaisie, qu'elles soient hollandaises, espagnoles ou portugaises, ou sous la domination des chefs indigènes, rajahs ou sultans.

Bien au fait de toutes ces circonstances, le capitaine Redwood savait à quels dangers lui et ses compagnons seraient exposés, s'ils venaient à se laisser surprendre par les Lanoons.

Tant qu'ils avaient été en pleine mer et qu'ils avaient pu craindre de succomber à la faim, aucun des naufragés n'avait donné une pensée aux pirates. Même avec la certitude qu'elle était montée par des corsaires, la vue d'une praü aurait été la bienvenue. La mort par le kris malais, l'esclavage sous le maître le plus dénaturé, eussent été accueillis par ces infortunés comme un soulagement, à la condition de mettre un terme immédiat aux tortures que leur imposaient la faim et la soif.

Mais maintenant que ces maux ne sont plus qu'un souvenir, que les naufragés, sains et saufs sur la terre ferme, ne redoutent plus rien des caprices des flots, et sont presque assurés de trouver de quoi subvenir à leurs besoins matériels, les pirates deviennent l'objet de leurs craintes les plus vives.

Aussi leurs regards interrogent le rivage et la mer en tous sens, et se tournent pleins d'appréhensions vers la forêt chaque fois qu'un bruit insolite se fait entendre de ce côté.

Dans une pareille disposition d'esprit, le canot lui-même se transforme en une source permanente d'inquiétudes. Pour eux, il leur serait facile de trouver une retraite assurée à l'ombre des arbres épais et serrés de la forêt; mais la grande pinasse, échouée sur le banc de sable, était un objet assez apparent pour être vu de plusieurs milles par quiconque aurait côtoyé la rive ou serait sorti brusquement de la forêt. Il n'en fallait assurément pas plus pour trahir leur présence, au cas où quelque nid de pirates se trouverait près de là.

La première question était donc de savoir ce qu'on devait faire du canot.

Ils n'eussent pas hésité à le tirer sur le rivage et à le cacher sous bois, s'ils s'en étaient senti la force ; mais la pensée ne leur en vint même pas, tant ils étaient encore pénétrés de leur impuissance. Néanmoins il fallait aviser, faire quelque chose, prendre une détermination.

Murtagh proposa de le démembrer et de laisser aux flots le soin d'en disperser les fragments. Mais le capitaine n'approuva pas cette motion du brave Irlandais. Le bateau qui les avait arrachés à une mort certaine, qui les avait si longtemps portés sur une mer inconnue et les avait enfin conduits à un port relativement sûr, méritait un autre traitement.

Du reste, ne pouvait-il pas se faire qu'ils en eussent encore besoin ? Savaient-ils, après tout, s'ils avaient bien réellement mis pied à terre à Bornéo même, ou dans l'un des nombreux îlots qu'on trouve près de la côte occidentale de l'île principale ? Si par hasard ils étaient dans un de ces îlots, le bateau leur serait nécessaire pour se rendre à Bornéo.

Pendant qu'ils étaient engagés dans cette discussion, l'œil perçant de Laloo, toujours aux aguets, se fixa sur quelque chose qui promettait la solution de la difficulté.

Le petit cours d'eau qui se trouvait à peu de distance, ou plutôt l'estuaire creusé dans les sables par son courant, avait formé un canal assez profond pour livrer passage à un bateau d'un plus fort tirant d'eau que la pinasse.

— Pourquoi ne pas faire remonter la rivière au bateau ? demanda le Malais.

— Laloo a raison, dit le capitaine ; la chose me paraît faisable.

— Alors il n'y a qu'à la faire, reprit Murtagh. Il est plus malin qu'on ne croit, ce brave garçon, d'avoir trouvé cela avant aucun de nous. Nous y mettons-nous tout de suite, capitaine? Mieux vaut que cela se fasse plus tôt que plus tard, qu'en dites-vous?

— Sans aucun doute! lui fut-il répondu.

Et les trois hommes, se levant aussitôt, se dirigèrent vers la chaloupe, laissant les deux enfants se reposer à loisir, à l'ombre du grand arbre où s'abritait le campement.

XII.

LE PYTHON.

Un hôte fort malvenu. — Murtagh est en grand danger. — Le python. — Le *kris* du Malais. — Un énorme reptile.

Il fallut plus d'une heure pour amener la chaloupe jusqu'à l'embouchure du petit fleuve, et presque en face de leur campement temporaire. Le courant, qui leur était contraire, s'opposait à leurs faibles efforts et les retardait sans cesse.

Ils vinrent cependant à bout de leur entreprise, et le bateau fut enfin placé de manière à échapper aux observations malveillantes de quiconque viendrait à se promener sur la grève.

Même, pour qu'il fût encore plus en sûreté, on le poussa sous les branches retombantes d'un large figuier indien — le banian — dont l'épais ombrage s'étendait sur plus de la moitié de la largeur du courant.

Là, il fut amarré, à l'aide de la drosse du gouvernail, à l'une des énormes racines de l'arbre, et les travailleurs s'apprêtaient à le quitter définitivement, lorsqu'un cri de Laloo avertit qu'ils se trouvaient en face d'un nouveau danger.

A proprement parler, ce n'était point en face, mais bien au-dessus de leurs têtes, que se dressait ce danger ; car ce fut en regardant en l'air, comme avait fait le Malais, qu'ils aperçurent ce qui, au premier abord, leur fit l'effet d'une des tiges de l'arbre qui se serait animée tout à coup. Mais le corps souple, cylindrique et couvert d'écailles luisantes, de l'objet en question, leur fit bientôt reconnaître leur méprise, et constater que ce qu'ils avaient cru être un tronc d'arbre vivant n'était autre chose qu'un serpent.

Serpent.

C'était un python, et un python de dimensions énormes, à en juger par ce qu'on en voyait. Ils évaluèrent tous à trois mètres au moins la partie qui pendait du haut de l'arbre ; et en appliquant à la circonférence de cette partie visible de l'animal les règles ordinaires de la configuration des serpents, celui-ci devait bien mesurer sept mètres de long.

Au moment où Laloo l'aperçut, il descendait de l'arbre, ayant probablement été réveillé par le bruit et le mouvement faits pour amarrer le bateau, et attiré par l'appât de quelque tentation inconnue. Il ne descendait pas à temps perdu, mais en se pressant, la tête la première; non le long des tiges, mais dans un espace vide entre elles. Sa queue, enroulée autour d'une branche, lui servait de point d'appui, à la façon de celle des singes ou des caméléons.

Sa gueule enflammée avait déjà touché la terre; et peut-être son corps tout entier eût-il bientôt été étendu sur le sol, sans le cri d'alarme du Malais. A ce cri, le serpent releva soudain la tête, mais sans recommencer à enrouler aucun des anneaux de sa queue. Puis, les mâchoires ouvertes, la langue projetée en avant, il se mit à osciller en tous sens, comme pour se préparer à prendre son élan et à fondre sur toute créature qui se trouverait dans le rayon de l'immense cercle dont sa langue fourchue décrivait la circonférence.

L'avertissement du Malais fut donné assez à temps pour sauver le capitaine, mais non le charpentier. Murtagh ne l'entendit-il pas, ou fut-il trop long à y obéir? Toujours est-il qu'il se trouva surpris.

Il était à quelques pas en avant de ses compagnons, portant sur les bras une partie des agrès de la pinasse. Au cri de Laloo, il regarda tout autour de lui, aperçut le serpent qui se balançait dans ses vibrations circulaires, et comprit aussitôt qu'il était à la portée du monstre.

Le seul instinct de la conservation fit faire au charpentier un saut de côté qui aurait dû suffire à le garer; mais la malechance voulut que ses mouvements étant gênés par les objets qu'il portait, il allât heurter avec violence contre une des tiges du banian.

Le choc le fit rebondir en avant et le jeta tout de son long par terre; ce qui n'eût encore rien été, s'il avait eu la sagesse, en cette circonstance, de rester ainsi étendu à plat ventre. Dans cette position, le serpent n'aurait pu s'enrouler autour de lui, ni le broyer entre ses anneaux. On sait que le python se sert rarement de ses dents avant d'avoir essayé sur sa victime la force de compression dont il est doué.

Mais on ne songe pas à tout; et, dans une position aussi critique surtout, on est excusable de n'avoir pas une présence d'esprit parfaite.

A peine debout, l'Irlandais se sentit enveloppé des replis du python.

Peut-être aussi le digne charpentier ignorait-il ce détail, ainsi que beaucoup d'autres choses.

De plus, en sa qualité d'Irlandais, il n'était doué ni d'une grande prudence ni d'une dose extraordinaire de patience; aussi, dès qu'il eut fait quelques pas en rampant sur ses mains et sur ses genoux, s'empressa-t-il de se relever, ce qui le perdit.

A peine était-il debout, qu'il se sentit enveloppé de la tête aux pieds dans une spirale d'anneaux froids et visqueux qu'il put reconnaître pour les replis du python.

S'il y avait eu des Lanoons ou des pirates dyaks à un mille à la ronde, ils auraient pu entendre distinctement le cri surhumain que poussa l'Irlandais. Les oiseaux effrayés interrompirent leurs chants joyeux et s'envolèrent à tire-d'aile. Puis un grand silence se produisit, si grand, qu'au milieu de cette nature immense, on n'entendit plus rien que les sons rauques et inarticulés qui s'échappaient de la gorge de notre malheureux Murtagh.

Le capitaine Redwood, qui, pour l'expédition entreprise, était naturellement sans armes, s'élança vers la pinasse pour y prendre la gaffe, qu'il jugeait l'arme la plus effective contre cet ennemi redoutable. En effet, c'eût été la meilleure, si l'on avait pu s'en servir à temps; mais, bien avant que le capitaine pût revenir, le corps de l'infortuné charpentier serait réduit en une masse informe d'os et de chair broyés.

Le capitaine s'en rendait compte lui-même; et tel eût été certainement le cas, sans l'intervention d'une chose dont le Malais ne se dessaisit jamais, et qu'il porte sur lui plus près de son corps que sa propre chemise, c'est-à-dire sur sa peau.

Cette chose si précieuse aux yeux du Malais, c'est le kris.

Etant donné ce qui précède, Laloo avait naturellement le sien, et ce fut heureux pour son vieux *Multa*, comme il appelait le charpentier.

Adroit comme tous les indigènes, il maniait cette arme avec une adresse peu commune, si bien qu'il dirigea l'arme contournée de manière à transpercer la gorge du python, sans en faire pénétrer la pointe suraiguë jusqu'à la veine jugulaire de l'Irlandais.

Il était pourtant bien difficile d'arriver à réussir l'un sans courir le risque de faire l'autre ; mais le résultat prévu fut celui-ci :

Buffle.

L'énorme serpent, se sentant cruellement blessé, déroula rapidement ses nombreux anneaux d'autour de sa victime, laissant aller cette dernière et ne songeant qu'à s'échapper lui-même, afin de se glisser dans la profondeur des bois, et y disparaître en se tordant dans les tortures de l'agonie.

Trop inquiets du sort de leur compagnon pour songer à poursuivre le hideux reptile, le capitaine et Laloo s'approchèrent de l'Irlandais, qui gisait sur le sol où il s'était laissé tomber.

Un examen minutieux leur démontra que Murtagh avait eu plus

de peur que de mal, et qu'il en serait quitte pour une émotion terrible dont il avait bien de la peine à se remettre.

Après les plus cordiales félicitations sur la délivrance quasi miraculeuse dont il venait d'être l'objet, le capitaine et le Malais parvinrent à le tranquilliser un peu et à le décider à les suivre. Ce fut soutenu par eux qu'il fit sa rentrée au campement, où il n'eût certes jamais repris sa place sans le kris de Laloo.

Le python de l'ancien monde est presque aussi redoutable que le boa du nouveau ; peut-être même est-il plus à craindre, car, malgré sa prodigieuse longueur — huit à dix mètres — il est extrêmement souple et sa force musculaire est incalculable.

Une foule d'histoires authentiques racontent qu'il broie jusqu'à des tigres et des buffles dans ses redoutables replis.

L'espèce connue sous le nom de *python reticulatus* est considérée jusqu'à nouvel ordre comme la plus grande qui existe.

XIII.

PRESSÉS D'ÉCLORE.

L'expédition projetée. — Les nids trompeurs. — Le trésor est découvert. — Encore pressés par la faim. — Les oiseaux précoces.

Deux autres jours s'écoulèrent sans amener rien d'intéressant, bien que les naufragés se livrassent à plusieurs excursions pour explorer le rivage et la forêt dont ils s'efforçaient de ne jamais perdre de vue la lisière.

Ces excursions n'avaient produit aucune découverte bien extraordinaire, mais les avaient confirmés dans l'opinion que la côte était inhabitée, du moins dans un rayon assez éloigné du point où ils avaient abordé.

Le plus décourageant dans ces reconnaissances, c'est qu'elles avaient complètement manqué le but dans lequel elles avaient été principalement entreprises : elles étaient restées totalement infructueuses sous le rapport de la découverte d'aucune sorte de gibier.

Car, lorsque par hasard le capitaine en avait entrevu sous forme d'oiseaux dans la forêt, il s'était toujours envolé sans lui offrir de meilleur résultat que celui d'avoir brûlé ses amorces pour rien.

Aussi, à l'exception de quelques baies et de quelques racines comestibles, nos pauvres amis n'avaient-ils plus rien à manger, les œufs de mégapodes n'ayant duré que deux jours. Il leur restait encore, il est vrai, le fruit du durion, mais c'était une ressource juste suffisante pour ne pas mourir de faim, et il était évident qu'en se sustantant au moyen d'une alimentation aussi élémentaire au point de vue tonique, ils risquaient fort de n'être pas de longtemps en état d'entreprendre et d'exécuter le périlleux voyage qu'ils avaient en perspective.

Il ne leur avait plus été possible de se procurer une seule huître, ni d'attraper un seul poisson.

Toutefois, chaque nuit, nos amis étaient réveillés par les clameurs perçantes des maléos ou mégapodes, et chaque matin ils se mettaient à leur recherche avec une louable ardeur, sans pouvoir même découvrir leurs traces. Jamais ces intéressants volatiles ne daignèrent les honorer de leur présence, encore moins condescendre à venir, comme le premier soir, déposer quelques douzaines de leurs œufs délicats, juste à point pour qu'ils pussent s'en emparer tout chauds. Pareille bonne fortune ne se présente pas deux fois.

Cependant Laloo, qui se flattait de bien connaître leurs mœurs et leurs habitudes, prétendait ne pas renoncer à l'espoir de retrouver un ovarium dans le voisinage.

Ce fut avec cette persuasion que, dans la matinée du troisième jour, abandonnant décidément la partie quant aux huîtres et autres coquillages introuvables, il proposa aux membres de la petite troupe de se consacrer exclusivement à la recherche des œufs.

Sous la conduite d'un chef en l'expérience duquel ils avaient une confiance parfaite, chacun partit avec courage, en augurant toute sorte de bien de cette entreprise.

La route à suivre longeait la côte, et l'on marchait sur la bande de sable qui s'étendait entre la mer et la lisière de la forêt.

S'il existait un autre dépôt d'œufs, c'était là qu'il devait se trouver.

A cette occasion, le Malais expliqua à ses compagnons que non seulement les diverses troupes de mégapodes enterrent leurs œufs dans des nids différents, mais que souvent la même bande retourne à plusieurs reprises sur la même plage, et chaque fois y choisit un nouvel emplacement pour y déposer ses œufs en commun. Il ajouta que le plus souvent ces singuliers oiseaux, guidés par l'instinct ou par la ruse, ont l'habitude de dissimuler le lieu de ce dépôt, trop facilement reconnaissable par les traces que laissent leurs ergots pointus; pour cela ils grattent et remuent le sable en divers autres endroits, pour lui donner le même aspect qu'à celui où ils ont laissé leur ponte venir à bien sous la salutaire influence du soleil.

Afin de mieux réussir dans ses recherches, Laloo avait emporté la gaffe pour sonder le terrain. Il n'eut pas loin à aller avant de fournir à ses compagnons l'occasion de juger de la valeur de ses théories.

Bientôt on rencontra de nombreuses empreintes d'oiseaux, toutes semblables à celles que l'on avait remarquées près du premier nid. Mais en sondant avec la gaffe, Laloo déclara bien vite que le nid était faux.

— Après tout, conclut le Malais, trop de précaution nuit parfois ; car la présence de ce nid prétendu est un indice certain qu'il en existe un réel dans un rayon plus ou moins circonscrit.

Ceci mit tout le monde de joyeuse humeur. Heureusement cet espoir ne fut pas déçu : après quelques centaines de pas, on se retrouvait auprès d'un endroit foulé par les pattes actives des maléos ; et à la suite d'un sondage sommaire, la pointe de la gaffe rendit un son clair et métallique en rencontrant une résistance qui dénotait la présence de corps durs sous le sable.

Ce sable fut soigneusement enlevé avec la rame dont Murtagh s'était muni, et qui remplissait fort bien le rôle de pelle qu'on lui faisait jouer, et bientôt.... ô bonheur ! on mit à découvert près de trois douzaines d'œufs superbes d'une couleur de saumon.

Vous dépeindrai-je avec quelles précautions, j'allais presque dire avec quel amour ils furent ramassés, transportés vers le campement et placés hors de l'atteinte de tout danger ? Vous pouvez aisément vous le figurer. Mais ce qui vous surprendra davantage, c'est que nos affamés eurent le courage de se remettre en quête d'un nouveau nid, sans s'être accordé la satisfaction de goûter à leur butin.

Ils étaient soutenus par l'espoir d'en découvrir d'autres et de remonter leur garde-manger d'une manière plus durable.

Leur bonne étoile voulut qu'ils prissent une direction favorable. Un autre grand nid fut découvert à peu de distance. La gaffe rendit, en s'enfonçant dans le sable, ce son métallique plus doux à l'oreille de nos amis que la plus céleste musique, et bientôt quelques douzaines d'œufs s'ajoutèrent à la provision commencée.

Le sable de ce dernier nid paraissait plus récemment foulé que celui de l'autre; on en conclut avec raison que les œufs qu'il renfermait étaient les plus frais et devaient être mangés les premiers.

Nos dénicheurs d'œufs, ayant employé plusieurs heures à leurs recherches, ainsi qu'à leurs allées et venues, se sentirent enfin tout aussi affamés que le jour où ils avaient été jetés sur le rivage. Il ne pouvait plus être question de remettre le repas à un autre moment ; aussi s'empressèrent-ils d'allumer un grand feu, sur lequel ils disposèrent leurs deux coquilles comme précédemment, et avec ces ustensiles tout primitifs, ils n'en travaillèrent pas moins à se préparer un festin en deux services : des œufs à la coque et une omelette.

Cela ne variait guère, mais ils n'en étaient pas moins satisfaits.

Le jour suivant, ils se remirent en quête d'œufs de mégapodes, voulant se prémunir contre l'éventualité d'une autre période de disette.

Mais, bien qu'il ne manquât pas d'emplacement trahissant le passage des mégapodes, on eut beau les sonder scrupuleusement et tenter d'en fouiller un ou deux, ce fut désormais peine perdue, ils ne trouvèrent plus rien.

Force leur fut d'en conclure qu'ils avaient dévalisé toutes les « couveuses » artificielles de cette partie de la côte, et qu'il fallait renoncer à l'espoir des omelettes, comme on avait dû renoncer aux huîtres.

C'était une perspective d'autant plus désolante, qu'avec leurs forces croissantes, nos amis sentaient redoubler leur appétit dans des proportions malheureusement inverses de leurs ressources pour les satisfaire.

Le contenu du dernier nid avait donc été promptement expédié; il fallut par conséquent attaquer la réserve de ceux qui paraissaient un peu moins frais.

On avait laissé ces œufs où ils avaient été tout d'abord déposés, à vingt ou trente mètres de l'arbre où se mouvaient nos voyageurs durant la période de temps consacrée à leur ménage. Si cette précaution avait été sage à un point de vue, celui de les mettre hors

A cette vue, Murtagh se signa dévotement.

de portée d'un coup de pied maladroit, ce n'en était pas moins une négligence; car le soleil, très chaud sous ces latitudes, aurait fort bien pu jouer un mauvais tour à nos pauvres gens et leur gâter la suprême ressource sur laquelle ils veillaient avec un soin jaloux.

Néanmoins, comme le temps écoulé depuis cette exposition imprudente n'avait pas été fort long, il y avait dix à parier contre un qu'il n'en était résulté nul dommage, et nos amis, sans aucune appréhension à cet égard, s'apprêtaient à se régaler d'œufs pochés.

Laloo avait donc rallumé le feu et apprêtait sa batterie de cuisine, tandis que Murtagh se dirigeait vers « l'office », chargé qu'il était d'approvisionner le « chef ». L'Irlandais s'en allait sifflotant un petit air, et se penchait pour prendre un œuf, quand une chose à laquelle il ne s'attendait certes pas lui fit jeter un cri comme il savait si bien les pousser.

Quel était donc le spectacle qui lui arrachait des exclamations si énergiques et le déterminait à convier les autres à s'en rendre témoins?

Ce qui venait de se passer sous ses yeux était vraiment inusité dans les fermes de son pays. L'œuf vers lequel il avait étendu la main — le croiriez-vous, si je ne vous garantissais l'authenticité du fait? — s'était dérobé par la fuite à son étreinte. Il s'était mis à rouler sur le sol; et tandis que Murtagh, entouré des membres de la petite troupe, s'émerveillait de cette singularité, ne voilà-t-il pas que tous ces œufs, les uns après les autres, entrèrent en danse et commencèrent à se démener sur le sol, les uns d'un mouvement doux et lent, les autres avec des soubresauts d'impatience.

A cette vue, Murtagh se signa dévotement et recula épouvanté; ses cheveux rouges s'étaient dressés sur sa tête. Sans effarer ses compagnons aussi complètement, ce phénomène inexplicable ne laissait pas que d'avoir jeté un certain trouble dans tous les esprits, à l'exception de celui de notre digne Malais, pour lequel les bizarreries de cette région n'avaient décidément plus de mystères.

D'un coup d'œil, il avait compris ce dont il s'agissait.

— Plus d'omelette! cria-t-il en guise d'explication. Plus d'omelette, mais des poulets rôtis à la place. Vous allez les voir sortir, les petits coquins, et vous verrez s'ils ne sont pas beaux avec leur corps tout couvert de plumes. Regardez, regardez!

Comme le Malais l'avait prédit, les poulets ne tardèrent pas à sortir de leur coquille, non point comme de pauvres créatures débiles et à peine couvertes d'un léger duvet, mais comme de belles petites volailles qu'ils étaient, en pleine plume et tout disposés à s'envoler.

A mesure que les coquilles se brisaient, de jeunes oiseaux apparaissaient avec leurs ailes toutes formées; c'était vraiment curieux de les voir surgir ainsi de leur frêle enveloppe comme autant de diablotins sortant de la boîte à surprise dans laquelle on les a renfermés; puis sauter sur leurs petites pattes, regarder de côté et d'autre d'un air étonné, et tout aussitôt s'essayer à voleter sur le sable uni de la grève.

Les spectateurs de cette scène bizarre étaient tellement surpris, qu'ils restaient à la considérer, immobiles et muets; et certainement tous les nouveau-nés auraient eu le loisir de s'envoler vers les grands bois, si le Malais, accoutumé de longue date à ces éclosions subites, n'eût conservé son sang-froid et toute sa présence d'esprit. Laloo, armé de sa gaffe, guettait chaque poulet à sa sortie de l'œuf, et mettait un terme à son ravissement en l'étendant sans vie à ses pieds.

La fin de l'aventure fut donc que les naufragés durent rayer de leurs menus les omelettes et les autres plats où l'œuf joue le premier rôle; mais à leur place — et ils ne s'en plaignirent pas — ils eurent des poulets parfaits, tendres et délicats.

XIV.

UN ADROIT GRIMPEUR.

Rien à manger. — Des oiseaux précoces. — L'homme universel. — L'échelle improvisée. — Comment on la fit. — Échelon par échelon. — L'ascension du Malais.

Les naufragés, après ce repas copieux et inattendu, s'estimèrent pour un temps fort heureux; ce qui ne les empêcha pas de songer à réparer la brèche qu'ils venaient de faire à leurs provisions. La faim ne pouvait tarder à se faire sentir de nouveau, il fallait donc éviter de s'y exposer par incurie.

Ce qu'il leur fallait, ce qui constituait en ce moment toute leur ambition, c'était d'avoir une certaine quantité de vivres en avance pour suffire au temps qu'il leur fallait consacrer à se refaire de leurs fatigues, et aussi pour ne pas se mettre en route absolument au dépourvu.

Bien qu'il y ait à Bornéo un grand nombre d'oiseaux aux formes ou au plumage bizarres, dont quelques-uns sont très grands, il ne s'en trouve pas partout; et quand on en rencontre, ils ne sont pas toujours faciles à attraper ni à tirer.

Il existe également quelques grands quadrupèdes, tels que le rhinocéros indien, le tapir de Sumatra. La chair de ces pachydermes n'est ni tendre, ni délicate; mais des hommes qui n'ont rien autre chose à manger s'estiment encore heureux de faire bon marché de sa dureté et de son goût douteux.

Tapir de Sumatra.

Toutefois nos affamés n'avaient vu jusque-là ni tapir ni rhinocéros. Ils n'avaient même, dans leurs excursions, remarqué aucune empreinte qui indiquât le passage de ces animaux, qui sans doute ne fréquentaient pas les environs de cette côte.

S'ils avaient rencontré un rhinocéros, ils ne se dissimulaient pas qu'ils auraient eu du mal à le tuer; cet animal ayant la grosseur d'un éléphant de petite taille, et son cuir, très épais lui-même, étant encore protégé et renforcé par toutes sortes de nodosités et de bosses comme celles des anciens boucliers, ce qui donne à l'animal l'air d'être complètement revêtu d'une armure du moyen-âge.

Le tapir de Sumatra n'est pas non plus une créature à succomber facilement aux attaques de ses assaillants, car il est encore plus grand et plus fort que son congénère de l'Amérique du Sud.

On trouve aussi à Bornéo deux sortes de daims. L'un d'eux, le *rusa*, est un très bel animal.

Troupeau de daims.

Le capitaine Redwood entretenait donc l'espoir que sa bonne étoile le mettrait tout à coup en présence de quelque belle pièce appartenant à l'une ou à l'autre de ces diverses espèces; et dans ce but, il continuait à faire de courtes excursions dans les bois environnants, où du reste il ne s'aventurait jamais sans sa carabine. Quelquefois même Murtagh l'accompagnait avec le mousquet.

Mais, hélas ! ces tentatives avaient beau se répéter fréquemment, ils avaient beau user de précautions, de ruses, essayer de tous les moyens connus, ils revenaient toujours les mains vides. Ils n'apercevaient même pas de gibier de poil ou de plumes qu'ils pussent convertir en biftecks ou en salmis tant désirés.

Laloo, qui, de son côté, était revenu à la chasse aux œufs et aux coquillages, n'avait pas eu plus de succès; et si dure que fût la constatation de cette triste vérité, le moment vint où il fallut se rendre à l'évidence et reconnaître qu'il n'existait pas plus sur cette côte ni œufs, ni huîtres, ni aucune sorte de coquillages comestibles.

On n'entendit plus d'oiseaux fouisseurs, pas même ceux dont les nids avaient été si tristement dépouillés ; car les mégapodes n'ont pas l'habitude de retourner à leurs œufs, une fois qu'ils les ont enfouis sous le sable. Les petits se frayent, comme ils peuvent, un chemin hors de ce nid primitif, en grattant dans le sable qui les entoure et en prenant soin d'eux-mêmes dès leur naissance, et pour ainsi dire avant; car, quoiqu'on ne puisse pas dire qu'ils soient nés avant d'être sortis de la coquille, cependant, s'ils ne la cassaient pas eux-mêmes, ils ne pourraient jamais probablement s'ébattre à la lumière des cieux.

Parlez-moi de pareils poulets ! Si tous les nouveau-nés étaient aussi précoces, cela épargnerait bien du mal aux nourrices et aux couveuses. Malheureusement, il n'y en a nulle part qui puissent être comparés sous ce rapport aux couvées des mégapodes de la Malaisie.

Une fois le dernier poulet mangé, les naufragés durent, pendant quelques jours, se contenter absolument de fruits de durion. Nous l'avons dit, ces fruits forment une nourriture agréable au palais et saine au corps, mais qui laisse à désirer sous le rapport tonique.

Et puis, pour comble d'infortune, on n'en avait pas à discrétion, car il n'était pas toujours facile de s'en procurer. Le peu qu'on en avait trouvé sur des arbres auxquels Laloo pouvait grimper sans peine, avait été vite épuisé.

Certes, le grand arbre sous lequel ils avaient campé en premier lieu présentait à lui seul une récolte abondante; mais sa tige de près de trente-trois mètres de haut, et recouverte d'une écorce lisse comme celle du sycomore, semblait défier le plus habile grimpeur.

Le capitaine avait bien abattu un certain nombre de fruits avec ses balles couplées, mais c'était une grande dépense de munitions; et dans les circonstances où se trouvaient nos amis, il ne leur paraissait pas sage de dépenser leur poudre de gaieté de cœur. Cependant, sous peine de jeûner, il fallait arriver à se procurer les durions de quelque manière que ce fût, et sans pour cela gaspiller le contenu de la poire à poudre. Dilemme embarrassant dont il ne semblait pas facile de se tirer.

Ce fut encore le Malais qui en trouva la solution.

Heureusement pour ses compagnons, Laloo était né à Sumatra et avait grandi au sein de forêts sous beaucoup de rapports semblables à celle de Bornéo. Il était expert dans la connaissance des essences forestières communes aux deux îles; et peut-être que de tous les survivants du naufrage, il n'en était pas un dont les services eussent pu égaler ou remplacer ceux du pilote auprès du capitaine, surtout depuis que les hasards de leur navigation les avaient jetés à la côte.

Tous avaient pu apprécier combien sa connaissance des produits du pays leur était avantageuse ; aussi le consultaient-ils maintenant à propos de tout. Il était devenu l'oracle de la petite troupe, qui lui attribuait le pouvoir de résoudre les cas les plus embarrassants et de mener à bonne fin les entreprises les plus difficiles.

Malgré cela, leur étonnement ne fut pas petit lorsqu'il leur annonça son intention d'escalader le durion. Il se manifesta même des symptômes d'incrédulité. Quant à Murtagh, qui ne gazait jamais les choses, il déclara hautement que c'était impossible et montra même un peu d'humeur.

— Qui veut trop prouver ne prouve rien, dit-il au capitaine. Le Malais se moque de nous assurément, et je n'en suis pas déjà si flatté. C'est tout ce qu'un écureuil pourrait faire de grimper le long d'un tronc pareil. Allons donc, il est aussi uni que le flanc d'un navire doublé en cuivre. Rien pour s'accrocher après. Il se moque de nous, vous dis-je.

— Laloo ne se moque jamais de personne, Multa, reprit le Malais avec sa gravité accoutumée. J'ai dit que je monterais à cet arbre, et j'y monterai. Aidez-moi seulement un peu, c'est tout ce que je vous demande.

— Oh ! pour ça vous pouvez y compter. Mais si c'est mon aide qui doit contribuer à vous rapprocher du sommet, il faudra que vous me fassiez rudement la leçon, car de moi-même je ne vous ferai pas grand'chose. Voyons, comment allez-vous vous y prendre ?

Laloo ne répondit pas.

Il prit une petite hache qu'on avait apportée du bateau et se dirigea vers un bouquet de bambous qui croissait non loin du campement.

La première chose qu'il fit en arrivant, ce fut d'abattre cinq ou six des plus fortes tiges, dont quelques-unes avaient plusieurs centimètres de diamètre. Il pria ensuite Murtagh de les traîner près du durion. Dès qu'il en eut coupé une quantité suffisante, il revint à l'endroit où l'Irlandais les avait groupées en maugréant, et il commença à les tailler en morceaux de trente à quarante centimètres de longueur.

En sa qualité de charpentier, Murtagh était mieux que tout autre propre à lui prêter un secours effectif, et le sol autour d'eux fut bientôt jonché de ces bambous d'égale longueur.

Chaque morceau fut alors fendu en deux et finement appointé à l'une de ses extrémités, comme ces piquets que l'on apprête pour enfoncer dans le sol; mais ce n'était pas à cela que le Malais les destinait, comme on s'en aperçut bientôt.

Pendant que Murtagh, toujours fort intrigué, continuait sa double besogne de fendre et d'aiguiser tous les bambous, Laloo était reparti aux bois. Il ne tarda pas à en revenir avec une brassée de menues choses ressemblant à des ficelles grossières et pas mal entortillées.

A leur couleur verte, à leurs bouts fraîchement coupés et d'où la sève s'échappait, on reconnaissait ces cordages improvisés pour des fragments d'une de ces plantes grimpantes et parasites qui encombrent les forêts de Bornéo et celles des autres régions tropicales, et qui, dans ces climats, rendent la profession de cordier tout à fait superflue.

Laloo jeta à terre son paquet de lianes. Il prit ensuite un des piquets pointus et l'enfonça dans l'aubier tendre du durion, un peu au-dessus de sa propre hauteur. La hachette, qui était légère et avait une tête plate comme celle d'un marteau, lui servit de maillet.

Dès que le premier piquet lui parut suffisamment consolidé, il jeta sa hachette, pour le moment inutile, et se saisit de la pièce horizontale à laquelle il se suspendit des deux mains pour s'assurer qu'elle pouvait, sans céder, supporter le poids de son corps. Après quelques tours de force exécutés à cet effet, il se laissa retomber sur le sol, très satisfait de son épreuve qui avait été concluante.

Il retourna alors une troisième fois dans la forêt, et y coupa de nouveaux bambous, en ayant soin seulement de les choisir tout aussi hauts, mais beaucoup plus minces. Il ne tarda pas à en trouver quatre ou cinq répondant à son dessein encore inconnu, et bientôt il les traîna à l'ombre du durion.

Il en prit un des plus hauts, qu'il dressa debout, parallèlement au tronc de l'arbre, de façon à ce qu'il vînt s'appuyer contre l'extrémité extérieure du piquet solidement fixé, comme nous l'avons dit, extrémité près de laquelle le Malais avait déjà pratiqué une ou deux entailles.

Il s'occupa ensuite de préparer et de mesurer quelques bouts de ficelle végétale, puis, ceci fait, il employa un de ces bouts à attacher le bambou au piquet, par un de ces nœuds savants que seuls les sauvages et les marins savent confectionner et défaire.

Le capitaine Redwood et son charpentier, qui commençaient à comprendre le but que se proposait l'indigène, purent alors se rendre plus fructueusement utiles, tandis que les deux enfants suivaient avec le plus vif intérêt ces singuliers préparatifs.

Dès que le bambou vertical fut solidement assujetti au fragment de bambou horizontal, et que, pour plus de sécurité, il fut profondément enfoncé dans la terre, Laloo se prépara à commencer son ascension. Il emportait quelques piquets convenablement aiguisés, son indispensable hachette et quelques lianes passées autour de sa ceinture.

Il posa de la même manière un troisième échelon.....

Murtagh lui prêta le point d'appui de sa solide épaule, et en un clin d'œil le Malais fut debout sur le premier échelon. Aussitôt il recommença la même manœuvre, enfonça un second piquet à une distance moindre toutefois que le précédent ne l'était du sol, puis l'attacha au bambou perpendiculairement avec un fragment de liane.

Le second échelon placé, Laloo n'eut plus qu'à s'y hisser sans aucun secours; ce qu'il fit du reste avec la légèreté et l'agilité d'un singe.

Il posa de la même manière un troisième et un quatrième échelons, suivis d'un certain nombre d'autres, jusqu'à ce que, les piquets et les cordages lui manquant à la fois, il dut redescendre pour s'en pourvoir à nouveau; après quoi il regrimpa sur son haut perchoir et continua à élever de proche en proche ses singuliers haubans.

Mais il se trouva bientôt arrêté par quelque autre chose : c'était la perche qui manquait à son tour; n'ayant guère que dix mètres de haut, elle nécessitait une ou plusieurs rallonges. Mais au moins Laloo ne fut pas obligé de descendre pour cela. En se haussant sur la pointe des pieds et en la tenant à bout de bras, l'Irlandais parvint à lui faire passer une seconde tige de bambou, qu'il ajouta à la première au moyen d'une forte épissure.

Après s'être assuré que son travail était solide, le Malais continua à poser les piquets qui devaient compléter le nombre d'échelons nécessaire pour atteindre le fruit convoité.

Dans un espace de temps qui n'excéda pas vingt minutes, Laloo eut atteint à trois ou quatre mètres environ des basses branches du durion, c'est-à-dire à une hauteur telle, que ceux qui étaient restés à terre se sentaient pris de vertige rien qu'en le regardant.

C'était en vérité une chose étrange et effrayante de voir cette forme grêle à plus de vingt mètres au-dessus de leurs têtes. En raison même de la distance, elle paraissait encore plus grêle. On eût pensé que c'était un enfant, un hardi dénicheur d'oiseaux qui risquait ainsi sa vie en se jouant. Ce qui augmentait encore l'inquiétude des spectateurs, c'est qu'ils ne savaient que penser de la solidité du léger escalier sur lequel notre grimpeur aventureux avait conservé toute la souplesse et la hardiesse de ses mouvements. Ils s'attendaient à tous moments à voir un de ces piquets se rompre ou se détacher, et leur camarade venir se briser sur le sol en tombant de cette hauteur.

C'était absolument comme lorsque, dans une ville manufacturière, quelque courageux briquetier ou charpentier monte au sommet d'une haute cheminée d'usine pour y réparer quelque avarie. Toute la population se presse dans la rue pour assister à l'étrange spectacle et admirer l'intrépide ouvrier, sans cesser de trembler du danger qu'il court.

Telle se tenait la petite troupe, immobile sous l'immense durion, suivant, avec la sueur de l'angoisse au front, l'ascension du Malais, toujours aussi impassible.

XV.

A QUOI L'ON NE S'ATTENDAIT GUÈRE.

Une bonne chance. — Qu'est-ce que cela peut être. — Capture d'un toucan. — La mère et son petit.

Laloo était parvenu, comme nous l'avons dit, à environ trois ou quatre mètres des branches inférieures de l'arbre. Il continuait son travail, sans paraître se préoccuper de sa situation élevée, enfonçant ses piquets et les attachant à la perche de bambou, quand tout à coup on le vit tressaillir et interrompre brusquement son martelage jusqu'alors incessant.

En même temps il poussait à demi-voix une exclamation qui dénotait autant d'alarme que de surprise.

Tous regardèrent en l'air avec un redoublement d'intérêt, mais en s'écartant instinctivement de l'arbre, car ils s'attendaient à voir leur malheureux compagnon rebondir inerte au milieu d'eux.

Mais non; il était encore sur le dernier échelon posé, ferme et tranquille comme s'il était au-dessus des attaques du vertige. Sa main baissée tenait la hache, tandis que de l'autre il s'appuyait négligemment sur le frêle support de bambou.

Seulement, au lieu de regarder en bas, comme s'il avait quelque communication à leur faire ou à réclamer leur assistance, il restait la tête levée, les yeux tournés vers quelque objet placé directement au-dessus de lui.

Ce qu'il examinait si attentivement ne semblait pas être sur les branches, mais bien plutôt dedans ou sur le tronc même de l'arbre.

Après l'intervalle de silence qui succéda à la première exclamation du Malais, et pendant lequel les quatre compagnons de Laloo retinrent leur souffle, on entendit un bruit sifflant qui rappelait les accents courroucés de l'oie lorsqu'elle voit un intrus s'introduire sur le territoire de la basse-cour.

Le tronc lisse du durion, agissant comme conducteur, permit à ce bruit insolite de parvenir jusqu'à nos amis, qui l'attribuèrent tout d'abord à une créature beaucoup moins inoffensive que celle dont nous venons de parler.

— Serpent! s'écria le charpentier, formulant la pensée qui était née spontanément dans l'esprit de chacun.

Il leur était en effet presque impossible d'attribuer à une autre créature qu'un serpent le sifflement qu'ils venaient d'entendre.

Le capitaine héla le pilote.

— Holà! qu'y a-t-il, mon garçon? As-tu besoin de nous? Serais-tu en danger?

— En danger! Oh! non, capitaine; je me félicite, au contraire, de ma bonne fortune.

Telle fut la réponse assez ambiguë, mais, somme toute, satisfaisante, qui vint mettre du baume dans tous les cœurs.

— Quelle bonne fortune as-tu pu rencontrer là-haut? demanda le capitaine, fort intrigué de savoir quel coup de chance pouvait leur être réservé, si fort au-dessus de leur portée, et alors que rien de nouveau ne s'était produit.

— C'est ce que vous verrez tout à l'heure, répondit non moins énigmatiquement le Malais.

Et, sans se troubler, sans ajouter un seul mot, notre homme reprit un piquet à sa ceinture et se remit à l'enfoncer exactement comme si de rien n'était.

Dans l'intervalle des coups retentissants que l'indigène, avec un nouvel entrain, frappait sur l'extrémité des échelons, nos amis, toujours en émoi, entendirent encore à plusieurs reprises le sifflement qu'ils avaient pris pour celui d'un serpent, et qu'ils eussent continué à attribuer à la gent rampante, s'il ne s'y était pas joint des croassements rauques, provenant évidemment du même gosier, ce qui les déroutait.

Enfin, petit à petit, tout en regardant Laloo continuer son travail, ils parvinrent à distinguer quelque chose qui remuait sur le tronc de l'arbre à environ trente-trois centimètres au-dessus du visage du Malais; ce quelque chose était d'une couleur blanchâtre, d'une forme grêle, et terminé en pointe, un peu comme le piquet que plantait alors Laloo avec un redoublement d'ardeur.

Impossible toutefois de se rendre compte de ce quelque chose d'insolite et de bizarre qui tantôt se voyait, tantôt devenait invisible;

quel qu'il fût, il devait avoir sa retraite dans le tronc de l'arbre, d'où il sortait et où il rentrait tour à tour.

Il n'y avait dans tout ceci qu'une chose à peu près claire, c'est que de cet objet mobile et pointu, bête, oiseau ou reptile, provenaient les sifflements et les croassements que l'on avait tant de mal à s'expliquer.

— Voyons, Laloo, qu'est-ce que c'est donc? demanda de nouveau le capitaine, non plus avec alarme ou inquiétude, mais simplement sur un ton de curiosité bien naturelle.

— Un oiseau, capitaine, un gros oiseau.

— Oh! ce n'est qu'un oiseau! Quel dommage! Et quelle espèce d'oiseau?

— Un *hornbill* ou plutôt *une*, car c'est une vieille femelle. Elle a son nid là où je touche. Elle couve, et le mâle l'a murée dans l'arbre avec de la boue.

— Il veut parler d'un *calao*, sorte de toucan, dit le capitaine, pour l'édification de ceux qui l'entouraient et qui ne savaient trop de quoi le Malais voulait parler.

Et comme ils examinaient plus attentivement l'endroit où le bec pointu ne cessait de paraître et de disparaître, les naufragés distinguèrent sur l'écorce de l'arbre une sorte de plaque irrégulière et peu saillante, dont la teinte de boue séchée tranchait sur la couleur uniforme du tronc du durion.

Ils avaient à peine eu le temps de faire ces observations, rendues difficiles par la distance, quand le Malais, après avoir planté un nouveau piquet, s'en servit pour monter plus haut, et frappa du tranchant de sa cognée la plaque en question, dont la boue tomba en s'émiettant au pied de l'arbre.

Il ne lui fallut que peu d'instants pour pratiquer dans le nid ainsi barricadé une brèche qui lui permit d'y passer sa main grande ouverte.

On le vit alors y enfoncer le bras jusqu'au coude, et ses doigts crispés étreignirent violemment le cou de la vieille couveuse et l'arrachèrent aux douceurs du *far-niente*.

Puis les spectateurs de cette scène aérienne virent le Malais mettre fin aux énergiques efforts tentés par la pauvre femelle pour échapper au sort cruel qu'elle prévoyait. Ce fut en vain qu'elle agita ses grandes ailes et fit entendre des bruissements et des croassements indignés. Laloo lui tordit le cou avec le flegme dont il ne se départait jamais, et bientôt il lançait dans l'espace son corps inanimé, qui tournoya un moment et fut rattrapé au vol par toutes les mains tendues vers lui.

Cependant Laloo ne descendit pas immédiatement. Il introduisit une seconde fois sa main dans le nid pour savoir s'il n'y trouverait pas des œufs, le rêve de ses compagnons et le sien. Au lieu de ce qu'il espérait, il n'y dénicha qu'un petit, un seul, hélas! tout frais éclos, à peu près de la grosseur d'un pigeon, mais dodu comme un ortolan.

Bien différent de la progéniture du mégapode, éclose dans le sable chaud tout emplumée et prête à prendre son vol, le jeune calao n'avait pas l'ombre de duvet sur sa peau d'un vert jaunâtre.

Le peu de temps qu'il passa dans la main de Laloo, on l'entendit siffler comme un vrai possédé; puis, sans même prendre la peine de le tuer, le Malais l'envoya rejoindre sa mère sur le sol, où le pauvre petit arriva non seulement mort, mais complètement écrasé. Quant à lui, Laloo, il se prépara à descendre avec un peu moins de précipitation.

Comme on n'avait plus un besoin aussi urgent de durions, ce jour-là, il jugea à propos de ménager ses forces et d'interrompre la construction de son échelle, qu'il serait assez tôt d'achever le lendemain ou tout autre jour où cela deviendrait nécessaire.

XVI.

L'ENNEMI AÉRIEN.

Seconde ascension. — L'adversaire de Henri. — Attaque et parade. — Combat en l'air.
— Dévouement d'un père. — Un coup de fusil dont on peut être fier.

Quoique la pauvre femelle, après sa longue incubation, ne pût fournir un mets bien délicat, les naufragés ne s'en réjouissaient pas moins de la voir figurer dans leur office, vide depuis si longtemps.

Aussi le pilote n'attendit-il pas qu'on lui insinuât l'avantage qu'il y aurait à plumer sa volaille sans retard ; il s'y mit sans perdre une minute, tandis que, par un accord tacite, l'Irlandais allumait le feu et préparait ce qu'il fallait pour cette cuisine sommaire.

Pendant que chacun était ainsi occupé, maître Henri, qui avait fort admiré l'ingéniosité déployée par le Malais dans la construction de son échelle, éprouva l'irrésistible envie d'en faire lui-même l'essai.

Il fut déterminé à tenter cet exploit, un peu par la curiosité de savoir quelles seraient ses sensations et comment il s'en tirerait, mais plus encore par le désir d'examiner le nid bizarre du calao ; car, pour lui, comme pour tous les adolescents de son âge, un nid d'oiseaux était encore la chose la plus intéressante du monde.

Il se donnait en outre pour prétexte que Laloo n'avait pas examiné assez soigneusement la cavité, et qu'elle recélait peut-être bien quelque autre trésor caché sous la forme d'un autre œuf ou d'un autre oisillon. Il n'était pas encore assez versé en histoire naturelle pour être instruit de ce fait, que l'expérience avait dès longtemps révélé au vieil indigène, que le toucan ne pond qu'un œuf et par conséquent ne fait jamais éclore qu'un seul petit.

Du reste, il faut bien le dire, s'il ne s'était pas payé de cette raison spécieuse, il en aurait tout de même trouvé quelque autre, car il était résolu à se rendre compte par lui-même de ce qui restait de la demeure de leur futur rôti.

Quant à la possibilité d'escalader l'échelle de bambou, il ne l'avait pas un seul instant mise en doute. Etait-ce donc plus difficile que de grimper dans les agrès d'un navire, chose à laquelle il était dès longtemps accoutumé? C'était à coup sûr moins dangereux que de tourner autour de la grande hune sans glisser par le trou du chat, haut fait qu'il avait maintes fois accompli sur le navire de son père.

Donc, sans en demander la permission à personne, ni souffler mot de son beau projet à âme qui vive, notre adolescent se rendit sous l'ombre du durion, et, saisissant d'un bond le premier échelon, très haut, si l'on s'en souvient, il s'élança le long de l'arbre.

Nul ne prenait garde à lui : le capitaine était occupé à nettoyer son fusil et la petite Hélène s'empressait autour de lui, attentive à prévenir ses désirs ; Laloo était absorbé par l'activité qu'il apportait à sa besogne, et Murtagh s'escrimait dans le fourré, ne voulant pas qu'il manquât de petit bois pour dorer à point le rôti qu'il savourait déjà en pensée.

Henri put donc continuer sans encombre son ascension, qui, du reste, l'amusait infiniment, et d'un mouvement agile il arriva promptement jusqu'au dernier échelon.

Il était presque aussi grand que Laloo ; aussi lui fut-il facile d'enfoncer son bras dans l'ouverture du nid et de le fouiller en tous sens. Il n'y trouva rien, bien entendu, si ce n'est des débris de coquilles et d'autres détritus d'une nature encore moins agréable au toucher, les habitants de cette prison cellulaire n'ayant guère pu faire autrement que d'y laisser des traces nombreuses de leur séjour.

Après quelques moments employés à examiner la curieuse cavité et à se demander quelle pouvait être la raison qui déterminait le mâle à murer sa femelle pendant plusieurs semaines dans un si petit espace, il se dit qu'il n'avait rien de mieux à faire que d'aller soumettre ses doutes au Malais et lui demander des explications.

Il s'était déjà retourné sur l'échelon supérieur et se laissait glisser pour atteindre le suivant, quand non seulement il entendit des cris aigus au-dessus de sa tête, mais il se vit menacé par le bec acéré d'un oiseau dont les grandes ailes lui frappaient le visage et qui en voulait surtout à ses yeux.

Bien que ces démonstrations hostiles le prissent par surprise,

Henri n'y vit rien de mystérieux, ce qui ne l'empêcha pas d'en être à juste titre alarmé. Du premier coup d'œil il avait reconnu que l'assaillant n'était autre qu'un toucan, et une seconde réflexion lui fit comprendre que c'était le mâle revenant à son nid saccagé.

Fort éloigné sans doute dans la forêt, et occupé à chercher la nourriture de sa ménagère et de son tendre rejeton, de l'éclosion duquel il n'avait probablement pas manqué d'être instruit, l'oiseau n'avait pas entendu leurs cris de détresse, sans quoi il fût certainement arrivé à la rescousse, et l'audacieux profanateur eût eu maille à partir avec lui. Mais si tardivement que ce fût, il était arrivé, et d'un seul regard il avait embrassé les désastres survenus en son absence.

Sa muraille si soigneusement crépie était à bas ! l'intérieur de son domicile violé, les objets de son amour partis ! arrachés à leur modeste mais chère retraite par ce jeune bandit qui se tenait encore debout à proximité de l'entrée du nid, forcée par sa main criminelle.

Ah ! cela criait vengeance !

Le mâle infortuné ne s'arrêta pas même à interroger les alentours, car il eût aperçu non loin de l'arbre un spectacle de nature à fendre son âme sensible. Non, ce qu'il avait vu lui suffisait.

Exaspéré, hors de lui, il fondit comme un trait sur la tête innocente du profanateur supposé, en poussant des cris de vengeance qui réveillèrent les échos de la forêt et se répercutèrent de proche en proche dans les mille branches des arbres avoisinants.

Heureusement pour Henri qu'il portait habituellement un béret de marin en drap épais et bien ouaté. Sans cette circonstance qui mit son crâne à l'abri, le bec de l'oiseau aurait pu lui fendre la tête, ou du moins l'étourdir assez violemment pour le faire tomber.

Au second assaut, qui suivit de près le premier, Henri, maintenant sur la défensive, put éviter le coup en le parant d'une main, tandis que de l'autre il se soutenait de son mieux sur son perchoir, où il eût vivement souhaité ne pas s'être laissé entraîner par une vaine et puérile curiosité.

Mais l'oiseau n'en resta pas là. Loin de se tenir pour battu et de manifester la plus petite velléité de battre en retraite, il s'acharna. Il semblait rendu plus furieux encore par la résistance qui lui était opposée, et que sans doute il n'avait pas fait entrer dans ses projets de représailles. Il continuait ses cris et multipliait ses attaques avec plus d'énergie et de résolution que jamais.

L'enfant, quoique brave, se rendait parfaitement compte du danger qu'il courait, et ses amis, restés en bas, ne s'abusaient pas non plus à cet égard ; aussi l'angoisse était-elle vive dans le petit groupe.

Aux premiers cris du calao, tout le monde avait levé les yeux sur l'échelle, et quel spectacle saisissant les y attendait ! Comment Henri se trouvait-il à son sommet sans que personne eût été averti de son escapade et dans une situation tellement critique, qu'il était impossible de lui venir en aide efficacement !

Ils auraient bien crié à l'enfant de descendre, et celui-ci l'aurait bien fait sans attendre qu'on lui en suggérât l'opportunité, si la chose eût été praticable. Malheureusement elle ne l'était pas.

Pour descendre, il lui fallait se tenir des deux mains à l'échelle, ce qui aurait laissé son visage à découvert. Qu'il se départît un seul instant des précautions grâce auxquelles il avait jusqu'alors garanti sa tête, et le bec de l'oiseau lui ouvrirait le crâne ou lui crèverait les yeux, triste alternative, vous en conviendrez.

Il n'avait donc rien de mieux à faire que de rester où il était et de repousser l'assaillant avec son bras libre. A chaque coup de bec cependant, l'ennemi lui entamait la main, et l'on vit bientôt le sang dégoutter du bout de ses doigts.

Il serait difficile de dire combien de temps cette lutte singulière aurait pu durer ou de quelle manière elle se serait terminée, si les combattants avaient été abandonnés à eux-mêmes.

Suivant toutes probabilités, l'enfant eût rencontré une fin tragique au sommet de l'échelle; ou, perdant ses forces, il aurait fini par tomber au pied de l'arbre, ce qui de toute façon était pour lui une mort assurée.

Ce lamentable dénouement semblait inévitable. Ce n'était plus qu'une question de minutes, peut-être moins. Laloo avait, à première vue, bondi vers l'arbre, dont il escaladait les échelons avec toute l'agilité dont il était capable ; mais opérerait-il une si longue ascension dans un laps de temps assez court, et même, s'il atteignait le lieu élevé où Henri soutenait son combat inégal, était-il certain de lui apporter le salut?

C'était ce que se demandait le malheureux père, qui suivait les péripéties de la lutte le cœur torturé par les plus effroyables appréhensions, et surtout par le sentiment de son impuissance.

Tout à coup le capitaine bondit en avant.

Une idée lui était venue, et avec elle un soulagement relatif, car au moins il allait agir. Sa carabine, qu'il avait achevé de nettoyer, frappa son regard. Elle était là, reluisante et toute chargée, appuyée au tronc d'un arbre. Il s'élança, s'en empara, et la porta vivement à son épaule, puis, la tenant dans une direction presque verticale, il visa longuement.

Il n'avait rien de mieux à faire que de repousser l'assaillant avec son bras libre.

C'était un coup dangereux à tirer, tout autant que celui de Guillaume Tell visant la pomme et y logeant une flèche sur la tête de son fils ; mais il était tout aussi dangereux, peut-être plus, de ne pas le tenter, et avec cette conviction, le pauvre père continuait à viser, attendant le moment propice. Enfin, après une longue série d'attaques, le calao s'éloigna un peu de son adversaire comme pour reprendre son élan. C'était ce que le capitaine avait prévu : il pressa la détente, et le coup partit.

Ah ! ce fut vraiment un beau coup !

L'aile brisée, l'énorme oiseau se laissa tomber en tournoyant vers la terre, où il ne se débattit pas longtemps du reste, car un coup de gaffe asséné par le charpentier mit fin à ses cris toujours rageurs.

Tout cela fut l'affaire d'un instant..., mais quel instant dans la vie d'un père !...

XVII.

OÙ LE TOURNE-BROCHE DEVIENT INTÉRESSANT.

Rivalité d'ardeur dans le département de la cuisine. — L'office se garnit. — Le *korwé* et ses mœurs. — Muré dans l'arbre. — Les oiseaux et leur nid. — Murtagh soulève une difficulté. — Cuit à point.

Pendant que ce petit drame se passait en bas, Laloo avait atteint le sommet de l'échelle et prêtait à Henri son concours pour descendre ; ce qui se fit du reste sans autre incident.

Il en était quitte pour quelques égratignures et quelques blessures peu profondes qui devaient bientôt se cicatriser, grâce à un pansement intelligent et à l'expérience chirurgicale que le capitaine avait acquise dans ses voyages, sans compter certaines herbes médicinales, connues de Laloo, dont les applications étaient souveraines.

Nos amis retrouvèrent bientôt leur égalité d'humeur et ne pensèrent plus à l'incident qui les avait si violemment agités, que pour se féliciter mutuellement du surcroît de provisions qui leur était advenu d'une manière si inopinée, sous la forme de deux gros oiseaux ; sans parler de leur petit, qui, gras et dodu, semblait un morceau destiné à la bonne bouche d'un gourmet.

Comme nous l'avons dit, Laloo avait renoncé pour ce jour-là à la périlleuse cueillette des durions, et personne ne songeait à lui en réclamer. Ces fruits eussent pu, il est vrai, succéder sans inconvénient au gibier dont se composait le dîner. Un peu de dessert n'eût pas fait de mal.

Mais les naufragés n'étaient point encore dans une position à ne pas se contenter de ce qu'ils avaient ; du moins, ils n'étaient pas assez exigeants pour vouloir un dîner à plusieurs services ; trop heureux étaient-ils qu'une chance favorable eût mis à leur portée un repas substantiel, qui écarterait pour quelques heures les souffrances de la faim, et les deux calaos promettaient à eux seuls de le fournir et au delà.

On ne fut pas long à décider de quelle manière s'accommoderait le supplément de vivres qui leur était littéralement tombé du ciel.

En un tour de main, le mâle fut plumé et troussé pour la broche. La femelle avait été réservée pour être mise à l'étuvée, dans l'hypothèse probable où elle serait trop dure pour faire un rôti convenable.

Murtagh s'était très spontanément offert à achever de la plumer, quand il avait vu le Malais s'occuper de préparer l'autre volaille.

Quant au petit, il n'avait besoin ni d'être plumé, ni même d'être flambé. Sa peau était aussi dépourvue de tout duvet que la coquille de l'œuf qui l'avait contenu naguère. Il était assez tendre pour se prêter à tous les accommodements. Cuit sur la cendre chaude, il composerait un mets exquis pour les deux enfants auxquels on le réservait. En tout cas, cela ne pouvait qu'activer la reprise de leurs forces.

Une fois dépouillés de leur plumage, les deux oiseaux parurent beaucoup plus petits qu'auparavant, et contrairement aux prévisions générales, c'était la femelle qui était non seulement un peu plus grosse, mais aussi beaucoup plus grasse que le mâle.

C'était assez naturel au demeurant; cet embonpoint était dû en partie à son sexe et surtout à sa longue réclusion dans l'étroite cellule où, abondamment nourrie par son protecteur naturel, elle n'avait rien à faire qu'à se reposer et à faire du lard.

Néanmoins, comme, après tout, le mâle n'était pas à dédaigner, — il était de la grosseur d'une poule de Cochinchine et bien en chair, — il fut décidé qu'il serait à lui seul très suffisant pour un repas, et que, par une sage mesure d'économie contre laquelle protestaient peut-être quelques estomacs révoltés, mais bientôt soumis par la raison, on ne toucherait point ce jour-là à la femelle et à son petit.

C'était d'autant mieux pensé que les pauvres gens pouvaient être assurés d'être, avant le lendemain matin, de nouveau assez affamés pour ne pas reculer devant la chair la plus coriace.

Cette détermination prise, le calao fut embroché sur une brochette de bambou et mis au feu, où il ne tarda pas à rissoler à plaisir, répandant aux alentours un fumet des plus appétissants.

Pendant ce temps, la femelle était dépecée en morceaux, qui furent disposés dans une des écailles d'huîtres avec quelques herbes aromatiques d'un goût parfait que Laloo avait découvertes dans une de ses reconnaissances dans la forêt, et comme ils avaient l'intention de laisser leur salmis mijoter à petit feu jusqu'au lendemain, il y avait dix à parier contre un que de cette coriacité tant redoutée, il ne resterait vraiment que la peur !

Et puis, vous savez, nos gens n'étaient pas difficiles !

N'ayant pas autre chose à faire qu'à causer en tournant la broche et en surveillant le rôti jusqu'à ce qu'il fût à point, nos amis entamèrent une conversation qui tomba naturellement sur les calaos et sur leurs coutumes. Ce fut Laloo qui devint un moment l'orateur de la troupe, étant plus que tout autre à même de fournir de curieuses indications à ce sujet.

Le capitaine Redwood les connaissait pourtant aussi, car il en avait déjà vu dans ses voyages en Malaisie ; de plus, il avait lu maintes relations à leur sujet et savait en outre qu'on les trouve dans différentes contrées de l'Afrique.

C'est là qu'on les appelle korwé, et le docteur Livingstone en a écrit la description suivante :

« Nous passâmes, dit-il, devant le nid d'un korwé tout prêt pour la réception de la femelle ; l'orifice était maçonné de chaque côté, de manière à ne présenter qu'une ouverture de la forme d'un cœur et de la dimension strictement nécessaire pour donner passage à l'oiseau.

« A tous les nids que nous avons eu l'occasion d'examiner depuis, nous avons trouvé un prolongement supérieur à l'orifice et d'une certaine importance ; c'est là que le korwé se réfugie pour éviter d'être surpris. »

Le premier oiseau de cette espèce que vit le docteur Livingstone avait été capturé par un indigène, qui raconta au docteur que, lorsque la femelle a pénétré dans le nid, le mâle en bouche l'entrée, n'y laissant qu'une étroite ouverture qui s'adapte exactement à la forme de son bec pour lui permettre de le sortir et de recevoir ainsi sa nourriture.

Docteur Livingstone.

La femelle garnit l'intérieur du nid avec ses propres plumes, pond ses œufs, les couve, et reste avec les petits jusqu'à ce qu'ils soient en état de voler.

Pendant ce temps, dont la durée n'est jamais moindre de deux à trois mois, le mâle s'évertue à la nourrir et à fournir aux besoins de la nichée. Et, chose étrange, il s'ensuit que la prisonnière engraisse et prend une chair qui est considérée comme très fine et très délicate par les gourmets indigènes ; tandis que le pauvre mâle, surmené par la multiplicité de ses efforts pour suffire à tout, dépérit et devient si chétif, que le premier abaissement de température qui se produit un jour de pluie, peut le faire périr.

— Remarquez, dit à cette occasion le capitaine Redwood à ses enfants, combien il est hors d'usage de voir le prisonnier engraisser, tandis que son gardien dépérit.

Le toucan de l'Amérique du Sud fait également son nid dans le creux d'un arbre et, comme celui d'Asie, en mure l'entrée avec de la boue.

— Le bec du toucan d'Asie ou calao, ajouta le capitaine, a environ deux pouces de long ; il est fort aigu et légèrement recourbé.

Laloo à son tour intéressa ses compagnons en leur racontant ce qu'il savait des mœurs des toucans ; et qui pouvait les connaître mieux que lui, qui leur avait si souvent donné la chasse dans les forêts de Sumatra ?

Il n'est pas inutile de remarquer ici que la plupart des indigènes de la Malaisie possèdent des notions assez étendues d'histoire naturelle, au moins dans son côté pratique. Cela vient de ce que les Hollandais, qui ont les établissements les plus nombreux de ces régions, sont très habiles taxidermistes, et très remarquables comme empailleurs. Pour se procurer les spécimens dont ils ont besoin, ils offrent des récompenses assez élevées à qui les leur apporte. Il en est résulté qu'il s'est créé insensiblement une race de collectionneurs parmi les naturels du pays.

Toucan mâle apportant de la nourriture à sa femelle.

Laloo lui-même avait été dans sa première jeunesse un adroit oiseleur, avant d'embrasser l'état de marin, qui est en général la profession naturelle des indigènes de ces régions.

Il leur dit qu'il connaissait à Sumatra deux espèces de toucans, mais qu'il en avait vu dans les cabinets des naturalistes un beaucoup plus grand nombre appartenant à diverses îles des Indes, à l'Inde elle-même, à Malacca ou à la Cochinchine.

Ce sont tous de gros oiseaux, bien que dans la quantité il y en ait de tailles diverses. Ils sont pour la plupart noirs, avec des taches blanches sur le gosier et sur la poitrine. Leurs nids sont invariablement placés dans le creux d'un arbre et l'entrée en est murée, sauf la petite ouverture par où la femelle mange et respire.

C'est le mâle qui fait cette maçonnerie, ajouta Laloo, et il se procure le mortier qui lui est nécessaire sur les bords de quelque ruisseau voisin, où il le broie et le façonne avec son bec.

Sa tâche commence dès l'instant où la femelle se met à couver son œuf unique, et continue tout le temps de la réclusion, c'est-à-dire pendant l'incubation et jusqu'au moment où le petit est en état de prendre son vol.

Pendant cette longue période, la prisonnière ne peut avoir, tant pour elle que pour son petit, d'autre nourriture que celle qui lui est apportée du dehors; elle doit donc s'en rapporter entièrement à la fidélité du mâle, qui du reste ne lui fait pas défaut, car elle est à toute épreuve.

De même que l'aigle et la plupart des oiseaux de proie, les toucans, peu aimables de caractère, reconnaissent et subissent avec une soumission absolue les liens sacrés du mariage.

Tel fut le résumé des renseignements fournis par Laloo, en des termes fort différents, car sa phraséologie était, on le sait, trop imagée et trop imparfaite pour que nous ayons pu la reproduire.

— Mais puisque tout est possible ici-bas, demanda l'Irlandais, si le mâle venait à mourir, que deviendraient alors la mère et le nourrisson? Supposons qu'il rencontre un coup de fusil, comme celui du capitaine, hé! il ne rentrerait guère au nid, et alors qu'adviendrait-il?

Aigle.

A cette question, Laloo se tut embarrassé. Il n'avait jamais songé à cette hypothèse; c'était un problème que sa longue carrière ne l'avait point aidé à résoudre, parce qu'il ne s'était jamais présenté. Et pourtant cela pouvait arriver.

— Peut-être, répondit-il, la femelle ne meurt-elle pas pour cela; car enfin, comme son emprisonnement est un fait consenti de son plein gré, il se peut qu'elle soit en pareil cas parfaitement à même de démolir sa muraille de boue et de reprendre sa liberté, si elle juge à propos de le faire.

Comme cette solution n'avait après tout rien d'improbable, on s'en contenta et l'on termina là toute digression sur l'histoire naturelle ; ou plutôt convenons que nos amis, qui n'avaient pas perdu de vue un seul instant leur rôti, s'aperçurent alors qu'il était cuit à point, et que cette vue, si agréable pour des estomacs affamés comme les leurs, fit taire toute autre préoccupation. Ils s'absorbèrent dans les derniers préparatifs de leur repas. Et qui oserait les en blâmer ?

On servit, et Laloo, remplissant les fonctions d'écuyer tranchant, fit une répartition impartiale des parts de volailles. Il ne négligea cependant pas de réserver aux deux enfants et à Hélène en particulier les morceaux qu'il considérait comme les plus délicats.

Tout le monde était très gai au début du repas ; mais l'entrain et la belle humeur ne durèrent pas longtemps, et avant la fin du souper une amère tristesse avait succédé à la joie.

XVIII.

D'OÙ VIENT LE MAL?

Un malaise subit. — Empoisonnés ! — Le mal augmente. — Ils se préparent à la mort.

Le jour tirait à sa fin quand la volaille dorée avait été retirée de la broche, découpée et distribuée à la ronde.

Le feu devant lequel avait cuit le rôti était à proximité d'un arbre sous lequel nos amis se proposaient de passer la nuit. Ce n'était plus le même à l'ombre duquel ils s'étaient réfugiés en quittant le durion, mais un autre dont les longues branches et l'épais feuillage d'un vert lustré leur promettaient une meilleure protection contre les froides rosées de la nuit.

Ils avaient grand besoin de cet ombrage, puisqu'ils n'avaient eu encore ni le temps ni la force de se construire un autre abri. La seule chose qu'ils eussent tentée à cet égard avait été d'étendre la bâche sur quatre piquets. Mais cette précaution était insuffisante, car les enfants seuls pouvaient trouver place dans le carré réservé qui leur servait de chambre à coucher.

La broche une fois retirée, on ne laissa pas pour cela éteindre le feu. Au contraire, Murtagh, dans les attributions duquel rentrait ce soin, y avait jeté de nouveaux fagots.

Il avait été convenu qu'on entretiendrait le feu jusqu'au jour, non qu'on eût à redouter les fauves, inconnus à Bornéo, mais parce que vers minuit l'atmosphère se faisait humide et glaciale, et qu'on voulait éviter les fraîcheurs qui en résultaient.

Ils achevaient à peine de dîner quand le soleil disparut à l'horizon; et comme il n'y a pour ainsi dire point de crépuscule sous l'équateur, la nuit se fit autour d'eux presque instantanément.

Ce fut donc à la lueur d'un feu clair et vif que se termina leur repas, après lequel le chien qui eût compté sur les restes pour se nourrir aurait couru grand risque de se coucher à jeun ou de faire maigre chère.

Les derniers os avaient à peine été lancés dans le brasier, quand, les uns après les autres, nos amis commencèrent à se plaindre; et leur malaise augmentant d'instants en instants, voilà nos cinq personnages pris de nausées et se tordant chacun de son côté.

Cela les avait tous pris par une sensation de vertige qui était allée en s'accentuant, et se terminait par des vomissements douloureux, et ils se demandaient avec terreur ce que cela signifiait.

Si un seul d'entre eux avait été indisposé, on aurait attribué son état de maladie à la première cause venue; mais ils souffraient tous les cinq d'un mal étrange dont les symptômes étaient identiques et qui les avait pris en même temps. Ils ne pouvaient donc l'attribuer qu'à ce qu'ils venaient de manger : c'était logique.

Mais comment la chair du calao pouvait-elle les avoir rendus malades, que dis-je, les avoir empoisonnés? Car ce n'était rien moins, et ils le sentaient bien, les malheureux! qu'un empoisonnement véritable.

Etait-il admissible cependant qu'un oiseau comestible pût, par exception, se trouver vénéneux? Avait-on jamais ouï dire que le toucan fût malsain ou pût le devenir? Telles étaient les questions qu'ils se posaient avec effroi.

Laloo répondait à cela qu'il avait maintes et maintes fois mangé de ce gibier assez estimé dans son pays, sans en avoir jamais éprouvé le moindre mal, ni entendu dire que d'autres eussent eu à le regretter.

Mais l'oiseau ne pouvait-il avoir avalé quelque substance empoisonnée qui, bien que n'ayant eu aucune prise sur son estomac, agissait sur le leur à la façon d'un émétique? Il y avait une apparence de probabilité dans cette conjecture; en tout cas, les malades s'y arrêtèrent pendant quelque temps, d'autant mieux qu'ils ne voyaient aucune autre raison possible d'expliquer le mal dont ils étaient les victimes.

D'abord, ils ne furent pas très alarmés, car aucun d'eux ne voulait croire à la réalité de l'empoisonnement, que pourtant il redoutait.

Ce n'était, s'efforçaient-ils de se persuader, qu'une indisposition passagère qui ne tarderait pas à se dissiper, mais on ne les reprendrait plus à manger du toucan rôti.

— Ni rôti, ni bouilli, ni en sauce, ajoutait entre deux contorsions un autre malade.

— Il ne faut donc plus compter la vieille femelle et son appétissant nourrisson parmi nos provisions?

156   LES NAUFRAGÉS DE L'ILE BORNÉO.

— Parfaitement inutile ; à la première occasion on les jettera, pour qu'ils aillent torturer quelque oiseau de proie, comme ce coquin de mâle nous tourmente nous-mêmes.

Oiseaux de proie.

Néanmoins le temps s'écoulait, et nos malades, au lieu de se remettre, sentaient leur état empirer.

Le vertige et les nausées, qui avaient d'abord été intermittents, ne discontinuèrent plus, et les vomissements se répétèrent plus fréquents et plus douloureux encore. Alors nos pauvres amis prirent peur, et commencèrent à comprendre que leur seule chance de soulagement était la mort.

Ils ne savaient que faire pour réagir, les malheureux ! Ils n'avaient aucun médicament qui pût servir de contre-poison ; et quand bien même ils auraient eu à leur disposition les mille drogues d'une pharmacie, ils n'auraient su à laquelle avoir recours.

S'ils avaient souffert de la morsure d'un reptile venimeux, le Malais, au fait de tous les remèdes usités par les indigènes, eût peut-être pu trouver dans la forêt quelque herbe salutaire, en dépit de la nuit qui complique toutes les difficultés. Avec cela il n'y avait pas de lune ; le feu, qu'ils n'avaient plus la force d'entretenir, jetait une clarté mourante. Les naufragés ne pouvaient plus se voir et ne jugeaient des différentes places où les autres gisaient étendus que par la direction dans laquelle ils entendaient les plaintes et les gémissements.

A mesure que les longues heures de cette veillée mortuaire se succédaient, comme si elle ne devait jamais prendre fin, nos pauvres amis sentaient croître leurs alarmes. Hélas ! c'était bien la mort qui approchait dans toute son horreur. Après tout ce qu'ils avaient supporté, — ce qu'ils récapitulaient avec amertume — auraient-ils cru finir ainsi ?

Après les périls d'un naufrage et les tortures de la faim et de la soif, — après avoir risqué d'être noyés vingt fois — après que l'une avait échappé aux dents du gavial, l'autre aux replis du python, un troisième à la fureur aveugle d'un oiseau redoutable — n'était-il pas affreux de succomber là dans l'ombre, empoisonnés par la chair même de l'oiseau que, vivant, ils avaient vaincu ?

C'était quelque chose qui leur était dur, et leur faisait l'effet d'une cruelle dérision du sort ; ce qui ajoutait une suprême amertume à celle déjà si poignante de la mort douloureuse qui étendait déjà sur eux son sceau fatal.

XIX.

UNE NUIT CRUELLE.

La prière d'un père. — Paroles de consolation. — L'aube naissante. — Une heureuse découverte. — Ils ne mourront pas.

A des souffrances aiguës se joignaient le trouble de la pensée et une certaine incohérence de discours. Ce malaise rappelait en quelque sorte le mal de mer sous sa forme la plus pénible. Peu à peu nos malades avaient été gagnés par cette profonde indifférence de la mort qui caractérise ce mal plus intense que dangereux. Ils se détachaient sans trop d'efforts de la vie.

Si la mer, franchissant ses limites et balayant la grève sur son passage, avait surgi bouillonnante, écumeuse, jusqu'à l'endroit où gisaient nos cinq infortunés, pas un, je crois, n'eût fait un mouvement pour lui échapper. Qu'est-ce que cela eût pu leur faire de se noyer? La mort, sous quelque forme qu'elle se présentât, eût été la bienvenue. Elle les aurait arrachés à des tortures pour lesquelles ils ne prévoyaient plus et ne désiraient pas d'autre solution.

Encore leur était-il impossible de souffrir dans l'immobilité qu'il leur eût été doux de garder. A tout moment, leur indisposition les contraignait à s'écarter de l'arbre. Les nausées continuaient, accompagnées de crampes horribles qui leur déchiraient les entrailles. C'était un nouveau supplice ; leur tête vacillait sur leurs épaules, le sol semblait se dérober sous leurs pas, et bientôt ils se rejetaient avec désespoir contre terre, désirant, invoquant la mort qui devait mettre un terme à leur agonie.

Du reste, il était peu probable que cela tardât longtemps encore.

Pendant tout ce temps, le capitaine Redwood montrait bien qu'il était moins occupé de lui que de ses enfants. Que lui eût importé de se coucher dans la tombe, si par ce sacrifice il avait pu assurer le salut de son Hélène et de son Henri ? Mais non, un même destin implacable les menaçait tous également. Et puisqu'il n'y avait aucune chance d'y soustraire ses bien-aimés, il souhaitait ardemment qu'au moins un de ses compagnons, Laloo ou Murtagh, pût leur survivre pour leur rendre les derniers devoirs. L'idée de les laisser étendus sur la grève pour y devenir la pâture des oiseaux de proie lui était odieuse. Il voulait, ne pouvant mieux faire, leur assurer du moins le repos d'une tombe respectée.

En dépit de sa souffrance, il murmura quelques mots à voix basse à Murtagh et au Malais, les suppliant de faire leur possible pour exaucer la dernière requête d'un mourant.

Puis on ne songea plus dans les intervalles lucides qu'à échanger quelques paroles de tendre compassion. Ils récitèrent ensuite les prières en commun avec toute l'ardeur du désespoir, et le silence recommença, car chacun intercédait encore pour les autres en son cœur.

Enfin le capitaine, se sentant de plus en plus mal, se coucha, résigné, enlaçant avec tendresse ses deux enfants dans ses bras, tandis qu'eux, d'un geste caressant, inclinaient sur sa poitrine leurs têtes bouclées tout à portée pour un dernier baiser. Le frère et la sœur se tenaient par la main, unis par une étreinte fraternelle dans ce suprême embrassement de leur père.

Le capitaine enlaçait avec tendresse ses deux enfants dans ses bras.

Ils ne songeaient guère à parler, et bien que, par instants, la violence de leurs souffrances leur arrachât un gémissement, on voyait qu'ils se contenaient pour ne pas accroître la douleur de leur malheureux père.

De temps en temps celui-ci leur parlait. Il avait commencé par chercher à les réconforter par des paroles d'encouragement et d'espoir, mais bientôt ces paroles résonnèrent faux aux oreilles de celui qui les prononçait et de ceux qui les écoutaient, car ils comprenaient l'inefficacité de ces encouragements qui parlaient de vie, alors qu'ils s'acheminaient vers la mort.

Le capitaine leur parla alors de la résignation du chrétien et d'un monde meilleur où ils seraient bientôt. Il leur rappela que leur mère les y avait précédés, qu'elle les y attendait et se réjouissait de les voir arriver ainsi tous les trois, la main dans la main, pour la rejoindre.

Partir ensemble, n'était-ce pas après tout un adoucissement au départ? Et quelle joie ne ressentiraient-ils pas, après tant de luttes et de fatigues, tant de périls et de souffrances, en abordant cette plage céleste, où ils trouveraient enfin le repos éternel!

C'est ainsi qu'il essayait de détourner leur esprit des terreurs d'une mort prochaine.

Le feu s'amortit sous la cendre et finit par s'éteindre sans qu'on eût songé à le garnir de nouveaux fagots, bien qu'il ne fallût pas aller loin pour trouver le tas que Murtagh avait si complaisamment édifié la veille. Mais un pareil effort était désormais au-dessus de leurs forces, et, somme toute, à quoi bon s'imposer une telle fatigue?...

De quelle utilité leur serait le feu? Quel avantage en avaient-ils tiré tant qu'il avait brûlé? et maintenant qu'ils allaient mourir, à quoi bon le rallumer? L'obscurité n'ajouterait guère d'amertume à celle du moment suprême.

Seul, le capitaine Redwood soupirait après la lumière : il avait soif d'un dernier regard sur le visage de ses enfants, il souhaitait de revoir leurs traits chéris avant que la pâleur de la mort vînt s'y répandre. Peut-être même se serait-il imposé la tâche de rallumer le feu, ou aurait-il prié l'un de ses compagnons, toujours si dévoués, de le faire pour lui, si, en tournant les yeux vers l'orient, il n'avait vu poindre à l'horizon une pâle lueur grisâtre.

Il savait que cette lueur était le précurseur du jour; et comme, sous cette latitude, l'aube et le crépuscule sont fort courts, le soleil ne devait pas tarder à paraître.

— Dieu soit loué! murmura-t-il avec une pieuse ferveur et un regard empreint d'une gratitude inexprimable. Dieu soit loué! Je reverrai encore mes pauvres chers enfants. Ah! j'aime mieux que leur vie ne s'éteigne pas dans cette ombre et cette obscurité.

Pendant qu'il parlait, et comme pour répondre à ses vœux, la bande qui rayait le ciel à l'est s'élargissait rapidement, devenait plus brillante et changeait sa couleur d'un gris blanchâtre en une teinte d'un jaune doré, et bientôt le radieux soleil des tropiques montrait son orbe éblouissant au-dessus de la surface unie de la mer des Célèbes.

Au moment où ses rayons bienfaisants éclairaient les branches supérieures des arbres de la forêt, les naufragés échangèrent un regard, puis le portèrent dans des directions différentes. Quant à celui du capitaine, il se reposa uniquement sur les traits de ses bien-aimés, hélas! trop réellement revêtus de cette pâleur mortelle qui précède et accompagne le dernier sommeil.

Murtagh regardait pensivement l'Océan, comme s'il avait souhaité d'être encore balancé par ses vagues capricieuses, et semblait songer à la verte Erin, sa patrie, si loin au delà des flots bleus!

Mais Laloo ne regardait ni la mer, ni ses compagnons. Ses yeux levés au ciel n'interrogeaient pourtant pas les profondeurs du clair firmament : ce qu'il étudiait, c'était quelque chose d'invisible au milieu du feuillage de l'arbre.

Tout à coup il s'opéra dans sa contenance une transformation aussi remarquable que soudaine. A l'expression de morne désespoir qui se lisait un moment auparavant dans les orbites caves de ses grands yeux noirs, succéda avec la rapidité de l'éclair une expression de joie contenue, mais intense.

Il se leva d'un mouvement plus vif qu'on ne l'en eût supposé capable, en poussant dans sa langue natale une exclamation que ses compagnons prirent pour une invocation, parce qu'elle se terminait par le mot Allah!

— Le grand Dieu soit béni! reprit-il aussitôt en anglais, de manière à se faire comprendre des membres de la petite troupe, qui le regardaient tous avec le peu de surprise qu'ils étaient encore susceptibles de ressentir. Le grand Dieu soit béni! nous sommes sauvés ou nous allons l'être. Ce n'était pas l'oiseau qui était un poison, et nous ne sommes pas près de mourir. Venez! venez! capitaine, continua-t-il en se penchant et en prenant les enfants par la main.

Il les soutint pour les aider à se remettre sur pied.

— Venez tous! répétait-il avec ivresse. La mort est sous l'arbre, mais la vie nous attend : venez, venez vite!

Et, sans attendre leur consentement ou celui de leur père, il conduisit ou plutôt il entraîna Hélène et Henri loin de l'ombrage épais, sur le bord de la mer.

Quoique le capitaine ne comprît pas très bien la cause de l'activité soudaine de Laloo et que Murtagh ne la comprît pas du tout, ils se levèrent tous deux et suivirent le Malais d'un pas chancelant.

Tant qu'ils ne furent pas tous groupés sur un terrain découvert où la brise de la mer vint rafraîchir leur front fiévreux, Laloo ne fournit aucune explication sur sa bizarre conduite.

A la façon de ses explications habituelles, celle-ci fut brève et rapide; désignant du doigt l'arbre sous lequel on avait passé la nuit, il ne prononça qu'un seul mot : « Upas ! »

XX.

L'ARBRE MORTEL.

La cause du mal. — Le soleil après la pluie. — L'upas; ses caractères.

Upas ! N'était-ce point suffisant pour tout expliquer ?

Le capitaine et le charpentier le comprirent aussitôt. Quel est l'homme, en effet, qui a navigué parmi les îles de l'Archipel indien sans entendre parler de l'upas? Du reste, à vrai dire, quel est l'homme qui n'a jamais rien lu ou rien entendu raconter sur cet arbre à la réputation néfaste?

Ne dit-on pas de lui qu'il frappe de mort toute créature vivante dans un rayon assez étendu, n'épargnant pas même les individus de son espèce? Malheur à la plante ou à l'humble arbrisseau qui se trouve à portée de son ombre! Il sème également au loin la dévastation et la mort, partout où ses émanations empoisonnées sont portées par la brise.

Le capitaine Redwood était un homme trop intelligent et trop instruit pour ajouter foi à ces contes fabuleux des temps anciens; néanmoins il savait qu'il y avait dans ces exagérations accréditées par la crédulité publique, une assez grande part de vérité pour qu'on pût attribuer à l'upas les accidents de cette nuit mémorable.

Sans s'en douter, nos amis avaient établi leur campement sous un de ces arbres redoutables, sous un véritable upas (*antiaris toxicaria*), et ils avaient allumé leur feu tout auprès du tronc. La fumée, montant dans le feuillage, avait occasionné par sa chaleur une exsudation de sève, et la vapeur délétère avait d'autant plus facilement pénétré en eux, qu'ils s'en méfiaient moins et l'absorbaient à pleins poumons.

Pendant plusieurs heures ils n'avaient respiré que cet air empoisonné qui ne contenait plus les éléments atmosphériques nécessaires à la vie.

Maintenant c'était passé. S'ils souffraient encore du malaise causé par l'inhalation de ces miasmes, du moins ils n'étaient plus oppressés par l'imminence d'un danger mortel.

Leur esprit avait même retrouvé une partie de son élasticité, comme il arrive presque toujours à ceux qui viennent d'échapper à quelque calamité redoutée. Ils se sentaient assurés de renaître en peu de temps à la vie. Leurs forces revenaient peu à peu, et avec elles ce don précieux entre tous, la santé.

Le soleil achevait de se lever dans sa splendeur glorieuse, faisait tout resplendir autour d'eux, et colorait d'un chaud rayon leurs traits pâlis, pendant que la brise matinale, qui soufflait du large tout imprégnée de vapeurs salines, rafraîchissait leur sang brûlé par la fièvre.

Ils se sentaient revivre. La sensation qu'ils éprouvaient était celle qu'éprouve le passager atteint du mal de mer, qui, longtemps enfermé dans la cabine d'un navire secoué par la tempête, entouré de malades et respirant les odeurs les plus infectes, se trouve tout à coup transporté sur la terre ferme, couché sur un banc de mousse ombragé par de grands arbres, et respirant le parfum des fleurs flottant dans l'air balsamique.

Pendant longtemps ils restèrent assis sur le sable dans cet état intermédiaire entre la veille et le rêve, laissant flotter leurs regards sur la blanche crête qui bordait les rochers de corail, ou plus loin encore sur la mer de saphir. Parfois ils suivaient le vol de gros oiseaux aux ailes blanches, qui plongeaient dans la mer, et en ressortaient en tenant dans leur bec un poisson aux scintillantes écailles. Ils étaient presque inconscients de la scène qui se déroulait sous leurs yeux et de cette lutte incessante qui constitue la vie; mais ce dont ils avaient conscience, ce qui suffisait à les maintenir dans un sentiment de douce béatitude, c'est qu'ils vivaient et que l'heure de la mort n'avait pas encore sonné pour aucun d'eux.

Ils ne songeaient plus à accuser l'inoffensif toucan de ce qui leur était arrivé. Ils n'avaient à s'en prendre qu'à eux de leurs souffrances passées, à leur imprudence ou plutôt à leur négligence. Le capitaine Redwood connaissait l'upas, il était parfaitement au courant des funestes propriétés de cet arbre et du danger qu'on court à séjourner sous son ombre.

Il en avait vu dans d'autres îles, car l'upas ne croît pas seulement à Java, île à laquelle son nom a attaché une triste notoriété, mais à Bali, aux Célèbes et à Bornéo ; et non seulement le capitaine l'avait vu ailleurs, mais il l'avait entendu désigner par différents noms suivant les localités. Toutefois, que ce fût tayim, lippo, upo, antijar ou upas, il savait que ces noms divers se résumaient en une seule et même signification : l'arbre du poison.

S'il avait apporté plus de soin dans le choix de l'emplacement où il voulait camper, et qu'il eût examiné l'écorce lisse et rougeâtre, presque couleur de tan de l'arbre, ses feuilles serrées et d'un vert lustré, le capitaine eût reconnu l'upas et l'aurait évité.

Mais il ne l'avait pas fait, et combien ne le déplorait-il pas maintenant ! Il est vrai qu'à ce moment les autres, pas plus que lui, n'avaient eu l'idée de se défier d'un pareil voisinage.

Mais aussi qui aurait songé que sous un ombrage aussi épais et aussi engageant, se cachait un danger, et que la mort était distillée par ce feuillage qu'ils considéraient comme un si sûr abri ?

Heureusement que, quelque proche qu'elle eût été, la mort était encore une fois conjurée, et dorénavant les naufragés se juraient que l'expérience leur servirait et qu'ils se garderaient de toute autre imprudence semblable.

Toutefois il est rare que l'on meure des vapeurs exhalées par l'upas, à moins de les respirer pendant une période très prolongée. Il en est tout autrement de l'absorption de sa sève. Si l'on a le malheur de mâcher la feuille, l'écorce ou les racines, on est invariablement perdu. La mort est aussi prompte que certaine.

Cette sève est en effet un des ingrédients employés par les Dyaks de Bornéo pour empoisonner leurs lances et les flèches de leurs *sumpitans* ou sarbacanes. Ils la mêlent avec le bina, autre poison des plus énergiques, extrait d'une plante parasite qui se rencontre partout dans les forêts de Bornéo.

N'est-il pas singulier, par exemple, que l'upas mortel appartienne au même ordre que l'*artocarpacea* ou arbre à pin, l'arbre de mort étant ainsi le plus proche parent de l'arbre de vie?

Dans quelques îles des Indes on l'appelle *popan-upas*, et à Java il est connu sous le nom d'antijar.

Ses feuilles sont en forme de fer de lance, et son fruit est une espèce de drupe recouverte d'écailles charnues.

Son jus, préparé comme poison, est quelquefois mêlé au poivre noir ou bien au jus de la racine de galanga et du gingembre. Il est épais comme de la mélasse et se conserve longtemps, si l'on a soin de le mettre à l'abri de l'air.

L'upas vit toujours solitaire et ne se trouve nulle part en grand nombre. Comme de ses trésors les plus précieux, l'or, les diamants et les perles, la nature est avare de ses poisons, qui, heureusement pour l'homme, sont rares et clairsemés.

Même sous les climats qui lui conviennent et dans les terrains qui lui sont propres, l'*antiaris toxicaria* est peu commun; mais partout où l'on en découvre un, celui-là est visité par tous les guerriers et les chasseurs du district désireux d'empoisonner leurs flèches, pour les rendre ainsi plus meurtrières.

Un upas dont l'existence est connue dans le voisinage est toujours reconnaissable aux escarres et aux cicatrices résultant des incisions pratiquées pour en extraire le suc empoisonné.

L'arbre près duquel nos amis avaient établi leur camp, ne portant aucune de ces traces distinctives, était la preuve évidente que la côte était inhabitée.

Telle était du moins l'opinion de Laloo, et tout le monde fut trop heureux de se ranger à son avis, dont on connaissait la valeur.

XXI.

DÉPART POUR L'INTÉRIEUR.

Toujours des préparatifs culinaires. — Un repas hâtif. — On campe sous un banian. — Étrange rôti que Laloo leur offre là. — On s'en contente, et l'on fait bien. — Porc frais et jambons fumés. — On se met en route.

Nos amis restaient donc paisiblement couchés sur le sable fin et argenté de la grève, respirant à pleins poumons. A chaque caresse de la brise matinale, il leur semblait qu'un sang nouveau circulait dans leurs veines. Les forces leur revenaient, et ils se sentaient littéralement renaître à la vie. Les prédictions de Laloo s'étaient rapidement confirmées. Il leur avait assuré qu'ils ne seraient pas longtemps à se rétablir, et ils reconnaissaient avec bonheur la sûreté de ses pronostics.

Leur gaieté commença à renaître avec les premiers symptômes d'appétit. Le souper de la veille ne leur avait fait aucun profit et leur avait laissé une vague répugnance pour la chair du toucan; aussi avaient-ils eu l'intention de s'en abstenir désormais; mais de semblables résolutions ne tiennent pas devant les tiraillements d'estomac, et force leur fut de convenir que cela vaudrait toujours mieux que rien.

Enfin, après quelques pourparlers pour la forme seulement, il fut convenu que la femelle cuite à l'étuvée, comme il avait été dit la veille, composerait le menu du déjeuner.

On alluma un nouveau feu que l'on eut soin de placer loin de l'upas. On alla hâtivement chercher l'écaille d'huître et son contenu sous l'ombrage dangereux ; on la posa sur la braise au moyen de quatre gros cailloux qui lui servaient de trépied, et là, transformée en daubière, elle ne tarda pas à chanter et à bouillir en répandant aux environs une vapeur odorante bien plus agréable maintenant aux organes olfactifs de la petite troupe que la fraîche brise marine, ou même que le parfum des fleurs tropicales, qui leur arrivait par bouffées des profondeurs de la forêt.

Tout en attendant que la vieille femelle se fût attendrie par une cuisson suffisamment prolongée, ils ne purent résister à la tentation de prendre un acompte aux dépens du pauvre petit. On l'enleva donc promptement du garde-manger contaminé à l'ombre de l'upas, on l'embrocha sur un bambou et on le fit rôtir sur la braise comme un pigeon de volière.

Il ne leur donna guère qu'une bouchée à chacun ; mais, grâce à ce léger préambule, ils purent attendre plus philosophiquement le déjeuner qui tardait fort à leur gré.

Néanmoins, en temps et lieu, Laloo, qui était merveilleusement au courant de tous les secrets de la cuisine forestière, annonça que l'étuvée était prête, et, retirant du feu sa daubière improvisée, il la posa sur le sable pour en laisser refroidir le contenu.

Bientôt chacun prit place autour et reçut sa portion : celui-ci une aile avec un peu de foie ou de gésier, celui-là une cuisse avec une aiguillette, un troisième eut l'os de la poitrine ou celui du dos avec sa mince couverture de chair, et ainsi jusqu'au dernier, dont la part fit disparaître les derniers morceaux.

Il ne restait au fond de l'écaille que la sauce savoureuse due aux herbes que Laloo avait employées comme condiments.

N'allez pas croire qu'on la négligeât. Elle fut servie dans les gobelets d'étain que l'équipage naufragé avait eu le temps de jeter dans le bateau en quittant le navire qui commençait à enfoncer. Cette sauce, dont on dit plus tard des merveilles, fournit à nos amis un vrai consommé dans lequel ils regrettèrent de ne pouvoir tremper un peu de pain ou de biscuit, car elle leur eût alors remplacé le café avec avantage.

Dès qu'ils se furent ainsi restaurés, les naufragés s'occupèrent des mesures à prendre pour trouver un campement convenable, où les émotions de la nuit précédente ne pussent pas se renouveler.

Deux fois malheureux dans le choix de cet emplacement si important pour eux, ils furent plus soigneux à la troisième, et examinèrent avec une attention scrupuleuse le tronc, les feuilles et les fruits possibles de l'arbre sous lequel ils avaient l'intention d'élire domicile.

Non loin de là, un énorme figuier, aux rameaux touffus, semblait les inviter à choisir de préférence son ombrage. Ayant reconnu que l'arbre ne présentait aucun caractère suspect, ils résolurent de lui accorder cette marque de confiance. Ils transportèrent donc sous son couvert tous les ustensiles restés sous l'upas ; puis ils dressèrent de nouveau la bâche, en guise de tente, et s'installèrent sous l'abri protecteur d'un de ces arbres que la mythologie hindoue, sous le nom de *banian sacré*, célèbre dans les termes suivants :

Banian.

« Oh ! quelle agréable vue est celle de cet arbre vénérable, qui, dans la plaine, sème irrégulièrement cinquante piliers fermes et droits, au-dessus desquels s'élève son front majestueux.... »

Le banian a souvent jusqu'à dix mètres de circonférence. Celui qu'avait choisi le capitaine Redwood ne devait pas en mesurer moins de huit.

La particularité la plus remarquable de cet arbre, c'est que chaque fois qu'une de ses longues branches pendantes touche la terre, elle prend racine et forme bientôt un nouvel appui pour les branches horizontales, qui, si elles ne trouvaient ce soutien, s'affaisseraient sous leur propre poids.

Du reste, nos amis ne cherchaient là, on s'en souvient, qu'un abri temporaire. Ils voulaient seulement y attendre que leurs forces fussent suffisamment rétablies pour leur permettre d'entreprendre le grand voyage projeté et le mener à bonne fin.

Il sembla bientôt que la fortune, jusqu'alors si adverse, eût enfin tourné vers eux un regard souriant, et ils purent espérer ne pas être retenus longtemps encore sur cette côte inhospitalière et dangereuse.

Dans la même journée qui les avait vus transférer leurs pénates de l'upas au figuier, ce dernier leur fournit une nourriture assez abondante pour éloigner d'eux pendant une semaine au moins toute appréhension de disette. Cette nourriture, d'une qualité bien supérieure, comme réconfortant, à celle de la volaille fricassée ou rôtie, valait bien celle que leur avaient donnée les œufs de mégapodes.

Toutefois ce n'était pas sous la forme de son fruit que le figuier leur offrait cette précieuse trouvaille, mais sous celle d'un animal qui gîtait entre ses branches.

C'était un reptile appartenant à l'ordre, hideux entre tous, des sauriens, et il n'y avait qu'un homme affamé qui pût arrêter sur lui un regard de convoitise et entretenir l'idée de se repaître de sa chair.

Mais Laloo était au-dessus des répugnances de cette espèce. Il savait que ce lézard, long d'un mètre soixante-cinq centimètres et de la grosseur d'un homme, donnerait une chair non seulement mangeable, mais excellente, et d'une délicatesse telle, qu'elle aurait été appréciée par Apicius lui-même, si le célèbre épicurien avait eu l'occasion de voyager en Malaisie et de faire la connaissance de l'animal en question.

Nos amis avaient entrevu ce dernier rampant sur l'une des branches horizontales du figuier. C'était un de ces énormes lézards, du genre *hydrosaurus*, dont on rencontre dans les Indes plusieurs espèces très voisines de l'*iguane* d'Amérique. Ce sont des créatures inoffensives, en dépit de leur horrible aspect, et qui offrent aux chasseurs ou aux habitants des bois des tranches de venaison ou des côtelettes qu'on n'oublie pas facilement, quand une fois on y a goûté.

Dès qu'il eut édifié ses compagnons sur la bonne fortune que le hasard ou plutôt la Providence leur envoyait, le Malais n'eut pas beaucoup de peine à persuader au capitaine Redwood d'envoyer une balle dans la tête de l'hydrosaurus, qui fut bientôt étendu sans vie sur le sol.

Le lézard mesurait deux mètres de la queue au museau. Laloo, avec l'aide de Murtagh, noua une de ses cordes végétales autour des mâchoires de l'animal, puis le suspendit à une branche de banian pour l'écorcher. Ainsi placé, avec ses quatre pattes pendantes, le saurien avait une ressemblance très peu flatteuse avec un homme attaché à la potence.

Sans se préoccuper le moins du monde de cette ressemblance, Laloo commença à le dépouiller, puis il le coupa en quartiers et en enleva les *escalopes*, qui furent bientôt grillées sur la braise.

Comme l'avait affirmé le Malais, le morceau était aussi tendre et aussi délicat qu'on pouvait le désirer, et rappelait le rôti de porc avec un léger goût de poulet et de grenouille.

Après trois jours de ce régime fortifiant, les naufragés se sentirent tout à fait en état de commencer leur grand voyage. Juste à ce moment leur office reçut un nouveau renfort en la personne d'un gros sanglier, qui s'était fourvoyé jusque-là en quête de fruits et de racines.

Une balle partie de la carabine du capitaine mit une brusque fin aux pérégrinations du pauvre animal.

Dépecé par la main savante du Malais, il fournit non seulement des côtelettes, des grillades, et autres morceaux excellents pour être mangés frais, mais une couple de jambons qui, convenablement préparés et fumés, pouvaient être conservés et fournir des provisions d'un transport commode pour le voyage.

Ainsi approvisionnés, nos amis résolurent de se mettre en route et de ne prendre avec eux que les objets faciles à porter dont ils ne pouvaient absolument pas se priver.

Ce ne fut pas sans quelque émotion qu'ils dirent adieu à la pinasse, ce cher vieux bateau qui les avait arrachés aux innombrables périls de l'Océan. Ils n'envisageaient pas sans terreur la perspective de s'en séparer ; car s'éloigner, c'était s'embarquer dans une entreprise périlleuse pour laquelle ils se trouvaient totalement au dépourvu, ne pouvant appeler à leur service ni l'expérience, ni les données positives qu'en tout autre cas possède le marin.

Ils n'avaient cependant pas d'autre alternative : demeurer plus longtemps sur la côte orientale de Bornéo, c'était vouloir y rester pour toujours. Il n'y avait pas, en effet, la moindre chance qu'un navire passant au large se détournât pour les rapatrier ; et si le malheur voulait qu'un bâtiment s'approchât d'eux, ce ne pourrait être qu'une praü montée par des pirates.

Horreur ! une pareille apparition eût été la mort; ou si les malheureux avaient échappé à la rage de ces bandits malfaisants, c'eût été pour être faits prisonniers et réduits en esclavage, et dans un esclavage tel, qu'aucune puissance humaine n'aurait pu les y soustraire, puisqu'ils n'eussent jamais revu le visage d'un homme civilisé.

C'est parce qu'il était instruit de cette terrible éventualité que le capitaine Redwood avait résolu de traverser l'intérieur de l'île, dans la partie qu'il supposait être la plus étroite, c'est-à-dire celle qui s'étend entre la côte orientale et la vieille ville malaise de Bruni à l'ouest, près de la petite île de Labuan, où le capitaine savait que se trouve un établissement anglais.

Ce fut en raison de cette grave détermination qu'un beau matin on leva le camp, et l'on s'engagea à travers une forêt pleine de mystérieux périls et de sentiers inconnus.

XXII.

PAR MONTS ET PAR VAUX.

Que réserve l'avenir? — La sarbacane de Laloo. — Les sauvages de Bornéo. — Le premier jour. — La chaîne de montagnes. — On a fait des provisions d'eau. — Un coup d'œil splendide. — Le gorille rouge.

En entreprenant cette traversée d'un tout autre genre que celles auxquelles il était accoutumé, le capitaine savait bien qu'il allait se trouver aux prises avec les plus grandes difficultés.

La première était incontestablement la distance, que l'on ne pouvait guère évaluer à moins de quatre cents kilomètres, en admettant qu'on pût voyager en ligne droite, à vol d'oiseau ; ce sur quoi il ne fallait pas compter, car il fallait prévoir des obstacles de toute nature, qui obligeraient à bien des détours.

Cependant cette difficulté était de celles qui se peuvent vaincre. Il n'y faudrait que du temps. A raison de seize kilomètres par jour, on ne mettrait qu'un mois à franchir cette distance. Et quand il en faudrait deux ? Eh bien ! ce ne serait pas une grosse affaire eu égard au résultat obtenu.

Il ne fallait pas perdre de vue qu'au bout de cette période relativement courte, ils auraient échappé aux périls d'un désert effroyable, et reconquis leur place dans la vie civilisée, ce qui équivalait presque à être rendu à la vie même.

Ils ne s'effrayaient pas non plus de l'idée d'une si longue route faite à pied. Tout à fait remis de leurs longues et diverses souffrances, ils se sentaient assez forts pour ne point redouter la marche. Et comme ils n'étaient point limités par le temps, ils pouvaient adopter telle allure qui leur conviendrait, ou que leur permettrait la nature des chemins à parcourir.

Ce qui les préoccupait le plus, c'était la question des provisions. Les jambons de sanglier, malgré la plus stricte économie, ne pouvant durer plus d'une semaine, que deviendrait-on quand ils seraient épuisés?

Ce fut encore Laloo qui mit les esprits en repos à ce sujet. Il affirma à ses compagnons que si les forêts intérieures de Bornéo, qu'il ne connaissait pas, il est vrai, ressemblaient à celles de Sumatra, qu'en revanche il connaissait fort bien, elles devaient être remplies d'arbres à fruits et offrir maintes occasions de tuer des oiseaux ou autre menu gibier, si même on n'avait la chance de rencontrer des sangliers ou des daims.

Pour être prêt à tout événement, et pour épargner les munitions très restreintes du capitaine, Laloo avait employé les dernières heures de leur séjour sur le rivage à se confectionner une arme tout à fait appropriée à l'usage qu'il en voulait faire, et plus commode qu'un fusil ou une carabine.

C'était le *sumpitan* de son pays, sorte de fusil à vent connu chez nous sous le nom de sarbacane. Le Malais avait fabriqué, en outre, un assortiment complet de flèches et un carquois pour les contenir.

La sarbacane, longue de huit pieds, fut faite d'une pousse parfaitement droite du casuarina, ce bel arbre si commun dans les îles de la Malaisie, tandis que les flèches très petites n'avaient que huit pouces. Pour les faire, il n'avait eu qu'à se procurer le pétiole d'un palmier connu sous le nom de *nibong*, qui croissait en abondance dans le voisinage.

La moelle du même palmier, compressible comme du liège, formait à la base des flèches des boules qui remplissaient le tube du sumpitan et faisaient obéir le dard à la seule impulsion du souffle du chasseur. Et je n'ai pas besoin d'ajouter que le Malais était passé maître dans cet art.

Dans sa jeunesse, il avait été l'un des plus habiles tireurs de sarbacane de Sumatra et pouvait à cent cinquante mètres toucher le but avec sa flèche.

Mais pour rendre le coup mortel à une pareille distance, il fallait autre chose que la pointe effilée d'une flèche, et Laloo, qui s'y connaissait, y avait ajouté ce qu'il fallait : c'était un poison végétal dont la préparation lui était familière ; et comme, dans ce monde, le bien côtoie le mal, ce fut à l'upas, qui avait failli lui devenir mortel, qu'il demanda la substance nécessaire pour rendre chaque coup effectif.

Laloo s'en procura la sève avec toutes les précautions indispensables et, la mêlant en proportions mesurées à celle du buia, l'autre plante vénéneuse dont nous avons déjà parlé, il enduisit la pointe de ses flèches d'une couche empoisonnée qui les rendit propres à porter la mort dans les veines de tout animal qui aurait la malechance de s'en laisser transpercer.

Ainsi équipé et armé, le Malais n'éprouvait plus qu'une appréhension très médiocre de manquer de provisions, pendant la durée du voyage ; et pour mieux affirmer sa sécurité à cet égard, il demanda à être nommé commissaire des vivres, en prenant l'engagement d'honneur de ne pas laisser la petite troupe manquer de quoi que ce soit.

On trouvera peut-être étrange que les voyageurs n'eussent pas fait entrer dans leurs calculs la possibilité d'arriver à quelque ville ou à quelque établissement appartenant aux naturels du pays.

Certes, ils y avaient bien songé, au contraire, mais c'était avec la pensée de les éviter. Tous les esprits, y compris celui du Malais, étaient remplis de frayeur en songeant aux Dyaks et aux autres peuplades sauvages de Bornéo, auxquels des histoires dès longtemps accréditées, quoique ne reposant peut-être pas sur des fondements bien sérieux, ont attribué un caractère mystérieux et terrible.

Jamais leur imagination ne se reportait vers eux sans les leur représenter comme des sauvages, de véritables hommes des bois, peut-être couverts de poils comme les bêtes, prenant un plaisir cruel et tirant une vaine gloire de faire tomber le plus de têtes possible, et s'accordant comme luxe suprême des festins de chair humain.

On conçoit qu'avec de pareilles pensées, sans même faire la part de leurs imaginations surexcitées qui brodaient ce thème à plaisir, nos voyageurs fussent bien déterminés à se garer de tout ce qui aurait la moindre ressemblance avec un homme. Ce n'était pas très flatteur pour l'humanité que cette terreur de l'homme de se rencontrer avec son semblable. C'était en tout cas un singulier commentaire de la supériorité de celui-ci sur l'animal. Et néanmoins, si humiliant qu'il soit d'en convenir, c'était cette crainte seule qui étreignait le cœur des naufragés, quand, après avoir donné un dernier coup d'œil à la mer sereine et bleue dont il leur fallait s'éloigner, ils tournèrent leurs pas vers les forêts de l'intérieur de Bornéo.

Il y avait le long de ses rives un chemin battu.

Le premier jour, ils suivirent, en le remontant, le cours du petit fleuve, près de l'embouchure duquel ils étaient restés depuis leur arrivée dans l'île.

Ils avaient les meilleures raisons de ne pas tenir à s'en écarter. Le fleuve paraissait couler directement à l'est. En le remontant, on devait aller droit vers l'ouest, le point vers lequel nos amis avaient intérêt à arriver. En outre, il y avait le long de ses rives un chemin battu, non par l'homme, mais par de gros animaux dont les empreintes, visibles çà et là, dans le sable humide, donnaient à penser à des chasseurs à l'affût de gros gibier. On y trouvait la trace certaine des tapirs et des sangliers, et en d'autres endroits, malheureusement plus rares, celle du rhinocéros très profonde et très distincte.

Bien que plusieurs de ces empreintes fussent fraîches, les voyageurs n'aperçurent aucun de ces animaux pendant le jour. Les grands pachydermes qui les avaient laissées sont généralement nocturnes, et ceux que nos amis auraient tant souhaité rencontrer devaient en ce moment être endormis dans leurs tanières au milieu des jungles.

Les naufragés auraient pu, tant qu'il aurait été navigable, remonter le fleuve avec la pinasse ; ils y avaient bien pensé, mais ils n'avaient pas tardé à abandonner ce projet, qui de prime abord leur avait souri. Leur canot était lourd, et le courant souvent trop rapide pour qu'on pût lutter aisément contre lui.

En outre, s'il y avait sur les bords quelque établissement de sauvages, en approcher en bateau était le vrai moyen de s'exposer à être découvert, avant d'avoir seulement soupçonné le danger.

Mais pour le capitaine Redwood, la raison déterminante avait été celle-ci : une chaîne de montagnes s'élevait à peu de distance, et le fleuve semblait descendre le long de ses flancs escarpés. Dans ce cas, il ne devait pas tarder à se transformer en un torrent tout à fait impropre à la navigation. Il ne valait donc pas la peine pour le peu de temps qu'elle leur serait utile de remonter la chaloupe ; tout le monde se rangea à l'avis du capitaine, et la pinasse resta dans sa cachette solitaire.

Les conjectures du capitaine Redwood ne tardèrent pas à se vérifier.

Le soir de leur premier jour de marche, ils atteignirent la base des montagnes des flancs rocheux desquelles le petit fleuve jaillissait avec l'impétuosité d'un torrent. Nul bateau au monde n'eût pu s'engager sur cette onde écumante.

Comme le sentier relativement uni et facile qui longeait la berge se changeait en une rampe abrupte et escarpée, courant au bord d'un ravin, nos amis jugèrent bon de camper pour la nuit au pied de la montagne.

Le jour suivant fut employé à gravir cette dernière, en remontant le ravin jusqu'à la source du petit fleuve.

Ils ne s'arrêtèrent là que pour une courte halte pour le repas de midi ; puis, on se remit à monter et on atteignit le point culminant de la chaîne, juste au moment où le soleil disparaissait au loin, derrière les profondeurs de la forêt.

Il n'y avait pas d'eau à l'endroit où l'on campa le soir du second jour, et les voyageurs auraient eu à souffrir de la soif, s'ils n'avaient eu la précaution de se prémunir contre cette éventualité.

Leur expérience comme naufragés et le souvenir encore récent des terribles tortures qu'ils avaient subies, faute d'eau, étaient une garantie suffisante qu'ils ne s'exposeraient pas par négligence à renouveler cette cruelle épreuve.

Chacun des trois hommes portait en bandoulière une sorte de gourde faite d'un gros bambou, coupé au-dessous de sa jointure, et contenant plus de deux litres d'eau, tandis que les enfants en avaient chacun une d'une dimension moindre, mais appropriée à leur taille et à leur force.

Les gourdes avaient été toutes remplies à la source du fleuve, et leur contenu formait une provision suffisante pour traverser la montagne.

Le reste de la nuit se passa sur cette hauteur. Elle formait un plateau d'une largeur considérable ; et comme le versant qu'ils avaient à descendre était couvert de jungles épaisses, ils y employèrent toute la journée du lendemain.

Le soleil était près de se coucher lorsque nos voyageurs atteignirent le bas de la chaîne, et purent embrasser du regard le pays qui s'étendait au delà.

Le soleil disparaissait derrière la crête d'une nouvelle chaîne qui semblait parallèle à celle qu'on venait de franchir, et à une distance moindre de trente-cinq kilomètres.

Entre les deux, s'étendait une vallée ou plutôt une plaine unie et couverte d'immenses forêts dans toute son étendue, excepté sur un point où une nappe d'eau brillait aux rayons de l'astre à son déclin, qui s'y reflétait pareil à un disque d'or liquide.

La plaine cependant était loin d'être entièrement plate ; çà et là, sur cette surface boisée, s'élevaient des collines isolées et arrondies comme la base d'une vaste tour. Ces collines étaient aussi revêtues de grands bois, dont le feuillage, d'une teinte moins sombre, indiquait des essences différentes de celles qui croissaient dans la plaine.

C'était par une éclaircie et à travers les branches des arbres qui ombrageaient les flancs de la montagne, que nos voyageurs contemplaient ainsi le pays au milieu duquel ils devaient s'aventurer le lendemain.

Laloo marmotta tout à coup quelques mots qui, joints à l'expression de son visage pendant qu'il les prononçait, jetèrent l'alarme parmi ses compagnons.

Orang-outang, ou gorille rouge.

— Cela ressemble au pays des mias rombis, capitaine Redwood; si ces diables enragés habitent ce bois, il serait plus sage de le tourner que de le traverser; si nous nous entêtons à y passer, il pourra bien nous arriver d'être mangés. Les tigres de Singapour ne sont pas féroces en comparaison des mias. Sans compter que ce n'est pas le mias ordinaire que nous sommes exposés à rencontrer ici; c'est, au contraire, le « mias rombi », celui que les Portugais appellent le gorille rouge.

— Le gorille rouge? s'écria le capitaine. Serait-ce de l'orang-outang que tu voudrais parler par hasard?

— Oui, capitaine. Les uns disent orang-outang, les autres gorille rouge; mais c'est toujours la même chose. Il y en a une espèce très grande, très méchante, qui s'appelle le *mias rombi*. C'est celui-là qui enlève les femmes et les enfants. Il les emporte en haut des plus grands arbres ; personne n'a jamais su ce qu'il en fait; mais c'est facile à comprendre : il les mange, sans doute ; autrement quel avantage aurait-il à s'en embarrasser ? Ah ! capitaine, nous ne cessons de trembler de rencontrer le Dyak, mais dites-vous bien qu'il n'est pas moitié si redoutable que le gorille rouge.

Malgré l'accent particulier de Laloo et le patois intraduisible dans lequel il composait ses discours, nos amis y reconnurent fort bien l'être farouche dont il les menaçait. C'était le fameux singe de Bornéo, universellement connu depuis qu'il y a des ménageries. Cet animal, assez paisible dans les cages des montreurs d'animaux, n'en est pas moins fort dangereux à rencontrer dans les repaires de ses forêts natales, à Sumatra ou à Bornéo.

XXIII.

LE VOYAGE SE COMPLIQUE.

Traversée de la plaine. — Le hallier de bambous. — Les toiles d'araignées. — Une forêt plus noire que la Forêt-Noire.

Le lendemain, nos voyageurs, si matineux d'ordinaire, ne purent pas partir d'aussi bonne heure; la grande plaine dans laquelle ils allaient s'engager étant noyée dans un épais brouillard, ils durent attendre, pour se mettre en route, qu'il fût dissipé.

Il ne se leva pas avant que le soleil fût assez haut dans le ciel, derrière eux, puisqu'ils se dirigeaient vers l'ouest.

Pendant la nuit et même encore dans la matinée, la question de savoir s'ils traverseraient la plaine en droite ligne ou s'ils feraient un circuit pour la tourner, avait été fort discutée.

Quand le brouillard eut enfin disparu, la question se trouva résolue par ce que les voyageurs virent en face d'eux. La plaine s'étendait à droite et à gauche à perte de vue; vouloir en faire le tour eût été allonger indéfiniment le voyage, car il y aurait bien des lieues supplémentaires à faire et par conséquent bien des jours à perdre.

Il n'était pas raisonnable d'entreprendre un pareil détour, même avec le spécieux prétexte d'éviter les gorilles; car, entre nous, le capitaine Redwood n'avait été qu'à demi convaincu par l'éloquence du Malais. Il savait que sur certains points la vive imagination de celui-ci le portait à s'exagérer le danger, et le « mias rombi » de Laloo avait fait sur l'esprit du patron de barque l'effet d'un croquemitaine de fantaisie.

Rejetant donc bien loin toute idée d'une rencontre avec les gorilles, ils continuèrent à descendre la montagne, parfaitement déterminés à couper droit devant eux dans la plaine.

Il était presque nuit noire quand ils arrivèrent au pied de la montagne, où ils s'arrêtèrent pour camper.

Le jour suivant, ils s'engagèrent dans la plaine. Ils s'y trouvèrent aux prises avec des difficultés toutes différentes de celles qu'ils avaient rencontrées depuis leur départ. Quelques portions de leur route avaient par moments été fort difficiles, surtout lorsqu'ils avaient eu à gravir ou à descendre certains passages rocailleux; mais, somme toute, ni les versants ni même le plateau de la montagne n'étaient assez boisés pour ralentir leur marche. Dans la plaine, au contraire, ce n'était plus cela.

Les grands arbres de la forêt étaient surchargés de plantes parasites qui s'étendaient d'un tronc à l'autre, dans toutes les directions, et formaient une sorte de lacis ou de réseau presque impénétrable. Il y avait tels endroits où l'on n'eût jamais passé sans l'intervention du kris du Malais et de la hache du charpentier, vigoureusement maniés tous les deux ; et même encore il fallait beaucoup de temps pour se frayer un chemin à travers toutes les lianes et toutes les branches entrelacées.

Un obstacle d'un autre genre se dressait assez fréquemment devant eux : c'étaient les champs de bambous. Ces espèces gigantesques de roseaux, qui dépassent souvent seize mètres de hauteur, croissaient si drus par place, qu'un serpent aurait eu du mal à s'y frayer un passage.

Les tiges de bambous, bien qu'ayant huit à douze centimètres de diamètre, sont heureusement creuses, ce qui permettait à Murtagh de les abattre facilement d'un seul coup de hache, et Laloo l'aidait dans cette ennuyeuse besogne ; car, en les frappant obliquement de son kris acéré, il parvenait également à les abattre. Néanmoins plusieurs de celles contre lesquelles il s'escrima restèrent suspendues par leurs larges feuilles rubanées aux sommets touffus de leurs voisines.

Une de ces plantations de bambous se trouvait avoir plus de dix-sept cents mètres de large, et il ne fallut pas à nos amis moins de trois heures pour s'en dépêtrer. Ils avaient eu l'idée de la tourner, tant il était difficile d'y avancer, mais ils ne savaient pas à quelle distance elle pouvait s'étendre ; peut-être avait-elle de vingt à vingt-cinq kilomètres de longueur. Les halliers de bambous forment souvent des bandes infiniment plus étroites que longues, car ils ne sont dus qu'à l'existence de quelque étroit ruisseau ou au cours de quelque rivière.

Il existe dans les îles de l'Archipel indien plusieurs espèces de ces grands roseaux, connus sous le nom générique de bambous, bien qu'ils diffèrent beaucoup les uns des autres, tant sous le rapport de la grosseur que sous beaucoup d'autres rapports.

Le bambou est inestimable pour les indigènes de ces îles, auxquels il fournit à lui seul les matériaux de presque tous leurs ustensiles domestiques, de même que certaines espèces de palmiers fournissent ceux des habitants de l'Amérique du Sud, principalement dans la grande vallée de l'Amazone. Non seulement leurs maisons sont construites en bambous, mais ceux-ci entrent pour la plus large part dans la confection de leurs praüs, et l'on en fabrique sans peine et par conséquent à très bon marché une foule d'objets usuels, tels que tasses, bouteilles, barils, etc. Un simple catalogue des outils et des ustensiles qu'on obtient du bambou occuperait des pages entières.

En dépit de cette utilité incontestable, nos amis n'en pouvaient souffrir la vue, et plus d'une fois l'Irlandais, dont la patience n'était pas le fort, les envoya à tous les diables. C'est qu'outre le temps perdu, cela abîmait le tranchant de sa hache, que, disait-il, cette vermine usait pour plus de dix voyages ! et il fallait qu'à tout moment il s'en allât à la recherche d'une pierre à aiguiser.

Pauvre Murtagh !

Il y avait un autre genre d'obstacle qui lui était peut-être plus odieux que les halliers de bambous : c'étaient les toiles d'énormes araignées, hideux insectes qui faisaient penser à la tarentule.

Ces toiles s'étendaient d'un arbre à l'autre et en tous sens, et rappelaient par leur aspect les *seines* qu'on voit étendues pour sécher dans un village de pêcheurs. C'étaient comme d'immenses moustiquaires, ayant plusieurs kilomètres de long et tombant des branches horizontales des arbres.

C'était au travers de ces étranges draperies que nos voyageurs devaient marcher pendant des centaines de mètres ; le fil soyeux s'enroulait désagréablement autour de leur cou et s'attachait si bien à leurs habits, qu'ils paraissaient vêtus de coton cardé, ou couverts de longs flocons de laine mérinos arrachés à la quenouille d'une filandière.

Pour se dégager de l'étreinte de ces toiles d'araignées, il leur fallait souvent employer la force. Il leur arrivait de voir apparaître l'horrible créature, défiante et irritée, qui avait filé et tissé ces toiles extraordinaires. Elle s'enfuyait alors, cherchant dans la noire crevasse qui lui servait de repaire un abri contre ces intrus qui envahissaient son domaine, que jamais sans doute le pied de l'homme n'avait auparavant foulé.

Mais nos voyageurs avaient encore d'autres obstacles à franchir dans l'immense plaine. C'étaient de vastes espaces de terrains humides, quelquefois couverts d'arbres de haute futaie et quelquefois aboutissant à des marécages remplis de joncs. Il fallait alors marcher dans la vase ou dans une eau épaisse et stagnante, toute couverte d'écume ou de limon, et où l'on enfonçait souvent jusqu'aux genoux.

Ces endroits étaient extrêmement désagréables à traverser ; car, sous l'ombre obscure des arbres, on entrevoyait de temps à autre un de ces énormes lézards du genre *hydrosaurus*, presque aussi grand qu'un crocodile, qui se détournait lentement de leur chemin comme partagé entre le regret de s'éloigner et le désir de leur disputer le passage.

Pour comble de malheur, nos amis passaient des journées entières dans la pénombre d'un continuel crépuscule et n'avançaient ainsi qu'à l'aventure. Ils n'avaient pas d'autre guide que le soleil, devenu malheureusement invisible sous ces ombrages séculaires qu'il n'avait jamais pu traverser. Et son disque n'étant pas visible, nos voyageurs, n'ayant rien qui pût suppléer à son absence, ne savaient pas la direction à suivre.

Il était donc non seulement agréable, mais fort utile aux voyageurs de se trouver tout à coup sur les bords de quelque marais découvert; c'était leur seule chance de ne pas s'égarer, ou du moins de reprendre ensuite la bonne voie, s'ils s'en étaient écartés.

Il est vrai qu'il leur fallait se résoudre à des détours qui leur faisaient perdre bien du temps, mais ils se retrempaient alors à la lumière du soleil et se guidaient avec bonheur sur son globe éblouissant.

Même dans ces endroits découverts, les voyageurs étaient privés de ce guide bienfaisant pendant les heures du milieu du jour; car le soleil, lorsqu'il est au méridien, ne fait pas d'ombre sur le cadran. Toutefois ils n'avaient guère à souffrir de ce désavantage, car, à midi, l'atmosphère devenait insupportable, ce qui, joint à la fatigue, conséquence inévitable de leurs marches forcées à travers les bambous et les marécages, les obligeait de s'accorder quelques heures de repos.

Ils reprenaient leur marche dans la soirée, alors que le soleil, s'inclinant à l'horizon, leur indiquait la route qu'ils devaient suivre. Leur but était d'atteindre la nappe d'eau qu'ils avaient vue du sommet de la montagne, et ils désiraient y arriver par son extrémité méridionale, située exactement à l'ouest.

Elle paraissait occuper le juste milieu entre les deux chaînes de montagnes, et semblait ainsi très bien placée pour qu'on pût faire une halte de quelque durée sur ses bords.

En s'engageant dans la plaine, nos amis s'étaient figuré atteindre cette nappe liquide en quelques heures, ou, au plus tard, à l'heure du crépuscule, tandis que la nuit descendait pour la troisième fois des hauteurs voisines lorsque, épuisés de fatigue, les vêtements en lambeaux et tout raides de vase, ils en touchèrent enfin les bords.

A peine y furent-ils arrivés, qu'ils s'étendirent sur la terre nue, et, oublieux de toutes choses, même de la nécessité de faire sentinelle, ils s'abandonnèrent au sommeil, leur besoin le plus impérieux.

XXIV.

HOMME OU SATYRE.

Une imprudence de Henri. — Serait-ce un homme ? — Oh ! le monstre !

Ils dormirent tard dans la matinée et ne se remirent sur pied qu'avec effort. Néanmoins il fallait songer au déjeuner ; ils allumèrent donc un grand feu et firent cuire pour leur repas du matin une partie du jambon de sanglier qu'ils avaient fumé avant de quitter la côte.

Hélas ! leur charge était celle d'Esope. Elle diminuait sensiblement, car ils vivaient sur leur second jambon, lequel commençait à montrer l'os en maints endroits. Cela ne laissait pas de les inquiéter, bien que ce fût prévu, puisqu'il y avait plus de huit jours qu'ils avaient entrepris leur voyage et vivaient sur leurs provisions.

Aussi la halte projetée par la petite troupe avait-elle un double but : d'abord, ils n'étaient pas fâchés de la perspective de se refaire un peu de leurs fatigues, mais aussi et surtout ils sentaient l'absolue nécessité de regarnir leur office.

Laloo apprêta sa sarbacane et ses flèches empoisonnées. Le capitaine examina sa carabine, pour s'assurer qu'elle n'avait rien perdu de ses qualités. Quant au charpentier, que ses aptitudes spéciales portaient toujours vers la pêche, il apprêta ses lignes et hameçons, qui ne le quittaient jamais, pour aller voir si les hôtes du lac seraient moins timorés que ceux du fleuve et daigneraient se laisser séduire par son appât.

Les trois hommes s'éloignèrent donc. Murtagh, qui avait besoin de solitude pour arriver à ses fins, se dirigea vers les bords du lac, à la découverte d'un endroit propice. Le capitaine et le Malais s'en allèrent de compagnie flâner dans l'intérieur des bois.

Henri et Hélène restèrent à l'endroit où l'on avait passé la nuit, à l'ombre d'un grand et bel arbre qui n'était, je vous l'affirme, ni un durion ni un upas ; car il fallait voir avec quel soin nos voyageurs examinaient maintenant les hôtes de la forêt, avant de les appeler à l'honneur de protéger leur sommeil. Dans cette région toute nouvelle pour eux, ils rencontraient maintes espèces sur lesquelles ils eussent été bien embarrassés de mettre un nom ; mais je vous garantis que s'ils ne savaient pas toujours ce qu'étaient les arbres, ils s'arrangeaient surtout pour savoir ce qu'ils n'étaient pas.

Les enfants avaient reçu la recommandation de ne s'éloigner sous aucun prétexte, avant le retour de quelqu'un qui pût les protéger.

Quoiqu'il fût un excellent garçon, plein de soumission et de respect, Henri Redwood ne brillait pas par la prudence. Il était natif de New-York, et par conséquent précoce, courageux et hardi à l'excès. Chez lui certainement la valeur n'attendrait pas le nombre des années; car dans sa poitrine d'adolescent battait déjà un cœur viril.

On ne s'étonnera donc point qu'il lui fût difficile de ne pas se laisser tenter de tirer, lorsqu'un grand oiseau, presque aussi haut que lui, une cigogne argali — *ciconia argalia* — vint s'abattre au bord du lac et resta là, planté sur ses grandes jambes pareilles à des échasses.

Cigogne.

S'emparant du lourd mousquet de marin qui faisait partie des objets qu'ils traînaient après eux, arme mal commode au possible, qu'il avait bien du mal à manier, Henri s'avança pour surprendre l'échassier, laissant sa sœur toute seule sous l'arbre.

Quelques roseaux qui poussaient sur la berge devaient permettre au chasseur de s'approcher sans attirer l'attention de l'oiseau. Il s'était déjà glissé assez près pour pouvoir tirer utilement, lorsque retentit à ses oreilles un cri qui le glaça d'une terreur soudaine.

C'était la voix d'Hélène, et ses accents dénotaient la souffrance ou l'effroi.

Un homme s'était glissé vers elle.

Se retournant brusquement, il regarda du côté de l'arbre et ne s'étonna pas longtemps de la persistance des cris de sa sœur. Un homme s'était glissé vers elle, et quel homme !

Jamais Henri n'avait vu ni rêvé, même dans ses cauchemars les plus épouvantables et les plus bizarres, un être aussi hideux que celui qu'il voyait à demi accroupi à quelques pas de la pauvre petite, tenant un petit dans ses bras.

C'était un être qui, s'il s'était tenu droit, aurait eu au moins deux mètres soixante-cinq centimètres de haut. Cependant, si colossale que soit cette stature, elle eût encore été disproportionnée avec sa tête massive, avec la largeur de sa poitrine et de ses épaules, et avec la longueur de ses bras.

Mais ce qui le rendait si effrayant, tant pour le jeune garçon, malgré son éloignement, que pour la petite fille, plus proche de lui, et par conséquent plus en danger, ce n'était pas seulement sa stature gigantesque, c'était son aspect général, le « tout ensemble » de cette étrange créature à figure humaine.

Homme ou monstre, cet individu était entièrement couvert de poils roux, touffus et hérissés comme le pelage d'un ours ou d'un loup. Ce poil, d'un rouge brillant sur le corps et sur les membres, était plus foncé sur la figure, où il était aussi plus clairsemé.

Jamais les enfants n'avaient vu ni imaginé pareille créature, et ils avaient cru jusqu'alors qu'il n'en avait existé de semblables que dans l'imagination des anciens, lorsqu'ils avaient personnifié leurs satyres.

XXV.

OÙ LE SILENCE EST D'OR.

<small>Mœurs du gorille. — Un herbivore. — Quelles transes ! — Le frère et la sœur.</small>

Du premier coup d'œil Henri avait réellement cru voir un homme. Toutefois, un moment de réflexion le convainquit que ces formes monstrueuses ne pouvaient convenir qu'à un singe. Cette taille gigantesque lui fit supposer que l'animal devait appartenir à l'espèce dont Laloo leur avait tant parlé et qu'il gratifiait de trois ou quatre noms : mias rombi, orang-outang, gorille rouge.

Les réflexions du Malais au sujet de ce singe redoutable et ses avertissements emphatiques qu'on s'était plu à taxer d'exagération, revenaient à l'esprit de notre jeune ami d'une façon tout à fait désagréable ; et quoique brave, comme nous nous sommes plu à le reconnaître, Henri ne pouvait envisager le monstre sans un douloureux effroi.

C'était surtout pour sa sœur qu'il tremblait, car une attaque de la part du gorille semblait imminente, vu qu'elle était de beaucoup la plus rapprochée. Le péril d'Hélène semblait si grand, que la première pensée de son frère fut de s'élancer vers la bête, et de lui décharger son arme en pleine figure.

Gorille aux prises avec un chasseur.

Toutefois il eut la sagesse de se contenir en voyant qu'Hélène, mue par l'instinct de la conservation, avait tenté de se mettre à l'abri en se glissant autour du tronc énorme de l'arbre derrière lequel elle s'était cachée. La pauvre enfant avait eu la prévoyante pensée de cesser ses cris.

L'animal ne manifestait aucune intention de la suivre, il paraissait plutôt vouloir se diriger vers le bord du lac. Henri pensa donc que ce qu'il avait de mieux à faire, c'était de ne décharger son fusil que si le singe se livrait contre lui à quelque démonstration hostile.

Laloo lui avait dit que le gorille n'attaque pas souvent l'homme, et que si on ne l'irrite pas, il continue tranquillement son chemin, excepté dans les moments où les femelles sont rendues intraitables par leur inquiétude pour leurs nourrissons. Alors malheur à quiconque se hasarde à portée de leurs tanières! homme ou animal, elles se jetteront sur lui et le massacreront sans miséricorde. Une fois blessé ou surexcité, le gorille ne se contente pas de se défendre, il attaque l'ennemi et se montre aussi implacable qu'acharné.

Se rappelant toutes ces raisons, Henri, qui avait déjà épaulé son mousquet, le remit à terre et s'agenouilla dans l'herbe haute qui le dérobait presque entièrement à la vue.

Il ne tarda pas à voir qu'il avait agi sagement.

Le monstre ne paraissait pas plus s'apercevoir de la présence des deux enfants que s'ils avaient été à cent lieues de là et continuait son chemin vers le bord de l'eau. Heureusement pour Henri, il suivait une direction toute différente, qui, s'écartant diagonalement, ne lui permettait pas de le joindre. Evidemment il poursuivait un seul but : se rapprocher de certaines plantes liliacées dont les hautes tiges succulentes formaient une couche de verdure à la surface du lac, tout près de la berge.

Toujours d'après les données de Laloo, Henri savait que l'orang-outang se nourrit principalement de fruits, mais que, lorsque ceux-ci sont rares, pour une cause ou pour une autre, il se rejette sur les feuilles ou les tiges des plantes aquatiques, si communes dans les rivières et les lacs des régions tropicales.

Il se mit à brouter les tiges.....

Il était donc probable que le gentleman velu ne trouvait pas dans le voisinage de fruits à sa convenance, ou peut-être qu'il éprouvait comme ses congénères non velus le besoin de satisfaire quelque caprice en variant son alimentation.

Il arriva bientôt auprès du lit de plantes aquatiques, entra dans l'eau jusqu'aux genoux et attira les branches à lui à l'aide de ses deux grands bras; puis, ouvrant une bouche aussi vaste que celle de l'hippopotame, il se mit à brouter les tiges et les fleurs avec le même bruit qu'un bœuf qui rumine.

Voyant le monstre dans des dispositions aussi inoffensives et espérant qu'il y persévérerait quelque temps, Henri se releva et se glissa d'un pas furtif, mais rapide, vers l'arbre. Il rejoignit sa sœur ; il la serra sur son cœur et l'embrassa avec tendresse, pour dissiper un peu la frayeur terrible qu'elle venait d'éprouver.

XXVI.

OÙ L'ON NE RETROUVE PAS LA SÉCURITÉ PERDUE.

Toujours le gorille. — On observe l'ennemi. — Terrible attente. — Résolution de Henri. — Fureur du gorille. — Qu'est-ce qui va se passer ? — Encore un gavial.

Ce n'était pas un baiser de félicitation que Henri venait de donner à sa sœur. Il n'était rien moins que rassuré sur leur sort commun, puisque le gorille était encore en vue. Je sais bien qu'il paraissait tout entier au soin d'absorber son festin de plantes aquatiques; mais qui pouvait répondre qu'une fois bien repu, il ne lui passerait pas par la tête une autre fantaisie et qu'il ne s'élancerait pas sur les enfants ?

Quel parti prendre pour échapper à ce monstre ? Courir dans la forêt et tâcher de trouver Laloo et leur père ? Ils pouvaient choisir une mauvaise route et empirer ainsi les choses. Ce vilain singe lui-même ne tarderait pas à rentrer sous bois, et ils pouvaient se rencontrer face à face avec lui de telle manière qu'il n'y eût pas moyen d'éviter les effets de sa redoutable présence.

Courir après Murtagh était tout aussi chanceux, les enfants ne sachant pas quelle direction avait prise le charpentier.

La réflexion leur prouva que le plus prudent était encore de rester où ils étaient.

Cependant il fallait agir, tenter quelque chose..... Mais quoi?

Crier au secours pour rappeler les absents n'était même pas sage, car leurs cris attireraient infailliblement l'attention du gorille et par suite le ramèneraient vers eux.

Du reste, Hélène avait déjà crié de toute sa force; et si les chasseurs avaient été à portée de la voix, ils n'eussent pas attendu d'autre signal pour accourir. A quoi bon renouveler une expérience évidemment inutile. Leurs compagnons, emportés par l'ardeur de la chasse, s'étaient trop éloignés pour pouvoir revenir en temps utile.

Après s'être bien consultés, les enfants se déterminèrent à rester immobiles et silencieux, dans l'espoir qu'un de leurs protecteurs, soit Murtagh, soit le Malais, soit leur père, reviendrait de leur côté et leur apporterait un prompt secours.

Ils furent même assez raisonnables pour ne pas s'exposer imprudemment hors de leur retraite, même pour observer le gorille.

Lorsque Henri avait été retrouver sa sœur, il l'avait repoussée doucement vers le point d'où elle s'était avancée pour le rejoindre plus tôt, et s'était caché avec elle derrière le tronc de l'arbre du côté de la forêt.

La main dans la main, le cœur ému, les deux enfants restaient debout et silencieux, épiant à travers le feuillage des orchis grimpants qui s'enroulaient autour du large tronc, tous les mouvements du gorille, dont ils ne pouvaient être aperçus.

En toutes autres circonstances où leur sécurité eût été moins en jeu, c'eût été pour eux un spectacle curieux et intéressant d'observer ce singe gigantesque et si semblable à un homme, en dépit de son revêtement de poils. On le voyait se démener à l'aide de ses bras musculeux, longs de quatre pieds au moins, pour arracher les hautes plantes aquatiques qu'il dévorait à pleine bouche. Il faisait de temps en temps quelques pas, s'avançant dans le lac pour atteindre une plante éloignée qui lui paraissait sans doute plus appétissante.

Hélène et Henri suivaient des yeux cette scène bizarre, qui eût fait salle comble dans une ménagerie, s'il s'en était trouvé une assez bien montée pour donner le spectacle de ce repas de singe.

Pour eux, l'intérêt se perdait sous le coup de l'angoisse qui leur étreignait le cœur. Leurs oreilles n'étaient attentives qu'à l'espoir de reconnaître un pas bien connu, une voix amie. L'un ou l'autre de leurs protecteurs n'allait-il pas bientôt arriver? Resteraient-ils longtemps encore dans cette solitude absolue?

Hélas! les minutes s'écoulaient, et, comme sœur Anne, ils ne voyaient rien venir.

Combien de temps se passa dans cette anxieuse attente? Ils n'auraient vraiment pas su le dire; tout cela leur avait paru long; et cependant on n'entendait rien, ni voix humaine, ni cri d'oiseau effaré qui pût faire pressentir le retour des chasseurs.

La bête mangeait toujours, mais avec moins de voracité. Elle attirait les pousses à elle d'un geste plus mou, plus indolent, et mettait plus longtemps à les choisir; elle devenait visiblement difficile. Sa faim était assouvie, et elle ne tarderait pas à regagner son repaire; seulement, ce repaire, où était-il?

Dans la forêt bien sûr, mais sur quel point? N'était-ce pas dans l'arbre où se cachaient les enfants ou dans quelque autre tout aussi rapproché? S'ils avaient été seulement sûrs que ce fût loin dans l'épaisseur des bois! mais ils l'ignoraient. Cependant ils sentaient à leur alarme croissante que l'instant de la crise approchait.

Tous les deux frissonnaient en songeant qu'ils allaient se retrouver face à face avec cet être hideux, et peut-être enlacés dans ses longs bras velus.

A cette seule pensée, tout leur corps se révoltait d'avance. Que deviendraient-ils, mon Dieu, dans un semblable embrassement! S'ils n'y succombaient pas à la terreur et au dégoût, quelle chance de salut leur resterait-il? Aucune. Ils seraient sacrifiés sans merci. Il n'y avait pas d'illusion possible, si le singe venait du côté où ils étaient et les attaquait, il les aurait bientôt mis en pièces.

La seule chose à tenter était donc qu'il n'y eût qu'une victime. Henri était déterminé à faire le sacrifice de sa vie pour sauver celle de sa sœur. Il s'arma donc bravement de son fusil et dit à Hélène :

— Chère petite Lélé, si le singe vient par ici, mets-toi à l'écart et laisse-moi faire, je me charge de tout. Va-t'en seulement à une bonne distance, quand tu me verras prêt à faire feu ; je ne tirerai qu'à bout portant, afin d'être sûr de ne pas manquer mon coup, car ce serait exaspérer inutilement l'animal, à ce que Laloo nous a dit. Si je venais à ne pas le tuer net, ne t'inquiète pas de moi surtout, la détonation aura été entendue et l'on ne sera pas longtemps à me porter secours. Petite sœur chérie, quoi qu'il arrive, je ne te demande qu'une chose : c'est de ne pas te mettre en souci de moi, de rester hors de la portée de ce monstre et d'attendre patiemment que l'on vienne à notre aide. Promets-le-moi, Lélé, promets-le-moi.

— Te quitter, Henri? Que me demandes-tu là? Tu sais bien que je ne pourrais pas t'abandonner, mon cher Henri, mon bon frère. Crois-tu donc que je voudrais te survivre, s'il t'arrivait malheur? Oh! frère, j'aime bien mieux mourir avec toi.

— Que parles-tu de mourir, petite sœur? Je n'y songe pas le moins du monde, car il me semble que nous devons être plus habiles coureurs que ce lourd personnage. Il ne va pas déjà si vite, du moins sur le plancher des vaches, et nous lui échapperions facilement, si nous savions seulement de quel côté nous diriger. En tout cas, suis mon avis, ma Lélé, et compte sur moi pour le reste. Je serai plus calme pour agir, si je te sens hors de danger.

Pendant qu'ils discutaient ainsi, Henri insistant pour qu'Hélène s'éloignât, si le singe les attaquait, et Hélène protestant avec larmes qu'elle ne voulait pas quitter son frère, un mouvement fait par le mias attira leur attention.

Ce mouvement n'indiquait nullement l'intention de s'éloigner; c'était seulement un tressaillement de surprise, bientôt suivi d'un geste de colère. Ce geste fut accompagné d'un grognement féroce, auquel succédèrent de rauques aboiements pareils à ceux d'un bouledogue ou d'un mâtin qu'une forte muselière aurait empêché de donner un libre cours à sa rage.

En même temps, au lieu de se redresser comme l'eût fait un être humain en pareil cas, l'effroyable bête se laissa retomber sur les mains et se trouva posée comme un quadrupède quelconque, sauf que la longueur de ses bras lui élevait la tête fort au-dessus du niveau ordinaire.

Alors les joues gonflées par la colère, les poils touffus qui couronnaient sa tête hérissés comme une crête, les yeux brillants comme deux charbons ardents, sa bouche énorme ouverte et montrant deux formidables rangées de dents étincelantes, le singe s'affermit dans son attitude comme s'il attendait l'attaque d'un ennemi bien connu, mais trop peu dangereux pour qu'il lui convînt de l'éviter.

Quel était donc l'ennemi que le mias rombi eût pu redouter? Y avait-il dans les forêts de Bornéo un seul être bipède, quadrupède ou reptile, capable de lutter avec avantage contre le colosse qui semblait participer de toutes les races et qui avait deux fois la force de l'animal le plus vigoureux?

Le Malais n'avait-il pas dit que rien au monde ne lui résistait?

Aussi ce n'était pas de la forêt que venait l'ennemi. C'étaient les eaux du lac qui le recélaient, et les enfants virent bientôt quel était l'adversaire contre lequel le singe avait pris son attitude de colère défiante.

C'était un énorme saurien, un crocodile plus grand que tous ceux qu'ils avaient jamais eu l'occasion de voir.

Dans la longue forme sombre qui glissait à travers les tiges des plantes aquatiques, et dont la vue arrachait au gorille des cris de fureur, ils reconnurent un autre gavial, ce crocodile redoutable des rivières et des marécages de l'Inde orientale, avec lequel Hélène avait déjà eu maille à partir sur la côte où le vent les avait jetés.

XXVII.

UN SPECTACLE COMME ON N'EN VOIT GUÈRE.

L'arrivée du crocodile. — Un combat terrible. — Qui sera vainqueur ? — Victoire du gorille.

Quand nos jeunes amis, qui se fussent bien passés d'être les spectateurs de n'importe quel drame de la vie forestière, aperçurent le reptile, il était déjà tout près de l'endroit où le gorille l'attendait dans l'eau jusqu'aux genoux.

Ils avaient une telle horreur du nouveau venu, qu'à tout moment ils croyaient voir le singe reculer devant cet adversaire, encore plus monstrueux et plus difforme que lui, si c'était possible.

En effet, il commença par battre en retraite, mais il ne fit qu'une dizaine de larges et grandes enjambées pour regagner la berge, où, dès qu'il sentit la terre ferme sous ses pieds, il s'arrêta, faisant bravement face à l'ennemi.

C'est alors que les enfants reconnurent la vérité de ce que Laloo leur avait dit. Il était clair que le mias qu'ils avaient sous les yeux ne craignait aucun animal, soit des forêts, soit des rivières, puisqu'il ne cherchait pas à fuir le gavial, le plus redoutable de tous les animaux.

Au contraire, nous l'avons dit, la contenance du singe n'indiquait pas le moindre sentiment de frayeur, alors qu'il lui eût été si facile d'éviter une rencontre en grimpant après un arbre.

S'il se fût seulement un peu reculé sur la terre ferme, l'amphibie ne l'y aurait pas suivi, et tout conflit eût été évité. Mais cela n'eût pas fait le compte du mias, qui restait sur le bord comme pour défier le saurien, en poussant des aboiements sauvages, contenus, pareils à ceux d'un chien dont la gueule ne serait qu'à moitié fermée par une muselière.

Le reptile continuait à avancer sans paraître le moins du monde troublé par les cris ou les gestes agressifs du quadrupède.

Suivant toute apparence, rien ne pouvait effrayer le gigantesque saurien, confiant dans sa force et dans sa taille, confiant surtout dans la peau épaisse qui couvre son corps comme d'une impénétrable cuirasse. Le crocodile semblait, à bon droit, se persuader, lui aussi, qu'il n'y avait à Bornéo aucun animal en état d'affronter sa colère.

Il s'avançait donc à l'attaque d'un calme imperturbable, sans paraître songer qu'il pût à son tour courir quelque danger, mais préoccupé seulement de saisir la créature étrange qui avait osé violer son domaine. Il la prenait peut-être pour un être humain, faible et débile, un de ces pauvres Dyaks dont précédemment il avait fait ses victimes et dont il avait si facilement raison.

En ceci le déplaisant personnage se méprenait étrangement, et la fausse retraite de son adversaire l'avait sans doute confirmé dans cette flatteuse opinion qui allait être gravement déçue.

Enfin, il s'arrêta, s'enfonça dans le lac autant que la profondeur de l'eau pouvait le lui permettre, et attendit un moment comme pour s'assurer si son ennemi continuerait à battre en retraite.

Après cette pause, qui donnait beau jeu à son adversaire, s'il lui eût convenu d'en profiter, le voyant au contraire affirmer en quelque sorte son attitude belliqueuse, il se remit en marche; il rampa avec précaution jusqu'à ce que, les roseaux ne le cachant plus, il se dressa brusquement sur ses pattes antérieures, et, s'aidant de sa queue comme d'un ressort, bondit sur la berge la gueule — et quelle gueule! — toute grande ouverte.

Pendant un moment, le bout de son museau resta enseveli dans les longs poils rouges du gorille, et les spectateurs purent croire que ce dernier allait être entraîné dans le lac.

Ils se félicitaient déjà, ces pauvres enfants, d'être ainsi débarrassés d'un semblable ennemi, quand un mouvement de celui-ci les avertit que le combat pourrait être moins vite terminé qu'ils ne l'avaient souhaité pour leur sécurité personnelle.

L'animal s'était jeté de côté et du même bond rapide avait sauté par-dessus la tête du crocodile, si adroitement, que, lorsqu'il eut repris son équilibre, on l'aperçut presque debout, par terre, sur une ligne parallèle au corps du saurien, et à une égale distance de sa tête et de sa queue.

Avant que le gavial, qui tient de sa conformation dorso-spinale une grande difficulté pour se tourner, eût pu se retrouver en face du singe, celui-ci, par un nouveau bond aussi agile que le premier, venait de lui sauter sur le dos.

Là, le singe, se campant fièrement à califourchon, se maintint solidement à l'aide de ses grosses jambes courtes et nerveuses, et étendit ses grands bras le long des omoplates du crocodile comme s'il voulait l'étouffer.

Alors commença entre ces deux monstres une de ces luttes étranges et terribles dont on ne peut être témoin que dans les profondeurs des forêts de Bornéo et de Sumatra, solitudes sauvages où l'homme pénètre rarement.

Même là, de telles scènes trouvent rarement des spectateurs ; tout au plus, de loin en loin, quelque Dyak égaré sur les bords d'un cours d'eau inexploré, ou cherchant son chemin à travers les jungles dans le labyrinthe des lagunes et des marécages.

De la part du crocodile, la lutte ne consistait que dans une série d'efforts ayant pour but de désarçonner le cavalier chevelu qui se tenait sur son dos, aussi ferme que sur une selle, et je vous affirme qu'il faisait pour cela tout ce qui était en son pouvoir, tournant sur son ventre comme sur un pivot, frappant ses longues mâchoires l'une contre l'autre avec un bruit de coups de pistolet, fouettant la terre de sa longue queue qui fauchait les herbes et les roseaux comme l'eût fait un instrument tranchant, se repliant et se tordant en tous sens, mais sans le moindre résultat appréciable.

Le singe restait aussi solidement campé qu'un Mexicain sur une mule rétive, un de ses bras serrant l'épaule du reptile, l'autre oscillant en l'air comme s'il cherchait quelque chose dont il pût se saisir.

Dans quel but se livrait-il à ce mouvement inexplicable? Les spectateurs le cherchaient vainement, mais ils ne tardèrent pas à savoir à quoi s'en tenir.

Tout à coup le singe projeta son bras libre en avant et saisit la mâchoire du gavial. Pendant la lutte, la gueule du monstre s'était fréquemment ouverte, et, dans ce cas, la mâchoire supérieure se dressait presque perpendiculairement comme chez tous les sauriens, auxquels la conformation de leurs vertèbres cervicales permet de distendre ainsi leurs mâchoires.

Alors commença entre ces deux monstres une lutte étrange et terrible.

On aurait pu croire que le gorille venait de commettre une terrible imprudence en hasardant ainsi sa main dans un piège aussi redoutable, et que ses doigts, pris entre les dents du saurien, allaient être écrasés comme de fragiles tuyaux de pipe ou les pousses tendres d'un pied de céleri.

Nos jeunes amis, dans leur inexpérience et leur désir de voir arriver malheur à l'ennemi qui les menaçait le plus, s'attendaient à quelque événement de cette nature; mais le vieux singe était trop rusé pour se laisser prendre si grossièrement; il savait bien ce qu'il faisait, le malin! A peine eut-il solidement posé la main sur la mâchoire du crocodile, qu'il décida à part lui que les deux parties essentielles ne se rejoindraient jamais. Il fit pour cela un suprême effort, et, serrant ses genoux contre les épaules du saurien, il raidit ses bras de toute la puissance de ses muscles de fer et tira violemment à lui.

On entendit un craquement sourd, comme celui d'un arbre déraciné, puis on vit le hideux reptile, en proie à d'horribles convulsions, tordre son corps et agiter sa queue en tous sens.

Le gorille avait accompli sa tâche. L'ennemi qui avait eu la présomption de s'attaquer à lui allait périr, désarmé, brisé par cet embrassement qu'il avait voulu, qu'il avait cherché.

A la fin il se détacha du corps de sa victime, dont les contorsions devenaient de plus en plus faibles, sauta de côté et se prit à contempler son ouvrage avec des éclats de rire sauvages qui ressemblaient aux hurlements des fous.

XXVIII.

OÙ L'HOMME FAIT DÉFAUT.

Monstrum horrendum. — Le secours vient-il ? — Anne, ma sœur Anne ? — La crise approche.

Amis lecteurs, vous allez peut-être supposer que l'étrange combat que nous venons de décrire est une de ces inventions forgées par l'imagination de l'auteur; quelques-uns d'entre vous n'hésiteront pas à le classer dans le genre peu authentique des contes à dormir debout, ou, ce qui revient au même, des contes de gaillard d'arrière dont s'ébaudissent les badauds.

Un tel jugement néanmoins ne pourra être porté que par ceux qui n'ont consacré à l'étude de la nature qu'une attention distraite. Quant au naturaliste, ce chapitre de la vie et des mœurs des animaux ne lui causera aucune surprise, car il sait bien que nous n'avançons rien qui ne soit strictement vrai.

La scène que nous relatons, bien que ne se produisant pas journellement sous les yeux des hommes, et surtout des hommes civilisés, n'en a pas moins été observée plus d'une fois par les habitants des solitudes de Bornéo.

Ruches d'abeilles.

Interrogez, par exemple, un vieux chasseur d'abeilles de cette île; il vous confirmera de tout point notre narration, ajoutant que le gorille, qu'il appelle mias, est de force à lutter contre tous les animaux qu'il peut rencontrer, soit dans les forêts, soit dans les jungles, et que, seuls, le crocodile et le python osent l'attaquer. Le python, qu'il appellera peut-être « ular », est ce serpent de l'espèce des boas constrictors avec lequel nos amis et plus spécialement Murtagh avaient fait connaissance.

Mais le chasseur d'abeilles, un Dyak très probablement, vous dira aussi que, dans ces combats, c'est toujours le gorille qui est le vainqueur, malgré les dimensions énormes des reptiles qui s'attaquent à lui.

Figurez-vous donc un peu un serpent ou un lézard long de dix mètres, c'est-à-dire peut-être deux fois ce que mesure la pièce où vous êtes en ce moment, ou une longueur égale à la largeur de la rue dans laquelle vous vous promenez.

Vous n'en verrez guère de spécimens dans les musées d'histoire naturelle, car ces animaux monstrueux ne sont pas souvent rencontrés par nos naturalistes, et il est rare que les voyageurs parviennent à s'en rendre maîtres.

Mais il n'en reste pas moins avéré qu'il existe de par le monde des serpents et des lézards de cette taille, et même de plus grands encore.

On les trouve non seulement dans les lacs et les forêts de l'Amérique équatoriale, mais dans les îles tropicales des Indes. Beaucoup de ces contes de matelots dont nous parlions tout à l'heure, malgré le discrédit dont nous les avons si dédaigneusement frappés, à cause de leur invraisemblance apparente, ont été reconnus véridiques, grâce à la lumière dont les ont éclairés de récentes explorations scientifiques.

Par conséquent, bien qu'un certain nombre de faits semblent ajoutés à ce récit pour lui donner un intérêt quelque peu romanesque, vous ne devez, ami lecteur, ni vous croire mystifié, ni les traiter avec un superbe dédain. Si jamais le sort ou la fortune vous envoie faire un tour dans l'Archipel indien, vous vous départirez de votre incrédulité et, de plus, vous la regretterez.

Henri Redwood et sa sœur Hélène n'avaient pas le temps de se livrer à d'aussi paisibles réflexions, tandis qu'ils cherchaient à se dissimuler derrière le tronc du grand arbre. Ils étaient là aux premières places pour observer le combat entre les deux monstrueuses créatures qu'ils trouvaient également repoussantes.

S'ils n'avaient obéi qu'à leur instinct de justice innée, ils auraient pris parti contre l'agresseur; mais dans le cas présent, on les excusera d'éprouver l'impression toute contraire. Pour eux, le singe victorieux redevenait le péril imminent, qu'eût sans doute fait disparaître la victoire de l'animal amphibie.

La lutte terminée, ils se retrouvaient, comme auparavant, incertains et tremblants.

Le crocodile, quoique terrassé et hors d'état de nuire, n'était pas encore mort. Il se tordait toujours sur le sol; mais ses mouvements n'étaient plus que les dernières convulsions de l'agonie et allaient s'affaiblissant davantage.

Le gorille restait toujours tout près, posé sur les hanches et regardant. De temps à autre il agitait ses longs bras velus au-dessus de sa tête, et redoublait son rire étrange et saccadé, comme s'il ne pouvait se lasser de célébrer la victoire qu'il venait de remporter.

Combien cela dura-t-il de temps? Ce spectacle était assez horrible pour qu'on en désirât la fin, et cependant tel n'était pas le sentiment qui agitait nos jeunes amis.

Ils souhaitaient, au contraire, qu'il se continuât jusqu'à ce qu'une voix venue de la forêt, ou l'approche d'un pas bien connu, leur apprît que le secours était proche.

Mais, hélas! ils avaient beau écouter avec toute l'attention dont ils étaient capables, ils ne saisissaient aucun son de nature à les rassurer. Parfois la note claire et gaie d'un oiseau frappait leurs oreilles, ou le frôlement du corps d'un animal passant dans le fourré ; c'était tout, et ni la voix de l'oiseau, ni le pas furtif de l'animal ne dénotait l'alarme que l'arrivée des chasseurs eût dû provoquer. Ceux-ci s'étaient sans doute laissé entraîner plus loin qu'ils ne comptaient, dans leur ardeur à rapporter du gibier. Que diraient-ils en revenant et quand ils s'apercevraient qu'ils arrivaient trop tard ?

Henri songea de nouveau à décharger son fusil en guise de signal ; mais en admettant même que la détonation fût entendue, elle pouvait ne pas être considérée comme un appel. Le capitaine et ses compagnons savaient Henri capable de se servir du fusil et supposeraient peut-être qu'il avait tiré un oiseau ou tout autre gibier venu à sa portée.

D'un autre côté, le bruit de ce coup de fusil éveillerait l'attention du mias et pouvait l'arracher à la contemplation du triomphe où il semblait se complaire ; et que pourrait Henri pour défendre sa sœur, lorsqu'il n'aurait plus en main qu'une arme déchargée ?

Décidément il était inutile et dangereux de songer à tirer le mousquet ; il valait mieux attendre et se confier, en toute simplicité, à la protection du Seigneur.

Le brave enfant se mit à récapituler à combien de périls lui et ses compagnons avaient déjà échappé par l'intervention de circonstances providentielles, et s'en remit à Dieu dans cette grave conjoncture, espérant que celui qui les avait toujours secourus ne resterait pas sourd à leurs prières.

Il communiqua ses réflexions à sa chère petite sœur ; tenant d'une main son fusil, de l'autre il enlaçait Hélène et la serrait contre lui,

lui murmurant de douces et consolantes paroles, auxquelles Hélène, les bras noués autour du cou de son frère, répondait avec la pieuse résignation que son âme aimante ressentait aux heures du péril.

Un moment encore, et la foi des deux enfants allait être soumise à une rude épreuve.

Le gorille, après s'être littéralement repu de la vue des souffrances qu'il avait imposées à son adversaire expirant, parut enfin satisfait du résultat obtenu et reporta ses yeux vers la forêt, en témoignant de l'intention de quitter la place.

La crise approchait pour notre Hélène et pour son frère. Quelle route l'animal allait-il prendre?

Les enfants n'eurent pas le temps de se faire cette question et d'y répondre; à peine avait-elle pris corps et s'était-elle formulée dans leurs pensées, quand ils virent le monstre se tourner vers l'arbre derrière lequel ils se tenaient blottis et marcher droit au-devant d'eux.

XXIX.

L'ENLÈVEMENT.

Que faire ? — Il est sur l'arbre. — Le retour de Murtagh. — La catastrophe est imminente. — La bravoure de Henri. — Hélène a quitté la terre.

— Nous sommes perdus ! s'écria involontairement Henri.

Ces paroles étaient à peine prononcées, qu'il aurait bien voulu les rattraper, en voyant combien elles avaient ajouté à l'effroi d'Hélène.

Pauvre petite ! c'était une crise dans laquelle elle avait plutôt besoin d'être soutenue par des encouragements que d'être démontée par des réflexions imprudentes.

Mais, bonne ou mauvaise, une phrase prononcée à la légère ne peut plus être reprise.

Du reste, Henri n'avait pas le temps de songer à ce qu'il aurait pu dire pour encourager sa sœur, ni de raisonner ce qu'il allait faire. Le gorille s'avançait d'une allure gauche, mais assez rapide, et il allait bientôt atteindre l'endroit où les enfants cherchaient en vain à se faire plus petits qu'ils n'étaient.

Ses mouvements indiquaient une vive surexcitation, bien naturelle du reste, à la suite de son récent combat contre le gavial. S'ils étaient vus, les enfants ne pouvaient manquer de déterminer en lui un nouveau déchaînement de fureur.

S'ils étaient vus! Et comment auraient-ils pu ne pas l'être? Ils avaient beau se coller contre l'arbre et chercher à se dissimuler sous les lianes nombreuses dont le tronc de l'arbre était enlacé. C'était une pauvre cachette! Ils y étaient bien peu en sûreté et seraient infailliblement découverts, si le singe, après avoir dépassé l'arbre, venait à se détourner pour quelque cause que ce fût.

Oui, c'était bien vers l'arbre que le mias se dirigeait, comme s'il eût eu l'intention d'y grimper!

En ce moment, Henri pensa encore à prendre la fuite en entraînant Hélène. Comme il regrettait maintenant de ne pas l'avoir fait plus tôt! Le danger de se perdre dans la forêt qui l'avait retenu naguère lui paraissait alors bien moindre que le péril qui les menaçait.

Un rapide coup d'œil lui montra du reste qu'il était trop tard.

L'arbre derrière lequel le frère et la sœur s'abritaient formait le centre d'une petite clairière qu'ils ne pouvaient traverser sans courir le risque d'être aperçus par le singe, qui, cela va sans dire, n'eût pas tardé à se mettre à leur poursuite et à les rattraper sans peine.

Il existait bien un autre arbre à peu de distance; mais la direction dans laquelle il était placé rendait impossible qu'on pût l'atteindre sans s'être fait surprendre auparavant.

Nos pauvres enfants n'avaient donc pas d'autre alternative que de s'enfuir, au risque d'être poursuivis, ou de rester où ils étaient, en acceptant la chance de n'être pas découverts.

C'est à ce dernier parti qu'ils s'arrêtèrent.

Les voyez-vous, la main dans la main, silencieux, immobiles, et se tenant contre le tronc de l'arbre, du côté opposé à celui par lequel venait le gorille ! Ils cessèrent dès lors de l'apercevoir, car, pour garder leur rigidité de statue, de peur de se trahir, ils n'osaient même se pencher pour suivre de l'œil ses mouvements.

Après tout, le singe pouvait regagner la forêt sans se douter de leur présence. En pareil cas, il n'y aurait plus de danger; sinon, si réellement il venait à eux, le brave enfant se tenait prêt à lutter énergiquement avec lui; il tenait à la main son fusil chargé, tout prêt à l'épauler et à en envoyer la charge en plein visage de gorille.

Hélène et Henri, retenant leur souffle, attendaient en silence; leur cœur battait si fort, que chacun pouvait entendre les palpitations du cœur de l'autre.

Cette incertitude prolongée devenait pour eux une véritable torture. Il semblait que l'animal s'en doutât et y trouvât un malin plaisir, car il n'arriva vers l'arbre qu'avec une lenteur inconcevable.

S'était-il arrêté en chemin? avait-il pris une autre direction?

La tentation était trop forte. Henri allait y céder et regarder autour de lui, quand il entendit gratter de l'autre côté du tronc. C'étaient les griffes du mias sur l'écorce.

Un instant après, le même bruit se reproduisait, mais plus haut;

et les deux enfants comprirent, sans se le dire, que le singe montait à l'arbre.

Henri se félicitait déjà de la tournure que prenaient les choses. L'animal pouvait fort bien grimper sans les apercevoir; et comme l'arbre était très élevé et que son feuillage épais était encore rendu plus impénétrable par les lianes qui s'enroulaient à toutes les branches, une fois que le gorille se serait perdu dans cette ramée, Hélène et lui se glisseraient hors de leur retraite. Alors, et sans trop de dangers, ils se sauveraient dans un périmètre assez étendu pour les mettre hors de la portée du monstre, assez restreint pour qu'ils fussent avertis du retour des chasseurs et pussent, sans se faire chercher, reprendre leur place au milieu de leurs protecteurs naturels.

Malheureusement, un incident imprévu vint bouleverser ce consolant programme et changer le salut espéré, presque certain, en une épouvantable catastrophe.

Ce fut Murtagh qui, bien innocemment du reste, amena le lamentable dénouement que nous allons indiquer.

Le charpentier, revenant de son expédition de pêche, trébucha contre le gavial, qui gisait sur le bord du lac. Bien que hors d'état de retourner vers son élément favori, le reptile n'était pas encore tout à fait mort. La mâchoire brisée et disloquée, il se tordait encore dans les dernières convulsions d'une longue agonie.

Incapable de s'expliquer le spectacle de bouleversement et de ruine qui se présentait ainsi inopinément à ses yeux, notre Irlandais en ressentit une surprise mêlée d'alarme. Ce dernier sentiment prit le dessus lorsqu'il chercha du regard les deux enfants sous l'arbre où on les avait laissés, et qu'il ne les y trouva plus.

Si le digne homme avait pu se contenir et garder le silence, tout aurait été pour le mieux ; mais en apercevant le gorille qui montait le long de l'arbre, l'idée lui vint que les enfants, dont il ne s'expliquait pas autrement l'absence, avaient peut-être été tués et dévorés par le monstre velu. Cette affreuse pensée l'affola, et il poussa un cri de désespoir à réveiller les échos d'alentour.

C'était ce qu'il pouvait faire de pire ; car, en dépit de l'accent douloureux dont il était empreint, ce cri retentit joyeusement à l'oreille de nos jeunes amis. Ils se crurent sauvés par la seule présence d'un de leurs protecteurs ; ils se précipitèrent hors de leur cachette, et, par cette imprudence irréparable, révélèrent leur présence au mias, qui ne songeait pourtant point à mal.

En un clin d'œil, les yeux sombres du monstre se fixèrent sur eux, et de ses orbites enfoncés semblaient, à cette vue, jaillir des regards flamboyants comme ceux des démons.

Le singe n'avait guère franchi qu'une distance de sept mètres, quand le cri de Murtagh l'arrêta court dans son ascension. Ce fut alors qu'au bruit des deux enfants, il regarda au pied de l'arbre et les aperçut.

Sa fureur se ralluma à leur vue, comme s'il les confondait avec l'adversaire qu'il venait de terrasser ; il fit entendre son singulier aboiement, d'un trait il se laissa glisser en bas de l'arbre et s'élança vers celui des enfants qui se trouvait le plus proche.

Le malheur voulut que ce fût notre pauvre Hélène.

Murtagh, toujours criant, s'élança pour la protéger, tandis que Henri épaulait son mousquet et n'attendait, pour coucher le monstre en joue, que de pouvoir se placer de manière à ne pas risquer de blesser sa sœur.

Le salut eût été là, en effet, si la détente avait voulu jouer ; mais le coup ne partit pas. C'était un vieux mousquet dont peut-être l'amorce était devenue humide pendant le voyage dans la forêt.

Lorsque Henri pressa la détente, il ne jaillit même pas une étincelle dans le bassinet ; et bien qu'instinctivement il saisît le fusil par le canon et s'en servît comme d'une massue pour marteler le crâne du géant, ses coups ne produisirent pas plus d'effet que s'il les eût assénés sur le tronc de l'arbre.

Le singe saisit la petite fille.

Une fois, deux fois, trois fois la crosse du fusil s'abattit sur la tête du monstre, protégée par une forêt de cheveux roux ébouriffés ; mais avant que le quatrième coup eût pu l'atteindre, d'un geste rapide le singe étendit un de ses énormes bras, saisit la petite fille ; et, la tenant fortement contre sa poitrine velue, il se remit à grimper à l'arbre.

Cris, sanglots, menaces, rien ne put arrêter l'horrible ravisseur. En vain, Henri, malgré sa douleur, multiplia-t-il ses efforts; il était seul à lutter contre le singe. Murtagh, empêtré dans les lianes ou les roseaux, ne l'avait point encore rejoint. Le pauvre garçon s'accrocha à l'une des jambes du gorille et se maintint quelques instants dans cette position. Il fut traîné ainsi l'espace de plusieurs pieds le long de l'arbre; mais une ruade du singe le jeta étourdi et presque sans connaissance sur le sol.

En revenant à lui, il se releva et regarda en l'air; il ne s'était qu'imparfaitement évanoui, et, en dépit de sa syncope, il n'avait cessé d'entendre retentir les cris désespérés d'Hélène, pareils aux voix qui vous poursuivent dans le cauchemar.

Ce bruit, clair et distinct, dirigea son regard, et il vit sa sœur toujours serrée dans l'étreinte du gorille, qui continuait à grimper, comme s'il avait voulu emporter sa récente conquête jusque dans la cime de l'arbre.

XXX.

QUE VA-T-IL EN ADVENIR?

Désespoir du père. — Dans la forêt. — Chasse désespérante. — Prière suprême.

Il serait impossible de peindre le désespoir qui torturait le cœur du pauvre Henri en voyant qu'il ne pouvait rien, absolument rien, pour sauver sa sœur.

La douleur de Murtagh n'était guère moins intense, car Hélène lui était presque aussi chère que si elle eût été sa propre fille.

Ni l'un ni l'autre ne pouvaient se dissimuler que la pauvre enfant était perdue sans retour. Que ce fût par les griffes puissantes de l'animal ou par ses longues dents jaunes, elle ne tarderait pas à être mise en pièces qui retomberaient en lambeaux sanglants sur le sol. Muets et immobiles, ils attendirent quelque temps l'horrible catastrophe, et il serait vain de chercher à décrire les sentiments qui les agitaient pendant cette mortelle attente.

Le retour des chasseurs ne leur apporta aucune consolation. Depuis quelques centaines de mètres, la démarche un peu lente du capitaine et du Malais, qui s'en revenaient toujours à l'affût, s'était transformée en une course effrénée ; les cris d'Hélène, de Henri et de Murtagh avaient fini par les atteindre. Leur arrivée ne fit qu'ajouter deux personnages de plus à cette scène de détresse et deux voix de plus à ce concert de désolation.

On pouvait encore entrevoir le singe, qui se mouvait à travers le feuillage ; mais le capitaine Redwood sentait que la carabine qu'il avait entre les mains, quoiqu'étant une arme sûre entre toutes, ne pouvait lui être d'aucun secours dans le cas présent.

Laloo éprouvait la même impression cruelle d'impuissance en regardant sa sarbacane. Certes la carabine pouvait envoyer une balle dans le crâne du mias rombi et la sarbacane le traverser d'une de ses flèches au poison mortel, mais à quoi bon? La mort du singe n'entraînerait-elle pas celle de l'enfant?

Elle vivait encore, et, suivant toute apparence, elle n'était pas blessée, car on pouvait distinguer ses cris; on pouvait la voir se débattre pour échapper à cette hideuse étreinte.

Le capitaine Redwood n'osa donc pas envoyer une balle ni le Malais décocher une flèche à l'affreux ravisseur qui montait, montait toujours.

Si faibles que fussent les chances de sauver la jeune fille, ils les auraient encore diminuées en se servant de leurs armes, le coup aurait été aussi fatal à la victime qu'au bourreau, puisqu'il l'aurait précipitée, soit seule, soit accompagnée du singe, d'une hauteur de près de trente-trois mètres.

L'enfant, tombant de si haut, serait arrivée sur le sol non seulement tuée, mais brisée !

Quelle perspective pour un tendre père et quel spectacle pour son cœur plein d'angoisse !

Le capitaine restait immobile, en proie à une douleur inexprimable et silencieuse. Ses compagnons, groupés respectueusement autour de lui, n'étaient ni moins irrésolus, ni moins désespérés.

Tout à coup, ils virent le singe changer de direction. Il quittait le tronc de l'arbre pour s'avancer sur une de ses maîtresses branches qui s'étendaient horizontalement à une grande distance. Elle allait s'entrelacer à son extrémité avec celles d'un arbre dont le tronc était éloigné de plus de seize mètres de celui du banian.

L'intention du singe n'était que trop évidente : il voulait passer d'un arbre à l'autre et s'enfoncer dans la forêt.

Ce projet fut promptement mis à exécution, et les spectateurs, s'élançant du côté par lequel le mias opérait sa retraite, le virent bientôt saisir les branches entrelacées, les tirer à lui pour diminuer la distance et bondir de l'une à l'autre avec l'agilité d'un écureuil.

Et pour tout ceci il ne se servait que d'un bras ; l'autre enserrait la fillette dans une étreinte persistante ; mais ses pieds lui servant de mains pour s'accrocher aux branches, trois mains lui étaient plus que suffisantes pour son trajet aérien.

Du second arbre, avec le secours des branches entrelacées à celles de l'arbre suivant, il passa sur un troisième sans s'arrêter, et alla ainsi de branche en branche et d'arbre en arbre, avançant dans la forêt, son précieux fardeau toujours serré sur son cœur.

Le père, désespéré, le suivait du mieux qu'il pouvait, tenant sa carabine à la main, bien que n'osant pas s'en servir. Henri venait ensuite, pâle et morne, sans avoir quitté le vieux mousquet qu'il traînait après lui. Le fusil avait raté et l'amorce n'avait pas été changée ; mais qu'est-ce que cela faisait ? Les flèches du Malais n'étaient-elles pas également inutiles ? Il eût été à peine plus fou de songer à s'emparer du monstre en lui tendant les lignes et les hameçons que l'Irlandais emportait aussi avec lui.

L'horrible bête continuait à s'éloigner, et ceux qui la poursuivaient s'efforçaient de lui tenir pied au-dessous, sans entretenir le chimérique espoir de la retarder dans sa course. Ils la suivaient pourtant, emportés en avant comme par un mouvement mécanique, un besoin machinal de ne pas la perdre de vue.

Qu'espéraient-ils alors ? Rien de précis. Et pourtant ils avaient une vague arrière-pensée qu'il se présenterait peut-être quelque circonstance favorable qui leur permettrait de ravoir leur enfant.

Ce n'était pourtant qu'une bien faible consolation qui ne leur était inspirée que par une foi sincère en une puissance supérieure à la leur. Ils savaient trop que, réduits à leurs propres forces, ils ne pouvaient rien ; mais c'est justement dans ces heures de crise où l'homme est amené à mieux sentir sa totale impuissance, que sa confiance en un être divin se transforme tout à coup en une foi vivante et parfaite.

Le capitaine croyait fermement à l'existence d'une Providence miséricordieuse et paternelle dans ses desseins.

Nombreuses et incohérentes étaient les exclamations qui s'échappaient incessamment de ses lèvres; mais toutes avaient rapport à son enfant et contenaient une ardente prière pour elle.

— Hélène, criait-il, Hélène, mon enfant! qui la protègera? O vous, Père céleste, Dieu de bonté, veillez sur elle et rendez-la-moi!

XXXI.

TU N'IRAS PAS PLUS LOIN.

La chasse continue. — Toujours plus loin. — Hors de vue. — Explosion de douleur.

De branche en branche et d'arbre en arbre, le gorille rouge continuait sa course facile, tandis qu'arrêtés par tous les obstacles, ceux qui s'acharnaient à sa poursuite avaient bien du mal à lui tenir pied.

Quelle serait la fin de cette chasse étrange, terrible et peut-être sans précédent?

Nul de nos amis n'aurait osé former à cet égard une conjecture. L'instinct seul les poussait à ne pas perdre de vue le gorille.

Hélène vivait-elle encore? était-elle morte? Pas un cri ne s'échappait de ses lèvres devenues muettes; pas un gémissement, pas un son. Avait-elle succombé à la pression du bras musculeux qui étreignait son corps délicat? ou son silence — c'était encore possible —

provenait-il d'un bienfaisant évanouissement qui faisait trêve à ses terreurs ?

Il y avait certes bien de quoi justifier cette dernière supposition, et son frère, qui cherchait à s'y accrocher, eût été heureux d'en être certain.

Mais non ! rien dans ce qu'ils voyaient ni dans ce qu'ils entendaient n'était de nature à les fixer sur ce point important. Ils étaient maintenant engagés au plus profond de la forêt ; une forêt des tropiques, dont les arbres s'entrelaçaient si étroitement, qu'il était impossible d'apercevoir le ciel à travers les interstices des branches chargées d'épais festons de feuillages et de lianes.

Ils glissaient comme des ombres sous ces sombres arceaux de verdure éclairés seulement d'un demi-jour lugubre, que combattaient à peine quelques rares rayons de soleil, et souvent dans cette obscurité il leur eût été impossible de se maintenir sur la trace du mias sans les vêtements clairs de l'enfant, dont les lambeaux, flottant comme des banderolles, leur servaient de point de ralliement pour la retrouver et la suivre.

De temps à autre les hasards de leur poursuite les conduisaient dans des profondeurs moins ombreuses et où les rayons du soleil filtraient plus librement à travers le feuillage.

Alors il leur devenait possible d'entrevoir le ravisseur et sa captive.

Mais c'était bien le cas d'employer le mot entrevoir. La rapidité de l'allure du singe et les branches qu'il agitait sur son passage se réunissaient pour empêcher toute observation assez prolongée pour être profitable.

Pas une seule fois, dans ces courts et rares instants, ils ne purent distinguer le visage de la chère enfant. Sa tête était à demi ensevelie dans la poitrine velue du gorille, sur laquelle flottaient ses longues tresses soyeuses, formant avec ce grossier pelage un contraste frappant.

Le corps même de l'enfant était à peine distinct ; néanmoins, autant qu'ils en pouvaient juger pendant ces brèves apparitions, elle leur semblait devoir être vivante.

Ce singulier ravisseur paraissait n'user envers elle d'aucune violence ; il l'emportait, au contraire, avec une sorte de précaution. Mais la frayeur n'était-elle pas suffisante pour la tuer ?

La plume la plus éloquente serait impuissante à dépeindre les sensations du père. Les mots manquent à la langue humaine pour de pareils déchirements.

Peut-être, durant les premiers moments, le capitaine n'avait-il pas mesuré toute l'étendue du malheur qui le frappait. L'excitation de la chasse, les incidents nouveaux qui s'y rattachaient ; l'espoir que quelque événement favorable pouvait survenir en sa faveur ; la certitude bientôt acquise qu'il serait possible de ne pas perdre le monstre de vue, en dépit de son agilité : toutes ces choses l'avaient empêché de s'abandonner au désespoir.

Mais le moment était venu où ces légères consolations allaient aussi lui faire défaut.

Ce fut lorsque nos malheureux amis se trouvèrent arrêtés sur les bords d'une lagune, et virent briller devant eux une eau trop profonde pour qu'on pût espérer de la traverser à gué.

Les arbres s'élevaient, çà et là, dans l'eau, à une grande distance les uns des autres, mais leurs longs rameaux se rejoignaient et s'entrelaçaient.

Le terrain manquait donc sous les pieds de nos chasseurs, sans que pour cela celui qu'ils avaient tant intérêt à poursuivre fût arrêté un moment dans sa course aérienne.

Pauvre homme! son désespoir était navrant.

Tandis qu'ils restaient là, debout, à interroger cette eau cruelle qui leur barrait le passage, ils pouvaient voir le gorille passer d'arbre en arbre et apercevoir les blanches draperies du vêtement de la fillette qui flottaient derrière lui.

Bientôt ils ne virent plus rien. Ils entendaient seulement les branches craquer dans le lointain sous le poids de l'animal. Ravisseur et victime étaient désormais hors de vue. Morte ou vivante, pauvre Hélène, son sort n'était pas moins fixé!

Si Murtagh et Laloo ne s'étaient pas trouvés là pour le soutenir, le capitaine Redwood serait tombé. Pauvre homme ! son désespoir était navrant. Il sanglotait et gémissait entre leurs bras en criant encore :

— Hélène, Hélène, mon enfant, qui la protégera ? O vous, Père céleste, Dieu de bonté, veillez sur elle et rendez-la-moi !

XXXII.

OÙ L'ON NE PEUT QUE TACHER D'ÉCOUTER.

Morte ou vive ? — Laloo écoute. — Le nid du gorille. — Sa retraite est découverte. — Un rayon d'espoir.

Pendant quelques instants le capitaine fut sans force contre son désespoir. Henri était également accablé par une douleur trop forte pour être supportée longtemps. Ce fut un moment d'une inexprimable angoisse pour le père et le fils.

Qui ne sympathiserait avec eux ? Voir la charmante enfant qui, à des titres divers, était la joie et l'orgueil de leur vie, la voir, disons-nous, emportée hors de toute atteinte et emportée par un monstre repoussant qui n'était ni tout à fait homme, ni tout à fait bête, mais combinait en lui toutes les laideurs et tous les mauvais instincts de l'un et de l'autre, n'était-ce pas affreux ?

Peut-être était-elle déjà morte rien que de ce contact hideux ; peut-être son corps frêle et charmant allait-il être mis en pièces, ou lancé du haut d'un arbre sur la terre, ou bien encore précipité à plaisir dans l'eau noire et froide du lac, qui l'engloutirait sans qu'on ne pût jamais retrouver trace.

Telles étaient les cruelles pensées et les répugnantes images qui se pressaient dans l'esprit du père et du fils, alors que, debout, sous la sombre ramée, ils songeaient au sort probable de leur bien-aimée.

Ils ne se demandaient plus si elle vivait. Ils avaient acquis la conviction qu'elle était morte et ne s'occupaient plus que de sa dépouille mortelle, qu'ils eussent au moins voulu rendre à la terre avec honneur.

Le Malais, quoique fort au courant des mœurs de l'homme des bois, ne pouvait répondre aux questions incohérentes que le capitaine lui adressait par moments. Tout ce qu'il pouvait affirmer, c'est que l'enfant ne serait pas dévorée par le gorille, puisque le singe n'est pas carnivore et se nourrit exclusivement de végétaux.

Tout ce qui venait de se passer lui paraissait si inexplicable, qu'il ne savait quoi dire. Il avait bien entendu parler de gens mis en pièces par des mias, mais alors c'était sous l'empire de la fureur ; et il ne se souvenait pas d'avoir ouï raconter que des individus eussent été ainsi emportés d'arbre en arbre.

Généralement — c'est un fait avéré — le gorille ne s'attaque jamais à l'homme ; il fallait que celui qui leur avait enlevé leur charmante fillette eût été mis en rage par son combat avec le crocodile, et que, rencontrant presque aussitôt l'enfant, il l'eût, en quelque sorte, assimilée à l'ennemi qui l'avait attaqué. Et puis, les cris de Murtagh étaient venus rallumer sa colère, ou bien, ce qui semblait plus probable encore au Malais, l'enlèvement de l'enfant n'était que le résultat d'une étrange et déplorable fantaisie, née dans le cerveau du bizarre animal.

Il avait entendu raconter des excentricités tout aussi incroyables sur le compte de l'orang-outang, et les chasseurs dyaks n'hésitent pas à affirmer que le mias est sujet, comme l'homme, à des accès de folie ou à une aliénation durable.

Toutes ces réflexions ne furent point faites sur le bord du lac, où la douleur intense des uns et des autres ne laissait point de place pour la discussion. Elles avaient été en partie échangées pendant la poursuite à travers la forêt, poursuite qui, par moments, n'avait pas été précipitée.

Maintenant qu'ils se trouvaient dans l'impossibilité de continuer, ils n'avaient plus le courage de se dire deux paroles de suite.

Leur émotion était trop profonde pour s'exprimer autrement que par des exclamations de désespoir.

Laloo tâchait néanmoins de profiter de ce silence pour tendre l'oreille. Il écoutait…. quoi ? Depuis qu'on avait perdu le singe de vue, le Malais n'avait pas cessé de prêter une oreille attentive au moindre bruit trahissant le passage du monstre. Il cherchait encore à reconstituer le chemin parcouru, comme s'il voyait l'espoir de tirer de cette connaissance un parti final.

Versé comme il l'était dans la science pratique des mœurs des animaux de cette région, il savait que le mias devait avoir une demeure habituelle, un antre ou plutôt un nid, et la proximité du lac lui faisait supposer que ce nid ne devait pas être loin.

Le gorille se fait un abri provisoire partout où il va errer. Il le construit en peu d'instants à l'aide de branches qu'il entrecroise sur une branche fourchue. Mais Laloo savait pertinemment qu'il bâtit plus soigneusement sa demeure permanente, toujours située sur l'eau ou sur un terrain marécageux, où il est presque impossible à l'homme de s'engager pour le suivre.

Il choisit, pour y élire domicile, un arbre peu élevé ou un bocage épais, et ne se retire jamais sur les grands arbres de la forêt.

Ce choix, assez intelligent, du reste, n'est déterminé que par le désir de se garantir des vents froids et d'éviter d'être secoué par les tempêtes et les typhons.

Avec toutes ces réminiscences présentes à la mémoire, le Malais avait conçu l'espoir que le nid du ravisseur d'Hélène n'était pas éloigné et qu'il parviendrait à le découvrir ; non, bien sûr, pour ravoir leur douce petite compagne vivante, mais au moins pour soustraire son corps au traitement irrespectueux qui l'y attendait peut-être.

On conçoit alors avec quel redoublement d'attention il écoutait tous les bruits qui venaient de la forêt aquatique, en faisant signe à ses compagnons d'imiter son immobilité et son silence. Cette recommandation était presque superflue, car ils écoutaient, eux aussi, muets et rigides comme autant de statues, et sans autre signe de vie que les battements sourds et précipités de leur cœur qu'on entendait dans le silence.

Ils ne restèrent pas longtemps dans ce suspens mortel. Le bruit des branches craquant sous les pas du gorille ne se prolongea pas au delà de cinq minutes.

Tout d'un coup ce bruit cessa brusquement ou du moins se perdit dans un vacarme plus fort et d'une nature tout à fait différente.

Ce fut un effroyable chœur dans lequel les cris discordants, les aboiements, les grognements, la toux, le rire et des vagissements d'enfant semblaient mêlés à parts égales. Ces bruits divers et multiples qui venaient tous du même point de la forêt n'étaient assurément pas produits par un seul individu.

Si le mias était l'un des artistes de ce sauvage concert, il fallait qu'il eût interrompu sa course. C'était ce que supposait Laloo, ou du moins ce qu'il avançait avec une conviction bien établie.

— Grâces soient rendues à Allah, murmura-t-il à demi-voix. Le voilà arrivé au nid, et c'est toute sa famille qui lui témoigne avec d'aussi bruyantes démonstrations sa joie de le revoir. Si notre pauvre petite Hélène n'existe plus, nous retrouverons au moins son corps et nous la vengerons. Ah! je réponds qu'elle sera vengée!...

Les tristes paroles de Laloo produisirent une douloureuse impression sur tous ces cœurs suspendus à ses lèvres.

Il le vit et ajouta bientôt d'un ton plus encourageant :

— Ne vous désolez pas, capitaine; rien n'est perdu encore; au contraire, je crois fermement que nous retrouverons notre chère petite demoiselle en vie; car, enfin, pourquoi le mias l'aurait-il tuée? Ayons confiance : moi en Allah, vous autres Anglais à celui que vous appelez Dieu. Qui sait? Il nous aidera peut-être encore.

Ces derniers mots tombèrent comme une rosée vivifiante sur le cœur meurtri du pauvre père.

Il se ranima en les entendant; l'espoir, cette plante si frêle et si vivace, qui naguère semblait morte pour lui, refleurissait avec un nouvel éclat. Si le Malais avançait qu'il y avait encore quelque chance de sauver son enfant, c'est que cette chance existait en réalité.

— O Dieu de miséricorde, s'écria-t-il avec une ferveur nouvelle, faites qu'il en puisse être ainsi.

Et tous, avec une pieuse ardeur, répétèrent après lui :

— *Amen! Amen!*

XXXIII.

ON PART.

Est-elle vivante ? — Il vaut mieux être deux que tout seul. — Le départ des nageurs. — Il est dur de rester en arrière.

Notre pauvre ami le capitaine recouvra son énergie, dès qu'il s'agit de tenter de nouveau quelque chose pour son Hélène.

Il s'avança vers le lac pour en mesurer la profondeur et voir si par hasard il n'existait pas un passage guéable.

Il reconnut bientôt qu'il était impossible de le traverser à pied. A moins de dix pas de la berge il avait déjà de l'eau jusqu'aux aisselles, et, à partir de cet endroit, la profondeur semblait s'accentuer plus brusquement encore. Un pas de plus, et le capitaine aurait été submergé jusque par-dessus les épaules, tandis que le fond continuait à s'abaisser.

Le lac était évidemment une barrière infranchissable pour des piétons.

Redwood se retourna avec désespoir, mais sans aucune idée de regagner le rivage. Il regardait vers le milieu du lac, d'où semblaient partir les cris discordants qui, bien que moins forts et moins variés qu'auparavant, ne paraissaient pas s'être éloignés.

Les créatures, quelles qu'elles fussent, qui les produisaient, restaient stationnaires, soit sur les arbres, soit sur le sol. Le bruit ne semblait pas venir de bien haut, mais ce pouvait être une illusion d'acoustique produite par la présence de l'eau.

L'une de ces voix avait une singulière ressemblance avec celle d'un enfant, mais ce n'était pas celle d'Hélène; c'était plutôt le vagissement d'un nouveau-né, à ce que disait le Malais, qui, dans ces accents plaintifs, avait reconnu le cri d'un jeune orang-outang.

C'était une preuve de plus que ses conjectures étaient justes et que le mias venait de regagner son domicile stable.

Le capitaine Redwood n'en était que plus anxieux de découvrir l'endroit précis d'où venait le bruit. Quelque chose comme un pressentiment lui disait que sa fille était vivante et qu'il la sauverait.

Qu'importerait quand même elle serait blessée, défigurée pour la vie? Avec quelle tendresse on la soignerait! avec quel amour on lui ferait oublier cette crise terrible! on la guérirait! Elle vivrait, ou du moins elle s'éteindrait dans leurs bras! Vite, l'important était de la ravoir!

Le lac n'était pas guéable, mais un bon nageur pouvait le traverser, et le capitaine était, à cet égard, de première force. Les voix n'indiquaient pas, à ce qu'il semblait, une distance de plus de huit cents mètres, et le capitaine se souvenait d'avoir, une fois, nagé pendant une lieue sur une grosse mer. Il ne lui serait donc guère difficile d'en faire autant sur l'eau transparente et tranquille de ce lac ombragé.

Il avait ouvert les bras et se préparait à se lancer en avant, quand il s'arrêta frappé d'une idée soudaine. Au même instant le fidèle Malais, qui l'avait rejoint, lui posait la main sur l'épaule.

Ils nageaient silencieusement et vigoureusement au milieu du lac.

— Vous voulez vous mettre à la nage, capitaine ; mais à quoi bon, si vous êtes désarmé ? Nous allons partir ensemble et emporter la carabine, la sarbacane et le kris ; sans cela, comment venir à bout du mias ?

C'était la même pensée qui avait arrêté le capitaine.

— Tu as raison, Laloo, dit-il ; je vais chercher ma carabine ; mais comment la préserverai-je de l'humidité ? Nous n'avons pas le temps de faire un radeau.

— Il n'y a pas besoin de radeau pour ça, capitaine. Donnez-moi votre fusil; Laloo nage aussi bien d'un bras qu'avec les deux; je le porterai, et il ne sera pas mouillé, j'en réponds.

Le capitaine savait que Laloo ne se vantait point. C'était un de ces Malais pour lesquels la natation est presque aussi naturelle que la marche. On ne fût pas arrivé à noyer le vieux pilote, si on l'eût jeté à l'eau à vingt milles du rivage.

Le capitaine se rendit sans objections au sage conseil de Laloo, et, sans perdre une minute, tous deux revinrent à la berge pour faire leurs préparatifs, qui du reste ne furent pas longs.

Le père d'Hélène se débarrassa d'une partie de ses vêtements, assujettit sa poire à poudre et quelques munitions dans le fond de sa coiffure qu'il attacha solidement sur sa tête, confia sa carabine au Malais et prit un couteau entre ses dents pour compléter son armement.

Quant au Malais, comme il avait fort peu de vêtements à quitter, ses préparatifs ne demandaient pas grand temps.

Sur le dessus de son turban, fortement assujetti à l'aide de ses longs cheveux noirs, il avait fixé son carquois de bambou, plein de flèches empoisonnées, tandis que son kris, cette arme dont un Malais ne se défait pas même dans son sommeil, était retenu le long de sa cuisse par la ceinture de cuir à laquelle il adaptait ordinairement son sarong, ou vêtement inférieur. Tenant, en outre, de la main gauche sa sarbacane et le fusil du capitaine, il était prêt à se mettre à l'eau.

Les deux hommes ne perdirent pas un seul instant. La voix des orangs-outangs leur semblait un appel. Ils furent bientôt lancés dans l'eau profonde, nageant silencieusement et vigoureusement au milieu du lac.

Henri et Murtagh, debout sur la rive, les suivaient d'un regard pensif. Il leur était dur de rester en arrière dans ce moment de crise ; mais le charpentier n'était point un bon nageur et Henri n'était pas assez fort pour se soutenir pendant près d'un kilomètre. Il eût été plus que douteux que ni l'un ni l'autre eussent jamais pu atteindre le rendez-vous des singes, et même à supposer qu'ils y fussent arrivés sains et saufs, c'eût été dans un tel état d'épuisement, que leur présence eût été plutôt nuisible qu'utile.

Le brave Irlandais, si dévoué à son patron, et l'enfant, si tourmenté du sort de sa sœur, avaient voulu tenter l'aventure, mais le capitaine s'y était formellement opposé, les priant, et, au besoin, leur ordonnant d'attendre son retour, sans exposer leur sécurité et aggraver ainsi la situation.

Ils restèrent donc sur le bord du lac, suivant des yeux les nageurs et faisant les vœux les plus ardents pour le succès de leur entreprise, et certes Murtagh n'y épargnait pas les signes de croix.

XXXIV.

A L'OMBRE.

Côte à côte. — Un banc de terre. — L'îlot. — Le domicile du gorille.

Les deux nageurs avançaient rapidement en dépit des ténèbres croissantes qui s'étendaient autour d'eux. Ils nageaient dans une sorte de crépuscule lugubre, car les arbres qui s'enchevêtraient au-dessus du lac étaient tellement épais, qu'ils interceptaient toute lumière.

Pas un rayon de soleil ne pénétrait jusqu'à la surface de cette eau sinistre.

Les nageurs auraient pu s'égarer, s'ils n'avaient été guidés par les voix rauques qui ne discontinuaient pas leur vacarme. Heureusement encore! car si ces voix se fussent tues, tous leurs efforts fussent restés vains.

Tout en nageant vigoureusement, le capitaine et le Malais étaient préoccupés de cette pensée. Ils se demandaient également avec une anxiété sans bornes ce qu'ils feraient, quand ils seraient arrivés au rendez-vous des gorilles. Dans le cas très possible où ils ne trouveraient pas à prendre pied, à quoi leur serviraient la carabine et les flèches ?

Ils échangeaient à voix basse cette réflexion, tandis qu'ils nageaient côte à côte, mais ni l'un ni l'autre ne savaient comment résoudre cette grave question.

Laloo exprima seulement l'espoir que, sans doute, on pourrait se hisser sur une branche et envoyer de là, au gorille, ne fût-ce qu'une flèche ou qu'une balle, pourvu qu'elle mît fin à ses jours.

Rien de plus satisfaisant ne se présentait à sa pensée.

Quant à la direction à suivre, les nageurs n'avaient pas à s'en mettre en peine ; bien que l'ombre épaisse des grands arbres fît paraître l'eau noire comme de l'encre et que les troncs qui s'élevaient par places les forçassent souvent à dévier de la ligne droite, ils avançaient sans trop de difficultés.

Ils en étaient quittes pour faire le tour des troncs gênants, et, guidés par les éclats de voix des gorilles, ils reprenaient sans peine la direction voulue.

Le tapage s'était modifié. Ce n'était plus ce mélange de cris aigus et de rauques aboiements, mais une sorte de jargon continu qui pouvait faire penser que les singes se livraient à une intéressante causerie intime.

Les nageurs arrivèrent enfin si près, qu'ils n'eurent plus aucune incertitude à avoir sur la possibilité de découvrir le lieu où se tenait la réunion des quadrumanes. Ils n'en étaient guère plus qu'à cent mètres.

Ils redoublèrent de précautions.

Ils se glissaient en silence, évitant de faire aucun bruit dans l'eau avec leurs bras, regardant attentivement devant eux et tâchant de percer l'obscurité pour y découvrir quelques basses branches ou quelques racines formant arc-boutant qui pût leur offrir un solide point d'appui.

Ils avaient d'autant meilleur espoir de rencontrer maintenant ce qu'ils cherchaient, qu'ils l'avaient déjà trouvé maintes fois, alors qu'ils n'avaient rien à en faire. S'ils avaient éprouvé le désir de prendre un moment de repos, ils auraient pu s'accrocher à une branche ou se hisser le long d'un des grands arbres dont le tronc raboteux et noueux leur aurait offert des saillies suffisantes pour y reprendre haleine.

Mais, comme nageurs, ni l'un ni l'autre ne connaissaient la fatigue, et pouvait-il y avoir un repos quelconque pour le père désolé qui ne devait apprendre qu'à la fin de sa bizarre entreprise s'il retrouverait, oui ou non, sa fille vivante?

Tandis qu'ils avançaient ainsi avec des précautions de plus en plus grandes, interrogeant du regard la sombre surface du lac, ils se sentirent arrêtés tous deux en même temps. Il semblait qu'un obstacle imprévu se fût glissé dans l'eau subitement et eût paralysé leurs mouvements.

Quelque chose en effet les empêchait d'avancer. L'obstacle était non en arrière, mais devant, et ils n'avaient pas à s'en plaindre.

C'était un banc de terre caché sous l'eau et qui n'en dépassait la surface que de quelques pouces. La poitrine des deux nageurs avait frappé contre, et le choc les avait subitement redressés. Ils n'eurent point à reprendre la position horizontale ; au contraire, ils sentirent avec joie un sol ferme et solide sous leurs pieds.

Ils restèrent un moment immobiles. Dans cette position ils étaient bien plus à même de se rendre compte de ce qui les entourait. Après une minute de cet examen attentif dans l'ombre, ils reconnurent que la terre ferme était tout à fait proche.

Il leur sembla du reste qu'elle ne constituait qu'un îlot de peu d'étendue et à peine élevé au-dessus du niveau du lac; elle était couverte d'arbres touffus, mais différents de ceux du lac en ce que, au lieu d'être portés par un tronc unique et haut, ceux-ci étaient soutenus par les tiges nombreuses qui distinguent le figuier des Indes ou banian.

Il en existait un au milieu, qui, grâce à sa vaste circonférence et à son plus grand nombre de piliers, semblait le patriarche de cette tribu végétale, et ce fut vers lui que se portèrent instinctivement les regards des deux hommes.

C'était bien de ces retraites feuillues que sortaient ces bruits étranges qui avaient jusque-là guidé nos intrépides nageurs. Sans aucun doute, c'était là que le hideux gorille avait établi sa demeure; c'est là même qu'on était sûr de le rencontrer au milieu de son intéressante famille.

Une fois toutes ces indications relevées, le capitaine saisit sa carabine, fit signe au Malais de le suivre, et se dirigea vers l'arbre que tout contribuait à désigner clairement comme le but de l'expédition.

XXXV.

UNE CHARMANTE FAMILLE.

Une scène terrible. — La famille du gorille. — Laloo vise. — *Vœ victis.* —
Le triomphe sera-t-il complet?

Bientôt après, nos assaillants étaient au milieu des innombrables ramifications du banian; l'ombre, déjà assez épaisse sous la sombre ramée, était rendue plus dense encore par une sorte de vaste échafaudage ou de plancher grossier construit près du sommet de l'arbre et qui s'appuyait sur les branches horizontales.

Laloo reconnut le nid permanent ou plutôt le domicile du mias rombi, tel qu'il en avait déjà rencontré à Sumatra, où habite, sinon le gorille rouge, du moins une espèce qui s'en rapproche beaucoup.

L'arbre n'était pas des plus hauts; il avait pris tout son développement en largeur et couvrait une superficie relativement considérable. Il en résultait que la plate-forme où se trouvait le nid du singe n'était pas à plus de sept mètres du sol. Elle était composée d'un entrelacement de branches recouvert d'une épaisse couche de feuilles et d'herbes sèches.

L'obscurité générale favorisait l'approche clandestine du capitaine et de son fidèle pilote. Semblables à deux spectres, ils se glissaient entre les tiges du figuier, où ils eurent bien du mal à trouver un poste d'observation qui leur permît d'apercevoir ce qui se passait sur la plate-forme de la construction des gorilles.

Le cœur du malheureux père était gonflé d'émotions indescriptibles, lorsqu'il eut escaladé un tronc assez élevé pour que sa tête se trouvât enfin de niveau avec le nid curieux.

Il vit là une scène qui le remua jusqu'au plus profond de l'âme. Sa fille, qui lui apparaissait d'une blancheur de neige dans la pénombre où elle se trouvait, était étendue sur la plate-forme; ses cheveux blancs étaient épars; ses vêtements étaient réduits en lambeaux, dont quelques-uns traînaient çà et là. Mais elle était toujours belle!

Suivant toute apparence, la pauvre enfant était morte; car, en l'examinant avec la poignante sollicitude que l'on peut imaginer chez un père comme le capitaine Redwood, il ne put surprendre ni un mouvement des membres, ni un tressaillement du corps; et il faisait trop noir pour qu'il pût s'assurer si elle avait les yeux ouverts ou fermés.

Mais sa conviction était faite. Pour être ainsi immobile et muette dans un pareil milieu, il fallait bien qu'elle eût cessé de sentir et par conséquent de vivre.

Autour d'elle étaient rassemblés trois êtres de forme humaine, mais couverts de poils roux, longs et ébouriffés.

Ces trois êtres étaient de grandeur différente, et, dans le plus grand, le capitaine reconnut le ravisseur de son enfant.

Celui qui venait en seconde ligne comme taille avait des formes plus accusées ; on voyait que c'était une femelle, apparemment l'épouse de l'énorme quadrumane. Tandis que la petite créature, haute de quarante-cinq centimètres à peine, qui semblait une miniature de ses parents, était le nouveau-né dont les vagissements avaient contribué, plus que toute autre chose, à guider nos amis à travers l'obscurité du lac.

Le vieux mâle, probablement fatigué de son combat avec le crocodile et peut-être de la chasse qui lui avait été faite, s'était tapi sur le plancher et paraissait endormi.

Les deux autres étaient continuellement en mouvement. La mère prenait, de temps à autre, son nourrisson — un amour d'enfant pour elle — et le caressait grotesquement ; puis elle le lâchait et le laissait libre de s'ébattre capricieusement autour du corps immobile de la jeune captive. Et il ne s'en faisait pas faute, trouvant un vif plaisir à attraper de temps à autre quelque lambeau de ses vêtements qu'il s'amusait à déchirer des dents et de la griffe.

C'était un spectacle fantastique, inouï. Le capitaine Redwood ne put le supporter que le temps absolument nécessaire pour en embrasser les détails.

Vivement il épaula sa carabine, visant en premier lieu le père, dont il désirait par-dessus tout la mort, et qui, au reste, vivant, eût été leur plus dangereux adversaire.

Une seconde de plus, et sa balle eût été dirigée contre la poitrine du géant endormi, si Laloo ne lui eût saisi le bras à temps et ne l'eût empêché de presser la détente.

— Arrêtez, capitaine, lui disait le Malais. Laissez-moi faire. Les flèches valent mieux que les balles. Le fusil fait du bruit; il éveillerait sûrement le vieux mias et ne le tuerait peut-être pas du premier coup. Le poison de l'upas vaut encore mieux. Il est silencieux et prompt; voyez plutôt.

Il y avait dans l'objection du vieil indigène contre le fusil quelque chose de vrai. Le capitaine le sentit, et bien qu'il lui en coûtât de renoncer à l'honneur d'être seul à venger son enfant, il réfléchit quelques instants, puis il céda sa place au pilote, le laissant libre de résoudre comme il l'entendrait le problème de la destruction de ces monstres.

Laloo s'avança alors sur la branche que venait de quitter le capitaine et ne donna qu'un rapide regard au spectacle qui avait été si déchirant pour son maître. Cela lui avait cependant suffi pour choisir sa victime, celle-là même à laquelle Redwood avait destiné la première balle de sa carabine.

Il porta alors à sa bouche la sarbacane dans laquelle il avait depuis longtemps déjà glissé une de ses flèches mortelles; puis, appuyant ses lèvres sur son embouchure, il souffla vivement, et le dard partit avec une rapidité telle, qu'au grand jour, son passage eût été à peine plus saisissable que celui d'une étincelle.

Dans l'obscurité qui entourait le nid du gorille, on ne vit rien, on n'entendit rien; la flèche avait porté son message de mort avec la discrétion de l'aile de la chauve-souris.

Et cependant, si; on entendit quelque chose dans le nid du mias.

Ce fut le grognement sourd qu'il poussa en sentant la piqûre; il avança la patte pour l'écarter, la prenant pour celle d'un moustique ou d'un frelon.

La petite tige de bois de la flèche qui se brisa sous ses doigts, lui parut peut-être une circonstance singulière, mais pas assez toutefois pour le tirer de sa rêveuse indifférence. Il ne s'inquiéta pas davantage des piqûres suivantes, car Laloo ne lui ménageait pas ses traits, et il commençait déjà à succomber sous l'influence du narcotique, qui allait bientôt transformer ce sommeil en celui dont on ne se réveille jamais.

Mort du gorille.

Cela se termina sans bruit, sans lutte, sans secousses. Au bout de quelques instants, le monstre au poil roux gisait étendu sur la plate-forme qui avait si longtemps été son lieu de repos, et ses membres s'agitaient dans les dernières convulsions de la mort.

Et à côté de lui, dans le même état, s'étendit bientôt la femelle, qui, d'une constitution plus faible, avait cédé plus vite encore à l'effet soporifique de l'upas.

Laloo ne jugea pas le jeune mias digne d'une seule de ses flèches ; dès qu'il fut certain de la mort du père et de la mère, il fit un signe au capitaine, et tous deux s'élancèrent sur la plate-forme.

Redwood, agenouillé près du corps de sa chère enfant, avait posé son oreille sur son cœur pour tâcher d'y surprendre encore un battement, et bientôt il s'écria d'une voix brisée par l'émotion, mais cette fois par une émotion bien douce :

— Elle vit, Laloo, elle vit !

XXXVI.

LE PALANQUIN IMPROVISÉ.

Une heureuse réunion. — A travers les profondeurs de la forêt. — Retour à leur point de départ.

— Elle vit, mes amis, elle vit!

Tels furent les premiers mots qui frappèrent l'oreille de Henri et de Murtagh, lorsque Laloo, revenant vers eux à la nage, leur raconta ce qui s'était passé.

Il leur dit ensuite comment Hélène était enfin revenue du long et profond évanouissement qui, par bonheur, l'avait rendue insensible à l'horreur de sa situation, depuis l'instant de son enlèvement jusqu'à celui de sa délivrance.

A l'exception de quelques égratignures peu profondes et d'une légère douleur due à la pression prolongée de l'étreinte de l'animal, Hélène n'avait aucun mal, aucun du moins dont on pût craindre qu'elle ne se ressentît longtemps.

Tel fut le récit du Malais, et on pouvait s'y fier. On conçoit la joie qu'il jeta dans le cœur du pauvre Henri, pour qui cette dernière période de suspens et d'inaction avait été cruelle.

Laloo était revenu à la nage vers la rive pour chercher la hache et réclamer l'aide du charpentier pour la construction d'un radeau.

Il n'y avait pas d'autre moyen de ramener Hélène de l'îlot qui avait failli lui être si fatal.

Un bouquet de bambous croissait près de là. Avec la science de Laloo et l'adresse du charpentier, on eut bientôt mis à l'eau une embarcation suffisante, qu'à l'aide de pagaies on conduisit promptement vers l'îlot.

Elle en revint bientôt, chargée de sa précieuse cargaison ; mais longtemps avant qu'elle eût touché le bord, Henri s'était jeté à l'eau pour aller à la rencontre de sa sœur. Dès qu'il fut à portée, il s'élança sur le léger plancher de bambou et serra son Hélène entre ses bras.

Quel doux embrassement ! Et combien il était différent de la rude étreinte du monstre dont les longs bras velus avaient si longtemps pressé ce corps frêle.

Par suite de sa terreur au moment de son enlèvement, bien plus que par suite de ce qui s'était passé depuis, l'enfant était encore faible et bien ébranlée, et le capitaine Redwood eût vivement désiré de faire halte sur les bords du lac pour lui accorder le temps de se remettre un peu.

Mais l'endroit était si lugubre, l'air y était si humide, si étouffé, si malsain, sans compter les souvenirs pénibles qu'il ravivait, qu'il jugea prudent de les fuir le plus tôt possible.

Le Malais, comprenant le double sentiment qui agitait le père, vint encore une fois à son aide.

— Capitaine, dit-il, si vous le voulez, nous pouvons fabriquer pour la chère petite demoiselle une litière sur laquelle nous la transporterons et où elle sera aussi à son aise que dans la plus douce chaise à porteur qui ait jamais voituré noble dame à Java ou au Japon.

Quel doux embrassement !

— Merci, mon ami, de cette bonne pensée; faites alors, répondit le capitaine, qui ne pouvait se lasser de contempler et d'embrasser sa fille.

Laloo se mit tout de suite à l'œuvre. Il réclama de nouveau la coopération de Murtagh. Celui-ci n'avait guère d'outils à mettre à sa disposition, mais on pouvait compter sur son aide donnée avec l'empressement de la bonne humeur. Aussi eut-il bientôt abattu une vingtaine de bambous, qu'il traîna vers l'endroit où devait se mener à bien la construction du palanquin.

Feuilles de cotonnier.

Coupés à la longueur voulue et dépouillés de leurs longues feuilles minces et tranchantes, les bambous furent ajustés en forme de civière.

Mais le palanquin n'était point encore complet. Pour le devenir, il lui fallait la toiture à laquelle il avait droit et qui protégerait son occupant contre la pluie et le soleil.

Le danger de pluie se trouvait tout écarté par la saison de l'année où l'on était alors ; et quant au soleil, on n'avait guère à se préoccuper de son désastreux effet sur une peau délicate dans une forêt où son orbe lumineux n'était jamais en vue et où ses rayons même ne pénétraient jamais ; aussi la tâche de Laloo se trouva-t-elle singulièrement simplifiée, et fut-il décidé à l'unanimité que son palanquin, quitte à rester litière, se passerait de toiture.

Il fit ce qu'il put néanmoins pour que son brancard fût confortable et élastique. Cette dernière qualité fut obtenue par le choix des bambous qui entrèrent dans sa composition. Pour rendre le siège plus doux, il y étendit toutes les feuilles arrachées aux bambous et mit encore dessus une couche épaisse d'un coton doux comme le duvet de l'eider et qu'on se procura sur des cotonniers voisins appartenant au genre bombyx.

Couchée sur ce moelleux sofa, que soutenaient de longs brancards de bambous élastiques et souples portés par Laloo et par Murtagh, Hélène voyagea comme une petite reine à travers cette forêt qu'elle avait traversée naguère en captive et d'une manière si extraordinaire et si périlleuse.

Avant le coucher du soleil, ils étaient enfin hors de cette ombre sépulcrale; ils revirent avec joie sa consolante clarté, et ses derniers rayons vinrent éclairer la pâle figure de la fillette, quand on la déposa sur les bords du lac, à l'ombre de ce même arbre où avait commencé sa tragique aventure.

XXXVII.

REPRISE DU VOYAGE.

Avantage de la jeunesse. — On retrouve des provisions. — Laloo ne peut trouver de solution satisfaisante pour son énigme. — Différentes espèces de gorilles.

Avec la vigueur ordinaire de la jeunesse, la fille du capitaine fut bientôt remise de sa terreur.

Les périls du naufrage et les divers dangers qu'elle avait précédemment traversés lui avaient rendu le souvenir de ce dernier incident plus facile à supporter. Tous ces périls l'avaient peu à peu aguerrie, et bien qu'elle ne fût qu'une enfant, son courage était devenu au moins égal à celui d'une femme.

Nos amis s'étaient munis d'assez de provisions pour défier la faim pendant bien des jours et avoir tout le temps de les renouveler.

C'est que l'expédition de chasse entreprise le matin de la catastrophe par le capitaine et Laloo avait été très fructueuse. Le capitaine n'avait pas été obligé de faire feu une seule fois, de sorte que ses munitions étaient restées intactes et qu'il n'avait pas eu à déplorer un grain de poudre brûlé inutilement; ce qui, dans leur position, était important. Les flèches de Laloo avaient suffi pour amener ce résultat : un daim, un cochon sauvage, plusieurs oiseaux, entre autres le faisan argus.

Les chasseurs s'en revenaient donc pesamment chargés, quand les cris d'Hélène, de Henri et de Murtagh, leur avaient fait jeter là leur butin pour accourir plus rapidement.

Une fois le danger passé, le souvenir de leur bonne fortune du matin leur revint en mémoire, et Laloo, accompagné de Murtagh, partit à la recherche du gibier délaissé. Il eut la chance de le retrouver et de le rapporter au campement établi sur les bords du lac.

Là, pendant les quelques jours qu'ils passèrent pour donner à Hélène le temps de se rétablir, le porc et la venaison furent coupés et fumés de manière à pouvoir se conserver pendant tout le voyage, pourvu toutefois qu'aucun obstacle inattendu ne vînt entraver la marche des voyageurs.

Les oiseaux tombés sous les flèches de Laloo suffirent pour la nourriture de plusieurs jours, et, grâce au lard que fournit le porc sauvage, on put les préparer d'une façon tout à fait somptueuse.

Nos amis étaient donc très joyeusement disposés quand ils se remirent en route.

Il semblait que le sort, las de les persécuter et de susciter journellement sous leurs pas quelques nouveaux dangers de mort, se décidât à leur être favorable.

Depuis le bord du lac à jamais mémorable jusqu'à l'extrémité de la grande plaine, ils ne rencontrèrent qu'un chemin relativement uni et facile.

A plusieurs reprises ils aperçurent des traces de gorilles rouges. Une fois même ils en aperçurent un qui cheminait au-dessus de leurs têtes. Mais la présence de ces grands vilains singes ne les effrayait plus tant. Laloo ne pensait pas que le mias frappé fût d'une nature dangereuse, et il était certain que les gorilles qu'ils avaient rencontrés appartenaient à ce dernier genre.

Faisan argus.

Il continuait à ne pouvoir s'expliquer la singulière conduite de celui qui leur avait causé tant de peine et d'effroi.

L'espèce qu'il avait indiquée comme véritablement redoutable était celle du mias rombi, et il fallait, pour qu'un mias pappau eût agi ainsi, que l'animal fût sous le coup d'une vive surexcitation déterminée peut-être par son combat avec le crocodile.

Néanmoins, ces gigantesques quadrumanes sont toujours dangereux, leur force surhumaine les mettant en état de causer les plus terribles ravages dès qu'ils sont irrités. Heureusement que le fait ne se produit pas souvent; car si l'on passe auprès d'eux sans démonstration aucune, il est rare qu'ils fassent la moindre attention.

Outre cette grande espèce, les voyageurs en virent une autre en traversant la plaine; c'était le mias kassio, beaucoup plus petit que l'autre et d'un caractère beaucoup plus facile. Mais ils ne rencontrèrent aucun spécimen de l'espèce la plus formidable, du mias rombi si redouté par le Malais, bien que celui-ci, ancien chasseur d'abeilles, soutînt que cette espèce habite aussi bien les solitudes de Bornéo que celles de Sumatra.

La plaine qu'ils traversaient, entrecoupée de lagunes et de marécages ombragés d'arbres impénétrables aux rayons du soleil, devait cependant constituer une de leurs retraites favorites.

XXXVIII.

LE DRAPEAU AMI.

Ils descendent la montagne. — Heureux auspices. — Ils aperçoivent Labuan. — Conclusion.

Les voyageurs avaient quitté de bonne heure les bords du lac ; et au coucher du soleil ils avaient déjà traversé la plaine et commencé à gravir la montagne qui s'étendait au delà.

Après un autre long jour de marche et de fatigue, ils arrivèrent au sommet de la grande chaîne de montagnes qui parcourt longitudinalement l'île de Bornéo, si le dire des géographes est exact.

Ils pouvaient voir s'élever vers le nord l'immense cime du Kini-Balu, haute de près de quatre mille mètres.

Mais ce qui réjouit tout particulièrement leur cœur, ce fut la certitude que du point culminant où ils se trouvaient placés ils n'apercevaient rien qui fût de nature à les entraver dans leur marche.

Entre eux et la vieille Bruni, capitale du pays, ni montagnes, ni rivières. Rien, en un mot, d'infranchissable.

Le capitaine Redwood savait que, sinon à Bruni, du moins à Labuan, situé le long de la côte, un peu au nord de la ville malaise, il verrait flotter un drapeau ami à l'ombre duquel il trouverait aide et protection.

Par la position du Kini-Balu, dont le sommet carré est reconnaissable entre tous, le capitaine savait au juste de quel côté se diriger, aussi bien et même mieux que s'il eût eu en poche la boussole qui lui avait tant fait défaut dans la forêt. Grâce à lui, plus d'hésitations, plus de contremarches. Leur tache était simplifiée d'autant.

Après une bonne nuit de repos sur le sommet de la montagne, ils commencèrent à descendre le versant occidental.

D'abord, le soleil, qui se levait derrière eux, teignant de pourpre le feuillage des forêts, leur fut caché par les hauteurs; mais bientôt l'orbe lumineux, s'élevant dans le ciel, projeta ses rayons devant eux, et ils continuèrent leur voyage sous la resplendissante lumière du jour.

N'eût été la crainte que leur inspirait la rencontre de leurs semblables — à l'état sauvage — ils auraient avancé d'un pas libre et joyeux, car leur force et leur santé, complètement revenues, avaient ramené avec elles l'entrain et la gaieté.

Mais ils avaient encore à redouter les Dyaks, ces terribles ennemis dont les voyageurs ont raconté de si effroyables histoires.

Les naufragés, heureusement, n'étaient destinés, ni à s'assurer par eux-mêmes si ces histoires étaient vraies ou exagérées, ni à figurer comme acteurs dans une des scènes de sang et de carnage que suggère l'idée de sauvages.

La mauvaise étoile qui avait influé sur leurs destinées tant qu'ils étaient restés dans la partie orientale de l'île, ne les avait point suivis depuis qu'ils avaient franchi les montagnes et pénétré dans l'ouest.

Néanmoins, comme ils n'étaient pas fatalistes et prenaient toutes les précautions que pouvait leur suggérer la prudence pour éviter les accidents et les mauvaises rencontres, dès qu'un symptôme alarmant venait leur donner l'éveil, ils se maintenaient à l'ombre et sur une sage réserve, ne s'aventurant jamais sans avoir reconnu la côte.

Laloo, qui pouvait se glisser à travers les buissons aussi furtivement qu'un serpent, était toujours à l'avant-garde, et c'est sous sa conduite que nos voyageurs avancèrent de colline en colline, de vallon en vallon, sans perdre l'ouest de vue.

Après plusieurs jours de cette marche circonspecte, ils eurent à gravir une chaîne escarpée qui leur barrait le passage.

Il leur fallut bien des heures de rude fatigue pour en atteindre le sommet; lorsqu'ils y furent enfin, ils se trouvèrent amplement payés de leur peine.

Un coup d'œil leur montra au pied de la montagne Bruni, la ville aux murs de bois, tandis que sur la droite, séparée d'eux seulement par un étroit bras de mer, apparaissait la petite île de Labuan, sur les principaux établissements de laquelle flottait le glorieux étendard de la vieille Angleterre.

Le capitaine le salua presque avec autant de joie que si c'eût été le drapeau de son pays natal ; puis, se jetant à genoux, enlaçant Henri d'un côté et Hélène de l'autre, à quelques pas en avant de Murtagh et du Malais, il adressa une prière d'ardente et sincère reconnaissance à celui dont la main toute-puissante peut seule consoler et bénir, à Dieu, notre Père à tous.

FIN DES NAUFRAGÉS DE L'ILE BORNÉO.

LES VOLCANS

LES VOLCANS.

I.

La terre que nous habitons n'est pas exactement ronde; elle présente, vers ses pôles, un aplatissement qui, toutes proportions gardées, serait d'un centimètre sur un globe de trois mètres de hauteur.

Il a fallu, pour s'en assurer, du temps et du travail; mais ces recherches avaient une réelle importance, puisqu'elles ont eu pour résultat de nous apprendre ce qu'était la terre quand elle a commencé à circuler dans les espaces célestes. Toute masse fluide, tournant rapidement sur elle-même, ne peut prendre d'autre forme que celle d'un sphéroïde renflé à l'équateur et légèrement aplati aux deux extrémités de son axe : la terre était donc une masse en fusion.

On suppose que, détachée du soleil, ainsi que les autres planètes, elle était alors lumineuse par elle-même, et qu'en se refroidissant, elle a perdu son éclat, comme cela arrive au métal en fusion. Des parcelles de matière solide se formèrent à la surface de cette lave bouillonnante ; elles s'étendirent peu à peu, s'accrochèrent les unes aux autres et finirent par la recouvrir entièrement.

Cette enveloppe, d'abord très mince, subit des ruptures sans nombre, et elle s'épaissit avec une telle lenteur, qu'on ne peut encore, après tant de siècles écoulés, comparer la croûte qu'elle forme au-dessus des vagues brûlantes qu'à une feuille de papier qui envelopperait une orange.

Si, par suite des mouvements qui s'opèrent au sein de ces vagues, la mince écorce flottante vient à en être heurtée, un tremblement de terre répand la terreur parmi les hommes. Quand la secousse est assez forte pour fracturer toute l'épaisseur de l'écorce, un volcan surgit, c'est-à-dire que les couches soulevées se redressent, en livrant passage à des coulées de feu liquide qu'on nomme laves.

Les tremblements de terre seraient plus fréquents et plus terribles sans les volcans. On peut les considérer comme des soupapes de sûreté, destinées à empêcher la croûte terrestre de voler en éclats, sous l'effort de la masse ardente qu'elle recouvre.

Les volcans sont presque tous situés dans les montagnes et sont eux-mêmes des montagnes plus ou moins élevées, dont le sommet ouvert communique avec l'intérieur du globe par une espèce de cheminée. Cette ouverture, appelée cratère, vomit parfois des torrents de fumée et de flamme, des fleuves de bitume, de soufre, de métal fondu, des nuées de cendres, de pierres calcinées, et même des quartiers de roche que les forces humaines ne pourraient soulever.

Il peut arriver que le conduit du cratère se ferme, en s'encombrant des matières qui y retombent, après s'en être échappées. Si une nouvelle explosion ne suffit pas pour le déboucher, la montagne s'ébranle, les roches éclatent, et la commotion se fait sentir sur une étendue quelquefois très considérable, jusqu'à ce qu'une nouvelle bouche donne issue aux vapeurs et aux matières enflammées.

Les vapeurs jouent un grand rôle dans l'éruption des volcans ; elles sont formées d'une certaine quantité de vapeur d'eau et de divers gaz, tels que l'acide carbonique, l'acide sulfureux, etc. Sous l'influence de ces acides, les roches intérieures se désagrègent, se délaient dans l'eau qui s'échappe des gouffres souterrains et produisent l'éruption de véritables torrents d'une boue combustible.

Les volcans ne sont pas toujours en activité. Il y en a qui, après avoir brûlé jadis, sont complètement éteints ; d'autres dont les cratères se sont nouvellement creusés ; d'autres enfin qui, après être demeurés longtemps paisibles, se raniment avec une épouvantable fureur.

Quand d'épaisses vapeurs échappées d'un cratère montent vers le ciel en colonne formidable, une éruption prochaine est à craindre. Des cendres, des sables, des graviers, des blocs de pierre incandescents s'élancent à leur tour ; la lave s'accumule dans le cratère, le remplit, se déverse en ruisseaux de feu sur les flancs de la montagne, et s'étend au loin dans la plaine.

« Cette lave avance, avance, sans jamais se hâter et sans perdre un instant, dit Mme de Staël. Si elle rencontre un mur élevé, un édifice quelconque, qui s'oppose à son passage, elle s'arrête, elle amoncelle devant l'obstacle ses flots noirs et bitumineux, et l'ensevelit enfin sous ses vagues brûlantes.

« Sa marche n'est point assez rapide pour que les hommes ne puissent pas fuir devant elle; mais, comme le temps, elle atteint les imprudents et les vieillards qui, la voyant venir lourdement et silencieusement, s'imaginent qu'il est aisé de lui échapper. »

La chaleur de la lave est si intense, qu'elle suffit pour mettre en fusion l'or, l'argent, les basaltes, le granit, etc. Quand, sur son passage, elle brûle les vignes ou les arbres, on en voit jaillir une flamme claire et brillante; hors ce cas, elle paraît sombre pendant le jour, tandis que, la nuit, son éclat est si ardent, qu'il se réfléchit dans le ciel et paraît embraser la nature entière.

En se refroidissant, la lave devient solide et se présente alors en masses compactes ou poreuses, qui contiennent du quartz, du grès, du marbre, du silex, du jaspe, des agates, du granit et des scories métalliques.

Dans certaines éruptions, il s'échappe du volcan des nuées de cendre, assez épaisses pour remplacer la lumière du soleil par de profondes ténèbres, et assez abondantes pour faire disparaître sous cette terrible pluie des forêts et des villes entières.

La plupart des volcans sont situés dans les îles ou dans le voisinage de la mer, parce que la croûte du globe y a moins d'épaisseur.

« Tous, dit M. Léopold de Buch, peuvent être rangés en deux classes essentiellement différentes : les volcans centraux et les chaînes volcaniques. Les premiers forment toujours le centre d'un grand nombre d'éruptions qui ont lieu autour d'eux, dans tous les sens, d'une manière presque régulière. Les volcans qui appartiennent à la seconde classe ou aux chaînes volcaniques se trouvent le plus souvent à peu de distance les uns des autres, dans une même direction, comme les cheminées d'une grande faille, et, en effet, ils ne sont probablement rien autre chose. On compte parfois vingt, trente, et peut-être un plus grand nombre de volcans ainsi disposés, et ils occupent souvent une étendue considérable. Quant à leur position à la surface du globe, elle peut être aussi de deux sortes : ou bien ces volcans s'élèvent du fond de la mer, sous la forme d'îles et comme des cônes isolés, et alors on observe généralement à côté et dans la même direction une chaîne de montagnes primitives, dont la base semble indiquer la situation des volcans, ou bien ils s'élèvent sur la crête même des montagnes primitives et en constituent les plus hautes sommités. »

Il existe des volcans au sein de la mer aussi bien que sur la terre. Les explosions sous-marines n'ont jamais que peu de durée, parce que l'eau se précipite aussitôt à travers les fentes ouvertes par l'action du feu ; mais parfois ces explosions font surgir des îles, qui peuvent n'être elles-mêmes que des volcans, et qui parfois disparaissent après une très courte existence.

C'est ce qui est arrivé à l'île Ferdinanda ou île Julia, qu'un capitaine napolitain, Jean Carrao, signala en 1831 pour la première fois, entre la ville de Sciacca, sur la côte sud-ouest de la Sicile, et les îles de Malte et de Pantellaria.

Du 28 juin au 2 juillet, de légères secousses, attribuées au voisinage de l'Etna, avaient été ressenties à Sciacca ; et six jours après cette dernière date, du navire *le Gustavo*, qui passait à six milles de la côte, on vit s'élancer de la mer un jet d'eau d'une centaine de pieds de hauteur, produisant un bruit semblable à celui du tonnerre. Au bout de dix minutes, cette magnifique gerbe cessa de jaillir; mais elle reparut après un quart d'heure, et ces alternatives se renouvelèrent à plusieurs reprises.

Les flots, très agités, étaient couverts d'écume, et des barques de pêcheurs qui voulaient s'éloigner de la côte en étaient empêchées par une quantité de scories volcaniques et de poissons morts.

Le lendemain, les habitants de Sciacca entendirent plusieurs détonations et distinguèrent, au-dessus de la mer, un immense panache de fumée noire, qui prit, dans les ténèbres, la couleur du feu.

Le 18 juillet, le capitaine Carrao remarqua, sur le point où l'explosion avait eu lieu, un îlot qu'il ne connaissait pas, et dont le centre était occupé par un cratère d'où sortaient des jets de fumée et de vapeur, accompagnés de scories et de pierres ardentes.

Un savant allemand, M. Hoffmann, parvint, à force de promesses, à se faire conduire vers l'île le 24 juillet; mais il ne put en approcher autant qu'il l'aurait désiré, la mer étant très agitée et les pierres arrivant jusque dans l'embarcation.

Deux mois plus tard, le gouvernement français y envoya un brick, sur lequel s'embarqua M. Constant Prévost, géologue distingué, choisi par l'Académie des sciences pour étudier le nouveau volcan.

« L'île, dont nous fîmes le tour, dit-il, paraissait comme une masse noire et solide, ayant tantôt la forme d'un dôme surbaissé, dont la base était triple de sa hauteur, tantôt celle de deux collines inégales, séparées par un large vallon; ses bords s'élevaient à pic, excepté d'un côté, dont la vapeur s'échappait avec abondance, soit d'une cavité très rapprochée de la mer, soit de la mer elle-même, à une distance d'environ quarante pieds. La couleur jaune verdâtre de l'eau, modifiée par l'action volcanique souterraine, contrastait avec le bleu indigo de la pleine mer et annonçait au voisinage de l'île, soit des courants rapides, soit des écueils....

« Je n'aperçus aucun indice de roches solides; mais je reconnus bien distinctement l'existence d'un cratère en entonnoir, presque central, duquel s'élevaient plusieurs colonnes de vapeur, et dont les parois étaient enduites d'efflorescences salines blanches.... »

Un matelot offrit d'aller à la côte à la nage; on l'attacha avec une ligne de sonde, et, au bout de quelques minutes, il arriva sain et sauf sur la plage. Elle était si chaude, qu'il n'y pouvait tenir les pieds; cependant il y fut rejoint par deux officiers et un autre matelot. Malgré les scories brûlantes qu'il fallait traverser, malgré les épaisses vapeurs qui s'exhalaient du sol, ils montèrent jusqu'au bord du cratère, qu'ils trouvèrent rempli d'une eau roussâtre et bouillante, formant un lac d'environ vingt-six mètres de diamètre.

A son grand regret, le savant naturaliste n'était pas assez bon nageur pour les accompagner; mais, dans une seconde expédition, les rameurs purent aborder et tirer le canot à terre. Il reconnut que l'île Julia s'était formée par l'agglomération des matières rejetées par son cratère, qui était la bouche même d'un conduit volcanique.

Il ajouta que ces matières amoncelées, mais non soudées entre elles, seraient emportées peu à peu par les eaux, jusqu'au jour où un coup de mer enlèverait tout ce qui resterait au-dessus des vagues et ne laisserait à la place de l'île qu'un écueil dangereux. La prédiction s'est réalisée. A la fin de l'année, il ne restait là qu'un haut fond, caché par quelques mètres d'eau; deux ans après on y signalait un banc de rochers; mais les sondages qu'on y opéra plus tard n'y firent rencontrer aucune trace de l'existence de l'île Julia.

L'apparition de cette île n'est pas d'ailleurs un fait isolé. Sur un grand nombre de points, des éruptions sous-marines ont fait surgir des terres nouvelles, ont brusquement élevé ou affaissé des rivages, et mis à sec des parties jusque-là baignées par la mer.

Les volcans ont été jadis très nombreux en Europe. Les îles Britanniques, la France, l'Espagne, la Grèce, la Hongrie, doivent avoir été le théâtre d'éruptions plus ou moins violentes; car on y trouve des cratères éteints, d'où sont sorties des laves et des basaltes.

« Le volcan, dit M. Soarel, d'après les savantes études de M. Sainte-Claire Deville, semble avoir une période de jeunesse, une période de vieillesse. Dans la première, les laves dominent; dans la seconde, elles cèdent la place à des basaltes. Un volcan producteur de laves se repose-t-il, on peut toujours craindre une nouvelle éruption. Quand aux laves ont succédé les basaltes, le volcan est sur le point de se taire, et il ne tarde pas à entrer dans sa phase d'extinction. »

Il n'est pas rare que le cratère d'un volcan éteint se transforme en un lac. Les eaux qui tombent du ciel, après avoir roulé sur les pentes des montagnes voisines, se réunissent dans ce bassin. Elles y restent à peu près toujours au même niveau, de nouvelles pluies remplaçant la quantité que l'air et le soleil en enlèvent. Le lac Pavin, en Auvergne, et plusieurs autres, qui ont reçu le nom d'Avernes, dans le voisinage du Vésuve, n'ont pas d'autre origine.

Autrefois ces derniers exhalaient des vapeurs délétères; aussi avaient-ils une sinistre réputation.

Les basaltes sont des roches qui, réduites en fusion au foyer central de notre globe, foyer dont aucun autre ne peut donner l'idée, ont été projetées à l'état fluide à travers les fentes de l'écorce terrestre et forment sur les flancs ou au pied des volcans éteints, des masses noires, grises, rouges ou verdâtres. Ces masses affectent des formes régulières, et se présentent en cubes, en boules et en prismes, dont l'arrangement rappelle parfois ceux d'énormes tuyaux d'orgue.

La chaussée des Géants, au nord de l'Irlande, près du cap Fairhead, et la grotte de Fingal, dans l'île de Staffa, à l'ouest de l'Ecosse, offrent des prismes basaltiques aussi remarquables par leur beauté que par leurs gigantesques dimensions.

Sans aller aussi loin, on peut voir en France, dans le département de la Haute-Loire, à peu de distance du Puy, une magnifique colonnade basaltique, connue sous le nom d'Orgues d'Espaly. Dans le Velay, le Vivarais, et le département de l'Hérault, se trouvent beaucoup de volcans éteints. L'Auvergne en compte plus de cent, parmi lesquels on remarque surtout le Puy de Dôme, qui a deux cratères réunis.

Certains volcans, dont les dernières éruptions datent de loin, laissent échapper des vapeurs sulfureuses, qui se condensent et se déposent sur les anciennes laves. Ces soufrières naturelles tiennent le milieu entre les volcans en activité et les volcans éteints ; elles portent le nom de solfatares.

La principale solfatare qui existe en Europe est située dans le voisinage du Vésuve, près de la ville de Pouzzoles, qui a donné son nom à un ciment généralement employé dans les constructions où il doit se trouver en contact avec l'eau.

Ce cratère produit beaucoup de soufre, soit presque pur, soit en mélange avec du minerai dont il faut l'extraire, ce qui d'ailleurs est assez facile. On met le tout dans une chaudière ; quand le soufre est fondu, on le sépare de la terre et des pierres ; et pour ne pas perdre ce que ces débris en retiennent encore, on les soumet à la distillation dans des appareils grossiers.

Le soufre brut qu'on obtient ainsi sert à la fabrication de l'acide sulfurique, dont l'industrie emploie d'énormes quantités. En raffinant le soufre, on en obtient une poudre connue sous le nom de fleur de soufre, ou un produit plus pur, qu'on verse liquide dans des moules en bois, où il se solidifie : c'est le soufre en canons, seul employé pour la fabrication de la poudre et des allumettes.

Les diverses préparations qu'on fait subir au caoutchouc exigent tant de soufre, que la production des solfatares européennes serait tout à fait insuffisante ; mais les volcans du Mexique en fournissent assez pour qu'on ne puisse craindre d'en manquer.

Le bitume, le pétrole, le naphte, sont, comme le soufre, des produits volcaniques.

Le pétrole, dont l'usage est aujourd'hui si répandu, quoiqu'il ne soit pas sans danger, accompagne souvent, dans les éruptions, les jets de vapeur et de boue. Les sources de pétrole abondent en

Amérique, dans des contrées qu'on suppose avoir été agitées par des tremblements de terre.

En 1827, un jet de cette huile minérale s'élança d'un puits artésien qu'on était en train de creuser, et, s'élevant à plus de quatre mètres de hauteur, il couvrit au loin la surface d'une rivière voisine. On ne savait encore ce que c'était que ce liquide ; on en approcha une torche, et il brûla, en jetant des flammes qui causèrent de grands dégâts sur les rivages.

Dans la Pensylvanie, on voit aujourd'hui une multitude de puits à pétrole. Sur un grand nombre de points, il suffit de pratiquer des forages, dont la profondeur varie, pour recueillir cette huile d'éclairage. On l'extrait au moyen d'une pompe, et on la conduit, en la faisant passer dans des canaux grossièrement construits, à une assez grande distance de la source, dans des réservoirs d'où on la tire pour la mettre en fûts et l'expédier en Europe.

Le naphte est un bitume liquide très inflammable. Divers terrains volcaniques en sont tellement imprégnés, qu'il suffit d'enfoncer un bâton et d'en approcher une allumette pour qu'une flamme s'en élève aussitôt.

Des eaux thermales se rencontrent aussi dans les terrains volcaniques. Ces eaux se sont engouffrées dans les fentes creusées par les éruptions ; elles ont pénétré à de grandes profondeurs, et, là, se trouvant en contact avec des roches fortement chauffées par le feu central, elles ont pris une portion de cette chaleur et se sont en même temps chargées de diverses substances minérales.

Il y a des eaux minérales froides, et l'on ne donne le nom d'eaux thermales qu'à celles qui sont chaudes à leur sortie du sol. Elles jaillissent à des hauteurs diverses, et leur température, qui varie beaucoup, est parfois supérieure à celle de l'eau bouillante : ainsi celle du grand Geyser d'Islande, dont nous parlerons bientôt.

Ce n'est que dans le voisinage des volcans en activité que les sources atteignent cette forte chaleur.

Les plus chaudes de l'Europe continentale sont celles de Chaudesaigues, dans le département du Cantal, dont la température est supérieure à 80°.

Au pays des Mormons, dans l'Amérique du Nord, une abondante source thermale, presque bouillante au sortir du roc dont elle s'échappe, va plus loin former un lac, dont la circonférence varie selon les saisons, et au bord duquel les oiseaux viennent se réchauffer pendant l'hiver.

Dans la province de Constantine, en Algérie, à peu de distance de Medjès-Hammar, se trouve un groupe de sources thermales, dont la plus chaude a 95°. L'eau de ces sources contient du carbonate de chaux, qui, en se déposant peu à peu sur les bords de chacune d'elles, forme des cônes dont le sommet donne passage au liquide. Celui-ci, en se répandant sur les cônes, en augmente l'épaisseur et la hauteur, tant que cette hauteur ne dépasse pas le niveau du point de départ de la source. Dans ce cas, le cône se ferme, et l'eau va plus loin s'ouvrir un passage ; car l'eau, tout le monde le sait, ne peut jaillir au-dessus du niveau d'où elle est sortie.

Des ruines pittoresques semblent indiquer que les Romains avaient établi là des thermes ; le site d'ailleurs est des plus agréables ; cependant une légende arabe a fait donner à ces sources le nom de Bains-Maudits.

Les eaux qui s'échappent de la principale forment une cascade, qui va tomber dans la rivière voisine ; leur température élevée les maintient à la surface, et l'on est tout étonné, lorsqu'on y met la main, de voir au-dessous de cette eau si chaude des poissons prendre leurs ébats.

II.

Les trois principaux volcans de l'Europe sont l'Etna ou Gibel, en Sicile; le Vésuve, près de Naples, en Italie, et l'Hécla en Islande. De ces trois, l'Etna est le plus remarquable par sa majestueuse apparence et par ses nombreuses éruptions.

Ce volcan est une montagne à pentes très douces, qui succèdent insensiblement aux ondulations de la plaine, sur une circonférence de cent quarante à cent cinquante kilomètres. Il n'avait pas jadis de telles proportions ; mais la quantité de matières qu'il a rejetées pendant ses éruptions ont graduellement augmenté sa masse, qui peut-être même en est entièrement composée.

Des cendres et des laves, auxquelles se sont joints des débris de végétaux et d'animaux, ont fait de ces déjections volcaniques un terrain d'une merveilleuse fertilité. De magnifiques jardins, de riantes habitations, des vignes d'excellent rapport occupent le pied de la montagne, où la ville de Catane est assise.

Au-dessus s'étendent de verdoyantes forêts; mais la pente devient plus rapide, et le sol présente une succession de collines, formées par les éruptions du volcan. On y voit même, sur divers points, des cratères éteints.

La région qui vient ensuite est couverte de neige en hiver ; mais au printemps cette neige disparaît et laisse voir des plantes et des arbrisseaux, qui, d'abord nombreux et robustes, deviennent plus rares et plus chétifs à mesure qu'ils s'éloignent de la zone des forêts.

La ligne des neiges permanentes est terminée par le cratère, situé à 3,315 mètres au-dessus du niveau de la mer. D'un côté, le sommet de l'Etna forme un mur à pic ; mais, en gravissant les pentes latérales, couvertes en tout temps de neiges et de glaces, on peut arriver au cratère principal. Le cône qui le porte s'élève au-dessus d'une plate-forme dont le bord circulaire marque l'emplacement d'un ancien cratère, beaucoup plus vaste que le nouveau.

Autour de ce dernier fument des ouvertures plus ou moins profondes, et l'on voit d'ailleurs, sur les flancs de la montagne aussi bien qu'au sommet, les vestiges d'un grand nombre de cratères, en partie comblés par les roches et les scories de diverses éruptions.

Celui qui s'ouvre sur le point le plus élevé de la montagne a été visité en 1834 par plusieurs savants, entre autres M. Elie de Beaumont, qui rend ainsi compte de ses impressions et des leurs :

« Ce fut pour nous tous un moment de surprise assez difficile à dépeindre, quand nous nous trouvâmes à l'improviste, non au bord du grand cratère, mais au bord d'un gouffre presque circulaire, d'environ 80 à 100 mètres de diamètre, qui ne touche au grand cratère que par une petite partie de sa circonférence. Nos regards plongeaient avidement dans cet entonnoir cylindrique, mais c'était en vain qu'ils y cherchaient le secret de la volcanicité!...

« Aucun bruit ne sortait de ce fond ténébreux; il ne s'en exhalait que des vapeurs blanchâtres, légèrement sulfureuses, formées principalement de vapeur d'eau. L'aspect lugubre de ce gouffre noir et silencieux, dans lequel nos regards se perdaient; ses flancs obscurs et humides, le long desquels serpentaient d'une manière languissante et monotone de longs flocons de vapeur, d'une teinte grise et mélancolique; le grand cratère auquel se rattache le gouffre étroit, et dans lequel l'entassement confus de matières diversement colorées en jaune, en gris, en rouge, semblait l'image du chaos, tout présentait autour de nous un aspect funèbre et sépulcral. »

Les historiens et les poètes grecs, à l'exception d'Homère, ont parlé des éruptions de l'Etna; ce qui fait supposer qu'à l'époque où vivait l'immortel auteur de l'*Iliade* et de l'*Odyssée*, ce volcan se reposait.

Virgile nous a laissé la description d'une éruption qui eut lieu de son temps, et qu'on suppose avoir été suivie d'une longue période de calme; mais, à partir de l'an 1183, on a eu à enregistrer d'importantes explosions, moins désastreuses cependant que celle de 1669, qui est restée tristement célèbre.

Au commencement de l'année on remarqua que l'Etna lançait plus de matières embrasées qu'on n'en avait vu sortir depuis longtemps.

Du 20 février au 8 mars, des secousses de tremblements de terre se firent sentir, accompagnées de tonnerre et d'éclairs, et la ville de Nicolosi fut détruite.

Le 8 mars, un ouragan terrible effraya les populations, et, trois jours après, une éruption eut lieu bien au-dessous du grand cratère de l'Etna. Une immense gerbe de matières enflammées en jaillit, au milieu d'une colonne de cendres, qui, après s'être élevée à une très grande hauteur, retomba en une pluie si épaisse, que pendant les cinquante-quatre jours que dura l'éruption, on n'aperçut ni les étoiles ni le soleil, aux environs de la montagne.

Un bruit semblable à celui des vagues de la mer se brisant sur les rochers et aux roulements du tonnerre, sortait sans interruption de ce cratère, et se faisait entendre à une distance de plus de trente lieues.

La ville de Catane, déjà plusieurs fois ruinée par les laves de l'Etna, s'était entourée de hautes murailles, contre lesquelles le torrent dévastateur vint s'accumuler. On démolit les vieilles maisons, pour exhausser encore ces remparts; cependant la lave finit par déborder l'obstacle, et l'on voit encore, sur un point de la ville, l'arcade qu'elle y a laissée en se refroidissant.

Les murs ne cédèrent point, parce que la coulée de feu perdit de sa violence par la rencontre d'un autre courant : elle côtoya les remparts de Catane et descendit jusqu'à la mer, où elle arriva le 23 avril.

« Alors commença, entre l'eau et le feu, dit M. de Quatrefages, un combat dont chacun peut se faire une idée, mais que semblent renoncer à décrire ceux-là mêmes qui furent témoins de cette horrible scène. La lave, refroidie à sa base par le contact de l'eau, présentant un front perpendiculaire de quatorze à quinze cents mètres d'étendue, de trente à quarante pieds d'élévation, s'avançait lentement, charriant, comme autant de glaçons, d'énormes blocs solidifiés, mais encore rouges de feu. En atteignant l'extrémité de cette espèce de chaussée mobile, ces blocs tombaient dans la mer, la comblaient peu à peu, et la masse fluide avançait d'autant. A ce contact brûlant, d'énormes masses d'eau, réduites en vapeur, s'élevaient avec d'affreux sifflements, cachaient le soleil sous d'épais nuages et retombaient en pluie salée sur toute la contrée. »

Avant d'arriver à la mer, dont elle devait reculer la plage à trois cents mètres, la lave avait détruit, sur son parcours, quatorze villes, bourgs ou villages, et laissé sans abri plus de trois mille personnes.

En 1755, l'Etna s'embrasa de telle sorte, que toute la côte de Catane en fut éclairée. Bientôt les éruptions se succédèrent si violentes et si nombreuses, qu'on aperçut une nouvelle montagne au-dessus de l'ancienne. Une épaisse fumée obscurcit ensuite tout le ciel, et une pluie de petites pierres, dont les plus grosses pesaient environ cent grammes, tomba en si grande abondance, que tout le pays en fut couvert. Ce déluge de pierres fut suivi d'un autre de cendres noires; puis un fleuve d'eau bouillante sortit du cratère, et, grossi par la fonte des neiges dont le volcan était couvert, roula avec une rapidité inouïe sur les flancs de la montagne, et y laissa assez de sables et de graviers pour faire disparaître les aspérités des anciennes laves.

Les belles forêts qui se trouvaient sur le passage du torrent furent anéanties, et, pour compléter le désastre, une coulée de lave de deux cents mètres de largeur s'échappa d'une immense crevasse qui s'ouvrit subitement au-dessous du grand cratère. Le voisinage de ce terrible volcan n'est pas étranger aux tremblements de terre qui se firent sentir dans toute la Calabre et dans la partie orientale de la Sicile, en 1788, y détruisirent plus de trois cents villes ou villages et bouleversèrent le sol sur une étendue de soixante lieues carrées.

Une secousse de deux minutes, ressentie le 5 février, fut si violente, qu'elle suffit pour tout anéantir. Elle eut lieu à midi et demi, heure à laquelle il y avait du feu dans la plupart des cuisines. Les maisons, en s'écroulant, envoyèrent sur ces brasiers des débris de toutes sortes qui occasionnèrent de nombreux incendies.

La superbe ville de Messine contenait des entrepôts d'huile, qui donnèrent au feu un aliment contre lequel il fut impossible de lutter. Une grande partie de la population fut ensevelie sous les ruines ou devint la proie des flammes, et bientôt les survivants, dont beaucoup étaient blessés, eurent à souffrir de la faim. Les magasins à blé étaient détruits; le sénat donna l'ordre aux navires chargés de grains qui se trouvaient dans le port, de ne pas s'en éloigner; mais il n'y avait plus ni boulangers pour pétrir la farine ni fours pour cuire le pain. De plus, le cours des eaux ayant été détourné et les fontaines publiques étant taries, on ne pouvait plus moudre le froment. Aussi les magistrats s'adressèrent-ils au roi de Naples, pour le supplier d'envoyer des vivres, des hommes et de l'argent à la malheureuse cité.

Cependant, d'après le témoignage d'un naturaliste français, Déodat de Dolomieu, qui visita la Calabre après cette catastrophe, d'autres villes avaient encore plus souffert que Messine. Pas une maison habitable n'était restée intacte dans cette belle cité; toutes avaient besoin d'être reconstruites jusque dans leurs fondements ; mais du moins chacun pouvait encore reconnaître la sienne ou indiquer le lieu où elle avait existé.

« J'avais vu Messine et Reggio..., dit ce savant, j'avais vu Tropea et Nicotera, dans lesquelles il y a peu de maisons qui n'aient reçu de très grands dommages, et dont plusieurs même se sont entièrement écroulées. Mon imagination n'allait pas au delà des malheurs de ces villes. Mais lorsque, placé sur une hauteur, je vis les ruines de Polistena, la première ville qui se présenta à moi ; lorsque je contemplai des monceaux de pierres qui n'ont plus aucune forme et qui ne peuvent pas même donner l'idée de ce qu'était la ville ; lorsque je vis que rien n'avait échappé à la destruction, et que tout avait été mis au niveau du sol, j'éprouvai un sentiment de pitié, de terreur, d'effroi, qui suspendit pendant quelques moments toutes mes facultés. Ce spectacle n'était cependant que le prélude de ce qui allait se présenter à moi dans le reste de mon voyage. »

De tous côtés le sol s'était entr'ouvert ; d'immenses crevasses, creusées en un instant, avaient englouti les maisons et leurs habitants. Quelques-unes s'étaient ensuite refermées ; d'autres étaient restées béantes. Des rues entières, arrachées des hauteurs, avaient été précipitées dans les vallées ; d'autres s'étaient englouties dans des gouffres profonds ; des montagnes s'étaient brisées ; des quartiers de rocher qui s'en étaient détachés avaient été broyer au loin les habitations. Enfin, il n'y avait pas, sur toute l'étendue ainsi bouleversée, un point sur lequel on pût se croire en toute sûreté.

Le 28 mars, une nouvelle secousse, presque aussi violente que la première, se produisit ; elle ne put causer de grands désastres, parce qu'il ne restait presque plus rien à détruire. Pendant toute l'année des tremblements de terre eurent encore lieu à diverses reprises, sans toutefois qu'on pût les comparer à ceux du 5 février et du 28 mars.

Ces deux terribles convulsions coûtèrent la vie à quarante mille personnes ; et vingt mille autres succombèrent ensuite aux maladies amenées par le manque de vivres ou d'abri, et par les miasmes pestilentiels qui s'exhalaient des ruines.

Depuis le commencement de notre siècle, l'Etna a eu plusieurs éruptions, dont la principale, commencée en août 1852, dura neuf mois. La montagne se déchira sur divers points ; plusieurs cônes d'éruption se formèrent, et une coulée de lave sortie du cratère le plus éloigné du sommet, atteignit lentement une énorme épaisseur.

A la fin de janvier 1865, des gerbes de feu jaillirent d'une profonde déchirure, à peu près à la moitié de la hauteur de l'Etna. Une nappe de lave en sortit et se divisa en deux bras, en rencontrant un ancien cône d'éruption placé sur son chemin, et l'un de ces bras alla tomber en cascade de feu dans un précipice de cinquante mètres de profondeur.

III.

Il n'est pas question du Vésuve dans les écrits des anciens. Au commencement de l'ère chrétienne, on voyait près de Naples une montagne, appelée Somma, dont la fertilité était prodigieuse. Elle était cultivée jusqu'à son sommet, qui seul était stérile et semblait avoir été ravagé par le feu à une époque très reculée.

En l'an 63, on commença à ressentir dans cette contrée des tremblements de terre, dont les secousses se renouvelèrent à diverses époques, pendant une durée de seize ans. Au mois d'août 79, une épouvantable éruption bouleversa la Somma, en précipita dans la mer toute la partie supérieure, qui fut remplacée par un cône volcanique, subitement élevé dans l'espace laissé vide par cette chute inattendue.

Des torrents de cendres brûlantes et d'argile délayée, jaillissant du nouveau cratère, ensevelirent Herculanum, Pompéi, Stabies, et firent périr Pline le naturaliste; mais les détails de cette éruption furent transmis à la postérité par Pline le Jeune, son neveu.

Pline l'Ancien était à Misène, où il commandait la flotte romaine, quand eut lieu le terrible phénomène. Pendant qu'il étudiait, on vint l'avertir qu'un nuage d'une forme et d'une grandeur extraordinaires était en vue. Il se leva et monta sur une hauteur pour mieux observer ce prodige. La nuée s'élançait dans les airs sous la forme d'un tronc immense, terminé par des rameaux qui la faisaient ressembler à un pin; mais elle se trouvait à une si grande distance, qu'on ne pouvait distinguer de quelle montagne elle était sortie. L'arbre paraissait tantôt noir, tantôt blanc, tantôt de différentes couleurs.

Dans son zèle pour la science, Pline voulut l'examiner de plus près. Il fit appareiller un bâtiment léger et offrit à son neveu de l'accompagner. Celui-ci, à qui il avait donné, par hasard, quelque chose à écrire, répondit qu'il préférait ne pas sortir. Le naturaliste partait donc seul, quand on lui remit un billet par lequel la femme d'un de ses amis, dont la maison était située au pied du Vésuve, le priait de venir à son aide; car elle ne pouvait échapper au péril que par mer. Il fit aussitôt préparer des embarcations, sur l'une desquelles il prit place, pour aller secourir non seulement cette dame, mais les autres personnes que menaçaient de si grands dangers.

Tout le monde fuyait; lui, au contraire, se dirigeait vers le volcan, l'esprit tellement dégagé de toute crainte, qu'il dictait à un secrétaire la description des divers aspects sous lesquels l'éruption se présentait à ses yeux. A mesure que les navires approchaient, des cendres de plus en plus chaudes, des pierres calcinées et de petits cailloux brisés par la violence du feu, commençaient à y tomber. La mer s'abaissa tout à coup de telle sorte, qu'elle n'eut plus assez de profondeur pour que les embarcations pussent approcher du rivage, rendu d'ailleurs inaccessible par l'amas de pierres qui le couvrait.

Destruction de Pompéi.

Pline fut un moment incertain du parti qu'il devait prendre; cependant il dit à son pilote, qui lui conseillait de retourner à Misène : « La fortune favorise le courage; menez-nous chez Pomponianus. »

Pomponianus était à Stabies, de l'autre côté d'un petit golfe formé par une courbure insensible du rivage. A la vue du péril, qui se rapprochait sans cesse, il avait fait porter tous ses meubles sur des vaisseaux et n'attendait pour s'éloigner qu'un vent moins contraire. Favorisé par ce même vent, Pline aborde chez lui, l'embrasse, le rassure, l'encourage, et, pour dissiper par sa propre sécurité l'inquiétude de son ami, il se fait porter au bain. Après le bain, il se met à table et mange avec gaieté, ou, ce qui ne suppose pas moins de force d'âme, avec toutes les apparences de la gaieté.

Pour rassurer les convives, qui voyaient jaillir de plusieurs points du mont Vésuve de larges flammes, dont les ténèbres augmentaient l'éclat, il leur disait que c'étaient des maisons abandonnées au feu par des paysans effrayés. Il se coucha et dormit d'un profond sommeil; car on entendait de la porte le bruit de sa respiration.

La cour par laquelle on arrivait à son appartement se remplissait de tant de pierres et de cendres, que, s'il y fût resté davantage, il lui eût été impossible de sortir. On l'éveilla donc, et il alla rejoindre Pomponianus et les autres qui avaient veillé. Ils tinrent conseil, pour décider s'ils erreraient dans la campagne ou s'ils s'enfermeraient dans la maison. Elle était ébranlée par des secousses qui semblaient l'arracher de ses fondements, la pousser dans tous les sens et la ramener ensuite à sa place. Hors de la ville, on avait à craindre la chute des pierres; mais elles étaient légères et desséchées par le feu. De ces deux périls, on choisit le dernier. Pomponianus et ses hôtes attachèrent des oreillers sur leurs têtes pour amortir les coups, et quittèrent la maison.

Le jour recommençait ailleurs; mais autour d'eux régnait la plus sombre des nuits, éclairée cependant par des feux de toute espèce. On voulut s'approcher du rivage, pour examiner si la mer permettait quelque tentative ; mais on la trouva toujours orageuse et contraire. Pline se coucha sur un drap étendu, demanda de l'eau froide et en but deux fois. Bientôt des flammes, précédées d'une odeur de soufre, ayant mis tout le monde en fuite, il se leva, en s'appuyant sur deux jeunes esclaves ; mais au même instant il retomba suffoqué par cette épaisse fumée.

On le retrouva trois jours après. Il était sans blessures, ses vêtements ne portaient aucunes traces, et son attitude était celle du sommeil plutôt que de la mort.

Trois villes avaient disparu complètement sous les cendres, les laves, les pierres du volcan, les débris de la montagne, et peut-être, selon une opinion plus moderne, sous des boues et des laves sorties de quelques-unes des nombreuses fissures qui, subitement ouvertes, rayonnaient au loin.

Quoi qu'il en soit, on ignora longtemps quel avait été l'emplacement de ces florissantes cités. Ce fut seulement vers le milieu du siècle dernier que des fouilles bien dirigées en firent découvrir les ruines sous les énormes couches où elles étaient ensevelies depuis dix-sept cents ans. Des édifices, des monuments remarquables, des objets d'art, des ustensiles de toutes sortes ont été recueillis. On est parvenu à mettre au jour la ville de Pompéi presque tout entière, et l'on a retrouvé beaucoup de ses habitants frappés par la mort dans les attitudes les plus différentes, et conservés par la cendre humide dont l'éruption les avait enveloppés. Tout récemment encore on y a découvert une admirable fontaine.

Herculanum, au-dessus de laquelle s'est formée une couche plus dure et plus compacte que celle qui recouvrait Pompéi, a été reconnue sous la ville de Portici, et l'on a réuni dans un musée particulier les objets qu'on y a recueillis.

Pendant les éruptions qui se succédèrent à intervalles inégaux jusqu'en l'an 1036, le volcan ne lança que des cendres et des pierres ; mais à cette époque, il en sortit des ruisseaux de laves. Cent ans après, eut lieu une terrible éruption, après laquelle le Vésuve se reposa pendant près de cinq siècles.

Si l'on n'avait pas perdu le souvenir des anciennes catastrophes, on pouvait espérer qu'elles ne se renouvelleraient pas. La montagne était couverte jusqu'au sommet de magnifiques forêts, et dans le cratère même existait un lac et s'enfonçaient les puissantes racines des chênes et des châtaigniers.

Tout à coup, le 16 décembre 1631, entre la Somma et le cône qu'elle supporte, une violente explosion se produisit ; une grande partie de la montagne sauta et plusieurs coulées de lave se firent jour. Jusqu'à la fin du xviie siècle, de nouvelles éruptions opérèrent de grands changements dans la forme du Vésuve.

Le 20 mai 1737, après avoir jeté beaucoup de fumée, de cendres et de pierres, la montagne, affreusement secouée, s'ouvrit à un mille du sommet, et de cette crevasse sortit un torrent de lave, pendant que du véritable cratère s'élançaient d'immenses colonnes de fumée, traversées par des pierres ardentes, et des ruisseaux de matière brûlante. Pour mettre le comble à ce qu'un tel spectacle avait d'effrayant, le tonnerre répondait aux mugissements souterrains et les éclairs s'échappaient des nues en longs serpents de feu.

Le lendemain, l'orage se dissipa, le volcan cessa de vomir des flammes, de la lave et des fragments de roche; mais il en sortit une grande quantité de cendres qui, poussées par un fort vent du sud-ouest, allèrent tomber jusqu'aux extrémités du royaume. Les unes étaient très fines, les autres grosses comme du gravier; et dans le voisinage du volcan, une grêle de pierres ponces et d'autres scories accompagnait cette pluie de cendres.

Les courants de lave détruisirent une partie des forêts; les cendres ardentes consumèrent ce qu'ils avaient épargné, et beaucoup de maisons s'écroulèrent sous le poids dont elles étaient chargées.

En 1766, une éruption, qui dura neuf mois, forma un grand lac de matières fondues.

Treize ans plus tard, au milieu d'une sombre nuit, des tourbillons de flamme, qui s'élevaient à une très grande hauteur, firent croire à un incendie tel qu'on n'en avait jamais vu. Les habitants virent avec une terreur indicible que non seulement l'air était embrasé sur une immense étendue, mais que la mer violemment agitée semblait rouler des vagues de feu. Ils s'imaginèrent que, la montagne s'étant déchirée, les eaux du golfe s'y étaient engouffrées et que des nappes ardentes les avaient remplacées.

L'éruption la plus terrible, après celle qui causa la mort de Pline, eut lieu le 24 octobre 1822.

« Pendant douze jours, dit M. de Humboldt, elle ne fut pas interrompue, sans avoir cependant la violence des quatre premières journées. Durant ce laps de temps, les détonations à l'intérieur du volcan furent si fortes, que, par le seul effet des vibrations de l'air, car de tremblements de terre, il n'y en eut pas trace, les plafonds des salles se crevassèrent dans le palais Portici.

« Les villages voisins, Resina, Torre del Greco, Torre dell'Annunciata et Bosche-tre-Case, furent témoins d'un phénomène singulier. L'atmosphère était complètement remplie de cendres, et, vers le milieu du jour, toute la contrée resta plongée pendant plusieurs heures dans l'obscurité la plus profonde. On allait dans les rues avec des lanternes, comme cela arrive assez souvent à Avito, lors des éruptions du Pichincha.....

« La vapeur d'eau chaude qui s'élevait du cratère se condensait, au contact de l'atmosphère, en un épais nuage, haut de 9,000 pieds. Cette condensation si brusque de la vapeur et la formation même du nuage augmentaient la tension électrique. Des éclairs sillonnaient en tous sens la colonne de cendres, et l'on entendait distinctement le roulement du tonnerre, sans le confondre avec le fracas intérieur du volcan. »

Dans son *Astronomie populaire*, M. Arago dit que du 1er au 5 janvier 1839, le Vésuve rejeta une telle quantité de cendres, que toute la plaine qui s'étend de Bosche-tre-Case à Castellamare en fut couverte sur une épaisseur de douze à quinze centimètres. Ces cendres étaient composées de grains dont les plus ordinaires avaient la taille d'un grain de chanvre; mais il y en avait aussi de la grosseur d'une noisette, d'une noix et même d'un œuf. On ne pouvait plus marcher dans les rues de Torre dell'Annunciata, et la route des Calabres en était si fort encombrée, que la circulation dut y être interrompue.

Le Vésuve vomit ensuite un torrent de lave qui, entraînant

d'énormes blocs granitiques, forma au-dessus de la plaine où il s'arrêta, un vaste plateau dont les bords sont très élevés.

Plusieurs éruptions remarquables ont encore eu lieu depuis cette époque. On cite celles de 1831, 1834, 1839 et 1855. Cette dernière dura trois ans et acquit une très grande violence au mois de juin 1858. Cinq crevasses s'ouvrirent sur les flancs du cône et donnèrent passage à de puissantes coulées de lave.

En 1861, nouvelle éruption très considérable; en 1872, la montagne fut partagée par une fissure, de laquelle sortit un fleuve de lave dont la base atteignit une largeur de huit cents mètres.

Tout récemment encore, un tremblement de terre, qui a ruiné la petite ville de Casamicciola, dans l'île d'Ischia, près de Naples, fit croire que le volcan allait se rallumer. Un mouvement des couches profondes du sol a sans doute amené l'effondrement de cette localité; les secousses n'ont duré que trois jours, et aucun mouvement ne s'est produit ensuite.

Entre les éruptions que nous avons citées, d'autres moins considérables ont eu lieu à des intervalles irréguliers, et plusieurs ont modifié la forme et la hauteur du Vésuve. La cime de ce terrible volcan offrait en 1757 un vaste bassin, dont le fond était couvert de matières sulfureuses, chaudes sans être ardentes, et fendillées de crevasses d'où s'échappaient des jets de fumée et de vapeur.

Ce premier bassin en renfermait un autre, rempli d'une lave noirâtre du milieu de laquelle s'élevait un monticule creux assez semblable à une chaudière contenant des métaux en fusion. Une gerbe ardente s'en élançait de minute en minute, et retombait soit dans la chaudière, soit dans le bassin placé au-dessous.

En 1767, le Vésuve s'éleva de soixante mètres, d'après le témoignage de l'anglais Hamilton. En 1822, une grande partie du sommet s'écroula avec un bruit épouvantable, pendant la nuit qui précéda celle de l'éruption racontée par Humboldt. Aujourd'hui le cratère forme une vaste et profonde excavation, à la cime d'un cône assez régulier, d'où s'échappent en tout temps de la fumée, des gaz, et souvent des colonnes de matières ardentes.

Sur les flancs de la montagne des villages ont été rebâtis; la fertilité du sol et la beauté du site aident les habitants à oublier les dangers dont les menace le voisinage du volcan. Des coulées de lave se montrent encore sur certains points; mais presque partout elles sont recouvertes par une brillante végétation. De riches vignobles s'étagent sur les premières pentes; de beaux arbres s'y montrent jusqu'à ce qu'on arrive à la hauteur où les déjections volcaniques jonchent le sol.

La marche devient alors plus difficile; mais elle n'est réellement pénible que quand on veut gravir le cône d'éruption élevé au-dessus de la Somma. La pente devient alors plus rapide, et l'éboulement des scories oblige souvent à faire un pas en arrière sur deux en avant; mais on peut arriver jusqu'au bord du cratère, et, malgré la fumée qui s'en exhale, jeter un regard sur ce vaste gouffre.

Un observatoire est établi sur le Vésuve, et son savant directeur, M. Palmieri, a donné d'intéressants détails sur les dernières éruptions.

Le cratère du Vésuve après l'éruption de décembre 1861.

IV.

Les îles Lipari, qu'on désignait autrefois sous le nom de Vulcanies ou d'îles Éoliennes, forment un groupe entre Naples et la Sicile. Elles sont au nombre de vingt, dont sept seulement sont habitées. En allant du nord au sud, on trouve les trois principales : Stromboli, Lipari, Vulcano ; et de l'est à l'ouest, Salini, Félicudi, Alicudi et Ustini.

Toutes sont d'origine volcanique, et se composent en grande partie de laves superposées. La découverte de coquillages dans les couches d'Ustini semble prouver que cette île est de formation moderne. Le groupe entier est remarquable par les émanations gazeuses qui s'en échappent ; mais le Stromboli et le Volcano sont deux volcans appartenant au même système que l'Etna et le Vésuve. Dans l'île d'Ischia, près de Naples, s'élève le mont Epomée, qui ne doit pas être considéré comme un volcan, mais qui le deviendrait probablement, dit M. Arago, si le Stromboli venait à se boucher.

« Le Volcano est un des volcans de soulèvement les plus parfaits qu'on puisse voir…. Il n'y a pas de spectacle plus saisissant que celui que présente la nuit le fond de cet immense entonnoir, d'où l'on voit s'élever, par un grand nombre de soupiraux, situés au pied et sur toute la surface d'un monticule, la flamme bleuâtre du soufre en combustion. » (SAINTE-CLAIRE DEVILLE.)

Le Stromboli est le volcan central du groupe. Il a été très anciennement connu ; car Homère en a parlé. Sans avoir eu de violentes éruptions dont l'histoire ait gardé le souvenir, il n'a cessé d'être en activité, et il est encore aujourd'hui le phare de la Méditerranée.

Il s'élève au bord de l'île Stromboli, qui n'est qu'un cône volcanique, à pentes douces, déchiré par une énorme fissure qui conduit à la mer les scories rejetées par un cratère au-dessus duquel s'élève la cime du cône.

On arrive sans trop de difficulté aux roches qui dominent cette vaste bouche et d'où s'échappe, toutes les dix minutes environ, un jet de vapeur, mêlé de pierres incandescentes.

Parmi les savants qui l'ont visité, M. Frédéric Hoffmann a fait du Stromboli une description émouvante.

Après avoir gravi les roches qui surplombent le cratère, il se coucha, en se faisant tenir par ses compagnons, et put avancer la tête au-dessus du gouffre.

Il distingua trois bouches en activité au fond de cet entonnoir, et dans la plus rapprochée de la crevasse qui descend jusqu'à la mer, il put examiner le feu de la colonne liquide de lave, dont le niveau se balançait par intervalles.

« La lave, dit-il, ne se montrait point comme une imagination ardente se la dépeint quelquefois, sous forme d'une masse brûlante, vomissant des flammes ; mais elle paraissait luisante, comme du métal fondu, comme le fer sortant du haut-fourneau, comme l'argent au fond du creuset.

« Cette masse fondue oscillait en montant et en descendant. Elle était poussée évidemment par la tension terriblement élevée de vapeurs élastiques renfermées dans son intérieur, et l'on pouvait facilement voir l'effet du balancement entre le poids des masses fondues et la pression des vapeurs d'eau qui les soulevaient. La surface montait et descendait régulièrement, par intervalles rythmiques. On entendait un bruit particulier, semblable aux décrépitations de l'air entrant par un soufflet, par la porte d'un fourneau de mines. Un ballon de vapeurs blanches sortait à chaque décrépitation, en soulevant la lave qui retombait après sa sortie. Ces ballons de vapeur arrachaient à la surface de la lave des scories chauffées au rouge, et ces morceaux dansaient, comme ballottés par des mains invisibles, dans un jeu rythmique, par-dessus le bord de l'ouverture.

« Ce jeu si régulier et si attrayant était interrompu de quart d'heure en quart d'heure par des mouvements plus tumultueux. La masse des vapeurs tourbillonnantes restait alors immobile pendant un moment, en faisant même un mouvement saccadé de retour, comme si elle était aspirée par le cratère, du fond duquel la lave s'élevait plus fortement, comme pour aller à sa rencontre.

« Le sol tremblait alors, les parois du cratère tressaillaient en s'inclinant. C'était un tremblement de terre manifeste. La bouche du cratère faisait entendre un mugissement sourd et roulant, et, à la fin, un ballon immense de vapeur crevait à la surface de la lave, soulevée avec des craquements sonores et tonnants. Toute la surface de la lave, réduite en esquilles incandescentes, était alors lancée en l'air.

« La chaleur frappait vivement nos visages, une gerbe enflammée montait tout droit en l'air et retombait en pluie de feu sur les environs. Quelques bombes s'élevaient jusqu'à douze cents pieds de haut et décrivaient, en passant par-dessus nos têtes, des paraboles de feu. Immédiatement après une éruption pareille, la lave se retirait dans le fond de la cheminée, qui s'ouvrait noire et béante ; mais bientôt on voyait remonter le miroir luisant de la surface de lave, qui recommençait alors le jeu rythmique des dégagements ordinaires moins violents. »

L'archipel de la Grèce a été souvent agité par des phénomènes volcaniques. Plusieurs siècles avant Jésus-Christ, trois îles sortirent des flots, à la suite de tremblements de terre. Ce fut d'abord Santorini, Thérasia et Aspronisi ; puis, dans l'espèce d'enceinte formée par ces trois îles, une autre, qu'on appela Hiéra, surgit encore avant le commencement de notre ère.

A diverses époques eurent lieu plusieurs éruptions. A la suite de celle de 1570, une île s'étant montrée, on lui donna le nom de Néa-Kameni, qui signifie nouvelle île brûlée, et celle d'Hiéra fut appelée depuis lors Palœ-Kameni ou vieille île brûlée.

Pendant toute l'année 1650, il tomba dans cette mer des pluies de cendres si abondantes, qu'on s'en aperçut jusqu'à Smyrne et à Constantinople.

En 1707, après quelques légères secousses de tremblements de terre, une autre île surgit entre l'ancienne et la nouvelle île brûlée.

« Le 23 mai, au lever du soleil, dit M. Girardin, on vit en mer, à une lieu des côtes de Santorini, un rocher flottant. Des matelots le prirent pour un bâtiment qui allait se briser, et ils se dirigèrent vers lui dans l'intention de le piller. Arrivés auprès et ayant vu ce que c'était, ils eurent le courage d'y descendre, et ils en rapportèrent de la pierre ponce et quelques huîtres qui y étaient adhérentes.

« Le rocher n'était vraisemblablement qu'une grande masse de ponce, que le tremblement de terre qui avait eu lieu quelque temps auparavant avait détachée du fond de la mer. Au bout de quelques jours, il se fixa et forma ainsi une petite île, dont la grandeur augmenta de jour en jour. Le 14 juin, elle avait huit cent mètres de circuit et sept à huit mètres de haut ; elle était ronde et formée d'une terre blanche et légère.

« A cette époque, la mer commença à s'agiter ; il se fit dans l'île une chaleur qui en empêcha l'accès, une forte odeur de soufre se répandit tout alentour. Le 16 juillet, on vit paraître, tout près, dix-sept à dix-huit rochers noirs ; le 18, il en sortit pour la première fois une épaisse fumée, et l'on entendit des mugissements souterrains. Le 19, le feu commença à paraître, et son intensité augmenta graduellement. Dans les nuits, l'île semblait n'être qu'un assemblage de fourneaux qui vomissaient des flammes. Son volume s'accroissait, et l'infection devint insupportable à Santorini.

« La mer bouillonnait fortement et jetait sur les côtes des poissons morts ; les bruits souterrains étaient semblables à de fortes décharges d'artillerie ; le feu faisait de nouvelles ouvertures, d'où il sortait des pluies de cendres et de pierres enflammées, qui retombaient quelquefois à plus de deux lieues de distance.... »

Un an après leur sortie des flots, les roches s'étaient réunies et formaient l'île Noire. Elle avait plus de soixante mètres de hauteur, sur neuf kilomètres de circonférence.

Au commencement de février 1866, dans le port même de la nouvelle Kameni, au milieu d'une épaisse fumée, apparut un îlot auquel on donna le nom de Georges. Quelques jours auparavant, une éruption avait été annoncée par des secousses et des bruits souterrains, à la suite desquels le sol de Kameni s'était profondément fracturé, en laissant échapper des flammes.

L'îlot n'était d'abord qu'un rocher ; mais il grandit rapidement ; car de son centre sortaient des blocs qui en reculaient les bornes. Ces blocs, d'abord froids, puis de plus en plus chauds, perdirent leur couleur noire et devinrent si ardents, que, pendant la nuit, toute la masse semblait brûler. Un de ces blocs, étant tombé sur un navire, y mit le feu et en tua le capitaine.

D'autres îles volcaniques surgirent encore dans cet archipel, et se développèrent par le refroidissement des coulées de lave sorties de leur sein.

Un tremblement de terre en Morée avait précédé les phénomènes dont nous venons de parler, et l'on en avait même ressenti une légère secousse dans le midi de la France.

Le nombre des volcans sous-marins est considérable ; aussi, quand un tremblement de terre se produit dans le voisinage de la mer, sans qu'on en puisse indiquer la cause, l'opinion de beaucoup de savants est qu'il annonce l'éruption de quelqu'une de ces bouches recouvertes par les flots.

L'existence des volcans sous-marins est attestée par les secousses qu'ont ressenties un grand nombre de navigateurs sur certains points déterminés. Ces secousses peuvent occasionner des avaries aux navires ; toutefois, c'est seulement près des côtes que des accidents graves sont à craindre ; en pleine mer tout se borne à une agitation des flots, que les marins sont habitués à braver. Mais il est arrivé trop souvent que des vaisseaux ont été brisés contre les falaises, écrasés dans les ports, lancés au loin dans l'intérieur des terres, broyés par la chute des rochers ou engloutis dans des abîmes instantanément creusés.

Quelquefois les tremblements de terre ne se font sentir que sur une médiocre étendue ; mais le plus ordinairement, la secousse se propage si loin, qu'il serait difficile de s'en faire une idée, si l'on n'en avait eu plus d'une preuve. Celui qui détruisit Lisbonne en 1755 agita non seulement le Portugal, l'Espagne et tout le nord de l'Afrique, mais il se fit sentir en France, en Suisse, en Italie, en Allemagne, dans les îles Britanniques, la Suède, la Norvège, et jusqu'en Amérique.

Rien n'avait fait prévoir cette terrible catastrophe. L'été avait été plus frais qu'à l'ordinaire ; mais depuis six semaines, le temps était très beau, quand le 1er novembre, vers neuf heures quarante minutes du matin, un bruit souterrain, que beaucoup de personnes prirent pour le fracas du tonnerre, se fit entendre tout à coup. Presque aussitôt une secousse, qui n'eut que la durée d'un éclair, ébranla le sol, et fut suivie d'une seconde, puis d'une troisième, à si peu de distance l'une de l'autre, qu'elles pouvaient être prises pour une seule.

La seconde fut si violente, que la dixième partie d'une minute suffit pour renverser les édifices les plus remarquables et la plupart des maisons particulières. L'écroulement fut tel, que la poussière qui s'en éleva obscurcit l'éclat du soleil.

La troisième porta le désastre à son comble, et plus de trente mille personnes furent ensevelies sous les ruines.

Celles qui n'étaient pas mortes jetaient des cris lamentables en appelant à l'aide, mais chacun songeait à sa propre conservation et se hâtait de gagner les places où l'on avait moins à craindre d'être atteint par les décombres, et ceux qui habitaient les faubourgs fuyaient vers la campagne sans prendre le temps de jeter un regard derrière eux.

Le nombre des victimes était surtout énorme dans les églises. On célébrait ce jour-là une des plus grandes fêtes de l'année, la fête de tous les Saints, et c'était l'heure de la grand'messe dans tous les édifices consacrés au culte catholique, depuis la cathédrale jusqu'aux plus petites chapelles des nombreux couvents. Les clochers très élevés tombèrent sur les voûtes ébranlées, et presque tous ceux qui s'étaient réunis pour prier furent écrasés.

Toutefois, il n'y avait de sécurité nulle part : beaucoup de gens qui avaient cru se soustraire à la mort en s'embarquant sur les vaisseaux amarrés dans le port, disparurent dans l'abîme avec ces bâtiments ; d'autres qui se tenaient sur la jetée furent engloutis comme les premiers, le quai de marbre qui les portait s'étant effondré tout à coup.

D'immenses richesses se trouvaient sous les ruines des églises, des palais, des magasins de toutes sortes ; l'espoir de parvenir à les en retirer aidait encore les vivants à se consoler ; mais deux heures après ces terribles secousses, le feu prit à la fois dans plusieurs quartiers. Un vent très fort s'étant élevé en même temps, activa tellement les flammes, qu'en peu d'heures tout fut consumé.

« Tous les éléments paraissaient conjurés pour nous détruire, dit un témoin de la catastrophe ; aussitôt après le choc, qui fut au moment de la plus grande élévation des eaux, le flot monta en un instant quarante pieds plus haut qu'on ne l'avait jamais observé et se retira aussi subitement. S'il n'eût pas ainsi rétrogradé, la ville entière serait restée sous l'eau.

« Il est impossible que la cause de tous ces désastres soit venue du fond de l'Océan occidental ; car je viens de converser avec un capitaine de vaisseau qui paraît un homme de grand sens, et qui m'a dit qu'étant à cinquante lieues au large, il éprouva une secousse si violente, que le pont de son vaisseau en fut endommagé. »

Dans l'espace d'un mois, plus de trente secousses succédèrent à celles-là : les unes auraient passé presque inaperçues sans la terreur que le terrible événement avait laissée ; les autres auraient été assez fortes pour causer de grands dégâts ; mais, hélas ! il n'y avait plus rien à détruire.

Aujourd'hui, Lisbonne est une des plus belles villes de l'Europe ; mais on n'y éleva pendant plusieurs années que de légères constructions en bois, revêtues de plâtre, tant on craignait un nouvel ébranlement du sol.

Comme nous l'avons dit, la catastrophe n'avait pas seulement atteint la capitale du Portugal. Le port de Sétubal, peu éloigné de Lisbonne, fut submergé. Cadix, en Espagne, faillit avoir le même sort : une vague qui s'éleva de vingt mètres au-dessus du niveau ordinaire des eaux, jeta dans la ville les décombres d'une immense muraille et enleva plus de deux cents personnes.

En Afrique, une oasis fut engloutie, des villes furent dévastées, et l'on compta plus de huit mille victimes. La mer fut violemment agitée sur un grand nombre de points, et plusieurs sources thermales furent détournées de leur cours.

On ne peut comparer à cette immense commotion le tremblement de terre de Chio ; cependant on frémit en songeant aux ruines qu'il a entassées en un instant.

Chio était une des plus belles et des plus florissantes îles de l'Archipel. En y abordant, on pouvait, selon l'expression de Chateaubriand, se croire transporté dans le pays des fées ; on se trouvait au milieu d'un port rempli de vaisseaux, on avait devant soi une ville charmante, dominée par des monts dont les arêtes étaient couvertes d'oliviers, de palmiers, de lentisques et de térébinthes.

Ajoutez à cette riche végétation les orangers, les grenadiers, tous les arbres fruitiers des régions tempérées, et la vigne dont les produits auraient seuls suffi à la richesse de l'île, et vous aurez une idée de la prospérité dont elle jouissait lorsque le tremblement de terre du 3 avril 1881 vint la couvrir de ruines.

Pendant la matinée, la chaleur était accablante, et de longs éclairs sillonnaient à chaque instant les nues amoncelées. Tout faisait présager un violent orage ; mais nul ne redoutait autre chose, quand une terrible secousse renversa soudain les trois quarts des maisons.

« Ce fut le début d'une scène horrible. Le sol, disent les correspondances, oscillait et tressaillait, bouleversant les ruines déjà amoncelées ; les survivants fuyaient çà et là, sans savoir quelle direction prendre pour échapper au sort qui les menaçait, et s'en allaient au hasard, ballottés par les soubresauts du sol, « comme « des plumes au vent. »

« Ceux-là même qui avaient pu gagner la campagne n'étaient pas à l'abri pour cela. Le tremblement de terre n'était pas limité à l'enceinte des villes ou des villages ; il ébranlait jusqu'aux collines ou montagnes de l'île. Des masses énormes de rochers et de terre balayaient leurs flancs, entraînant tout sur leur passage, et ne s'arrêtant que bien loin dans la plaine, après avoir raviné le sol dans les endroits rocheux, comme l'eût fait un torrent coulant pendant des milliers d'années.

« La ville présentait un spectacle pitoyable. De grandes fissures ou crevasses sillonnaient les rues, les murs s'écroulaient à grand fracas, et des édifices entiers couvraient le sol de leurs débris pulvérisés. En plusieurs points, des rues avaient disparu, sans qu'il fût possible d'indiquer la place qu'occupaient auparavant les constructions. Les mouvements du sol ne cessaient pas, amoncelant ruines sur ruines et faisant toujours de nouvelles victimes. Encore beaucoup de personnes durent-elles d'échapper à la mort à ce que les secousses successives déplaçaient les débris sous lesquel elles avaient d'abord été enfouies.

« Toutes ces fissures ou crevasses étaient orientées est et ouest.

Dans la campagne, le désastre avait été plus grand encore que dans la ville. A la date du 8 avril, les secousses avaient diminué. Jusque-là on en comptait deux cent cinquante, à partir de celle qui détruisit la plus grande partie de l'île. Un télégramme du 12 annonçait que des secousses d'une violence énorme recommençaient à Chio. On estime qu'il ne reste plus dans l'île qu'une vingtaine de maisons habitables. Quarante-cinq villages ont été détruits ; dans quelques-uns la population a totalement disparu. »

Huit mille morts, dix mille blessés, quarante mille personnes sans pain et sans abri, tels ont été les résultats de ce tremblement de terre, et ce n'est pas tout encore. Au moment où nous écrivons ces lignes (janvier 1882), de violentes secousses qui continuent à se faire sentir amènent un affaissement progressif de l'île, et l'on craint qu'un jour les eaux n'arrivent à la recouvrir tout entière.

Faut-il s'étonner de la terreur profonde que les tremblements de terre inspirent à l'homme? « Cependant, dit M. de Humboldt, cette impression ne provient pas, à mon avis, de ce que les images des catastrophes dont l'histoire a conservé le souvenir s'offrent alors en foule à notre imagination. Ce qui nous saisit, c'est que nous perdons tout à coup notre confiance innée dans la stabilité du sol. Dès notre enfance, nous étions habitués au contraste de la mobilité de l'eau avec l'immobilité de la terre. Tous les témoignages de nos sens avaient fortifié notre sécurité. Le sol vient-il à trembler, ce moment suffit pour détruire l'expérience de toute la vie. C'est une puissance inconnue qui se révèle tout à coup ; le calme de la nature n'était qu'une illusion, et nous nous sentons rejetés violemment dans un chaos de forces destructives. Alors chaque bruit, chaque souffle d'air excite l'attention, on se défie surtout du sol sur lequel on marche. Les animaux, principalement les porcs et les chiens, éprouvent cette angoisse ; les crocodiles de l'Orénoque, d'ordinaire aussi muets que nos petits lézards, fuient le lit ébranlé du fleuve et courent en mugissant vers la forêt. »

V.

L'Islande, comme beaucoup des îles que nous avons déjà citées, doit l'existence à des éruptions volcaniques, qui, après avoir soulevé du fond de la mer une certaine étendue de rochers, les ont recouverts de scories, de laves, de basaltes, dont les amas ont graduellement élevé le sol et augmenté la circonférence.

On ne trouve nulle part autant de traces des bouleversements causés par le feu souterrain que sur cette terre, où s'élèvent encore plus de vingt volcans. De nombreuses et profondes fissures la sillonnent, des remparts et des colonnes basaltiques y entourent des lacs, y soutiennent des cavernes; d'énormes coulées de lave forment de hautes falaises, étrangement déchiquetées, dans les échancrures desquelles la mer s'avance jusqu'à cinq ou six milles.

Par un temps calme, l'eau semble dormir dans ces golfes étroits, enfermés entre des rochers à pic, dont la cime disparaît sous la neige; des jets de vapeur ardente ou de fumée noire s'élèvent des sommets éloignés, d'immenses glaciers brillent au loin, et rien n'indique aux navires qui s'approchent de ces rivages désolés que des êtres humains puissent habiter l'île qu'ils entourent.

La plupart des volcans de l'Islande sont situés sur une ligne qui va du nord-est au sud-ouest; ils ne sont pas en activité tous à la fois, mais ordinairement à tour de rôle; quand l'un se ferme, un autre commence à lancer de la fumée et des flammes.

L'Hécla n'est pas le plus terrible de ces volcans; mais c'est le mieux connu, parce que la côte méridionale de l'île sur laquelle il est assis est plus souvent visitée que les autres points de l'Islande. Avant le IXe siècle, l'histoire ne fait pas mention des éruptions de l'Hécla; mais depuis le XIIe elles ont été fréquentes et quelquefois de longue durée.

En 1766 et en 1772, il vomit une grande quantité de pierres et de cendres, suivies de larges coulées de lave et de torrents d'eau. En 1845, la pluie de cendres fut si épaisse et projetée si loin, que les Orcades en furent couvertes, et que les marins naviguant dans ces parages en furent fort incommodés. Le sommet du volcan fit explosion, et la montagne s'abaissa subitement de plus de cent cinquante mètres.

Du commencement de l'année au mois de septembre 1756, il y eut quatre éruptions du Kattlagiaa. Des glaces, des rochers, des graviers, entraînés par de prodigieux torrents d'eau, s'élancèrent d'une large fissure de cette montagne, et, roulant vers la mer, formèrent trois promontoires très élevés, sur un point où les eaux atteignaient auparavant près de soixante-dix mètres de profondeur.

Le volcan resta ensuite dans un profond repos jusque vers la fin de juillet 1823 ; mais alors de violentes secousses de tremblements de terre annoncèrent son réveil, et trois fortes explosions eurent lieu à de courtes distances.

En mai 1860, des matières enflammées furent lancées à une hauteur de sept mille mètres au moins. Un véritable déluge causé par l'eau bouillante sortie du cratère et la fonte des neiges dont le volcan était couvert, entraîna dans sa chute des quartiers de roches et d'énormes glaçons.

L'Eyafialla, qui depuis plus de cent ans n'avait jeté qu'un peu de fumée, eut une violente éruption le 20 décembre 1821. Pendant plus de six semaines, il lança des colonnes de flammes, accompagnées de pierres énormes, qui allaient tomber à deux lieues de distance. Cinq mois après, la montagne éclata près de sa base, et des torrents de lave s'en échappèrent.

Toutefois, il n'y a pas eu en Islande d'éruptions plus désastreuses que celle du Skapta Jockul, qui, en 1783, fut accompagnée des terribles explosions du Krabla.

Les habitants de l'île donnent le surnom de Jockul à toutes les montagnes qui s'élèvent au-dessus de la limite des neiges éternelles, et la plupart des volcans sont de ce nombre.

Vers la fin de mai, on remarqua autour du Skapta un brouillard bleuâtre, qui devait être suivi d'un tremblement de terre. Le 8 juin, d'immenses colonnes de fumée obscurcirent l'air ; une pluie de cendres s'abattit sur toute la contrée, et d'innombrables jets de flammes s'élancèrent de diverses parties de la montagne, pendant qu'une large et profonde rivière, la Skapta, se desséchait, après avoir charrié des masses de fange volcanique.

Bientôt des courants de lave remplirent le lit laissé vide, franchirent ses bords et allèrent se précipiter dans un grand lac, dont les eaux, rendues bouillantes par ce contact, s'évanouirent dans les airs.

Le bassin du lac se remplit, comme la rivière, de ce feu liquide, qui, montant toujours, en dépassa les limites sur deux points différents. L'un des courants déborda dans une plaine déjà couverte de laves anciennes, et l'autre, retournant vers la Skapta, alla tomber plus loin en cascades de feu.

Une autre coulée de lave, sortie du même volcan, mais sans doute par quelque autre ouverture, s'était précipitée dans une direction différente, et couvrait une vaste étendue, quoique son épaisseur fût énorme.

Plus de neuf mille personnes et un grand nombre de bestiaux périrent. La pluie de pierres continua pendant plusieurs mois; les nuées de cendres vomies par le volcan ayant été chassées vers l'Europe par un vent violent, y firent pâlir l'éclat du soleil, et l'air en demeura chargé pendant une année entière, au-dessus de l'île si cruellement dévastée.

Quelques semaines avant cette catastrophe, une éruption sous-marine avait fait surgir des eaux un îlot de rochers, d'où s'élançaient des flammes; mais avant la fin de l'année, il disparut sous les flots.

Les quatre premiers mois de 1875 furent marqués par de nouvelles éruptions, non moins désastreuses; car elles couvrirent de laves, de cendres, de blocs de rocher, d'immenses étendues de terrain, ainsi condamnées à une longue stérilité.

Les sources thermales sont nombreuses en Islande, dans le voisinage des volcans; les plus remarquables de ces sources sont les jets d'eau bouillante, parmi lesquels on cite surtout le grand Geyser, dont le nom signifie fureur.

Geysers d'Islande.

« Le grand Geyser, dit M. Figuier, est une source jaillissante, dont le tube a vingt-trois mètres de profondeur sur trois de largeur ; il est surmonté d'un bassin qui mesure en travers de seize à dix-huit mètres. Les parois de ce bassin, aussi bien que celles du tube d'ascension, sont revêtues d'une couche siliceuse très unie et très dure provenant des dépôts siliceux fournis par les eaux, car ces eaux tiennent en dissolution une assez forte proportion de silice. Cependant l'eau du Geyser ne dépose rien; mise en bouteille, on peut la garder des années, sans qu'il s'y forme aucun précipité, elle reste claire comme le cristal. On ne comprendrait donc pas la formation des parois de silice du Geyser, si on n'avait pas remarqué que le même liquide, soumis à une évaporation rapide, laisse un anneau siliceux sur les côtés du bassin dans lequel on l'évapore, et c'est là le cas des puits d'eau chaude de l'Islande. La source thermale siliceuse a donc elle-même bâti son puits dans le cours des siècles et en a exhaussé les bords en forme de tertre.

« L'explication des phénomènes du Geyser a longtemps embarrassé les physiciens. Le jet d'eau bouillante n'est pas continuel ; il n'arrive que par intervalles. Avant chaque éruption, le tube et le bassin se sont d'abord remplis d'eau chaude ; de temps en temps des détonations violentes, accompagnées d'une grande agitation de l'eau, se font entendre. L'eau est soulevée dans le tuyau, de manière à produire un monticule au centre de la nappe ; le liquide déborde, puis tout à coup il s'élance avec fureur, en formant une immense gerbe, dont les épis, perçant la vapeur, retombent sur eux-mêmes dans le bassin. Des pierres ou des mottes de tourbes qu'on jette quelquefois dans le Geyser, afin de provoquer une éruption, sont rejetées avec violence. Ensuite la gerbe diminue, s'élance encore, fait un dernier effort, avec une violence soudaine, puis tout s'apaise : le Geyser reste enveloppé d'un nuage de vapeurs blanchâtres, et le bassin se montre de nouveau vide et parfaitement sec. Le jet lancé par le grand Geyser atteint quelquefois une hauteur de 60 mètres ; en 1770, il a dépassé 110 mètres. »

Après le grand Geyser vient le Strokur, qui n'en est guère éloigné que de cinquante mètres. On l'a surnommé la Marmite du Diable, parce qu'il fait entendre un bouillonnement continuel. Un grand nombre d'autres sources chaudes, dont le jet s'élève moins haut, se rencontrent à des intervalles irréguliers autour de ces deux premières.

L'eau qu'elles lancent est généralement limpide et incolore ; cependant quelques-unes empruntent aux terrains qu'elles traversent la couleur du sang ou celle du lait.

Les geysers construisent eux-mêmes, par le dépôt que laissent leurs eaux, le bassin qu'elles remplissent et le conduit par lequel on les voit jaillir. Quand ce tube atteint une certaine hauteur, l'eau ne s'y échauffe plus assez pour être projetée aussi violemment ; peu à peu les éruptions diminuent, jusqu'à ce qu'elles cessent tout à fait. On trouve en Islande beaucoup de geysers éteints : les uns devenus de paisibles bassins, auxquels on donne le nom de bains ; les autres démolis par l'effort des eaux, qui se sont violemment ouvert quelque nouveau passage.

Au nord-est de l'Islande, s'élève, dans l'océan Glacial, l'île de Jean-Mayen, où le navigateur Scoresby a visité, en 1817, un volcan dont personne n'avait parlé avant lui, et auquel il a donné le nom d'Esk, qui était celui de son vaisseau.

L'année suivante, une éruption de ce volcan eut lieu : des jets de fumée s'en échappaient à intervalles réguliers de trois à quatre minutes, et atteignaient, dit Arago, une hauteur de douze à quatorze cents mètres.

Dans les îles Britanniques se trouvent aussi de grandes masses basaltiques ; et dans leur partie septentrionale, les débris volcaniques sont très nombreux.

L'île de Staffa, l'une des Hébrides, dont le groupe dépend du comté d'Argyle, en Ecosse, n'est qu'un bloc de basalte, placé au milieu d'une autre île d'origine volcanique. La mer, en creusant peu à peu les remparts de Staffa, y a formé la grotte de Fingal, une des plus belles qu'il y ait au monde. La voûte cintrée qui la recouvre s'appuie sur une double rangée de colonnes basaltiques, merveilleusement taillées et disposées avec un art merveilleux par ce grand architecte qu'on appelle la Nature.

La grotte, qui a vingt mètres de hauteur sur douze de largeur, est parcourue d'un bout à l'autre par les flots. Presque toujours ils sont agités et vont se briser furieusement contre les piliers du fond ; mais quand la mer est très calme, on distingue, à cinq mètres de profondeur, des blocs de basalte parfaitement polis, qui ressemble au carrelage de marbre de nos églises.

VI.

L'Asie compte des volcans, non seulement dans les îles ou sur les bords de la mer, où la croûte terrestre, offrant moins d'épaisseur, s'ouvre le plus souvent pour livrer passage aux éruptions du feu souterrain, mais aussi dans l'intérieur du continent, où il est assez rare d'en rencontrer.

Entre la mer Noire et la mer Caspienne, se trouve une montagne volcanique très célèbre, le mont Ararat, grâce auquel, d'après les livres saints, l'arche qui portait Noé et sa famille sauva le genre humain d'une destruction complète. L'opinion de plusieurs savants est que le déluge fut causé par le soulèvement de cette montagne, dont les environs offrent de tous côtés des coulées et des nappes de lave.

L'Ararat a passé longtemps pour être inaccessible. Le naturaliste Tournefort, qui, en 1700, essaya d'en faire l'ascension, fut obligé d'y renoncer après d'extrêmes fatigues. Une expédition, très bien organisée par les ordres d'un pacha de Béjazed, ne réussit pas mieux; mais, en 1829, un Français établi en Russie, M. Parrot, professeur à Dorpat, après deux tentatives infructueuses, parvint au sommet de la montagne vénérée.

De nombreux précipices, ouverts sur des pentes de glace qu'on était obligé d'entailler à la hache pour y poser les pieds, rendaient la marche très pénible; mais un temps superbe, quoique très froid, favorisa cette troisième entreprise.

La neige couvre en tout temps la cime de l'Ararat, où il n'existe pas de cratère proprement dit; mais une large et profonde crevasse, qui a pu donner issue aux matières volcaniques, existe au nord-ouest.

Plusieurs ascensions ont été faites depuis 1829, et tous les hardis explorateurs de cette montagne ont eu à souffrir, soit d'un froid rigoureux, soit de terribles bourrasques de neige et de grêle chassées par un vent furieux.

En 1850, le colonel Kodzko y fut assailli, pendant la nuit, par un violent orage. A la hauteur où il était parvenu, il se trouvait en pleine nuée électrique. On ne voyait pas les éclairs briller en zigzags dans les airs; ils emplissaient l'espace d'une lueur éblouissante, nuancée de reflets verts, rouges et blancs. Les coups de tonnerre suivaient presque immédiatement le passage des éclairs, et leurs puissants éclats étaient répétés par d'innombrables échos, pendant que le colonel et ses compagnons, roulés dans leurs manteaux, étaient couverts d'une neige qui ne cessait de tomber.

L'Elburs est cité par Arago comme un des volcans actifs de l'Asie centrale. Le savant auteur ajoute que plusieurs voyageurs prétendent que le Démavend, point le plus élevé de la chaîne, rejette par son sommet une grande masse de fumée, mais qu'aucun témoignage n'annonce qu'une éruption réelle ait eu lieu récemment.

La hauteur de ce pic, situé près de Téhéran, capitale de la Perse, est de 6,550 mètres.

Dans les régions du centre s'élèvent aussi le Tourfan et le Bisch-Balisch, qui lancent continuellement des flammes et de la fumée.

Dans le Kamtchatka se trouvent beaucoup de volcans, dont le plus remarquable est le Klutschen, situé dans la presqu'île voisine de l'Amérique. De son cratère, qui s'ouvre au sommet d'une des plus hautes montagnes du globe, s'élancent en tous temps des vapeurs et de la fumée. Des coulées de lave en sortent aussi fréquemment, roulent sur les glaciers, les détachent et en précipitent d'énormes masses au pied de la montagne.

Les *Mémoires* du célèbre navigateur La Pérouse racontent qu'en s'approchant du Kamtchatka, un soir du mois de septembre 1789, les équipages français virent avec chagrin des pics couronnés de neige, quoique l'été touchât à sa fin ; mais que le lendemain, ils furent agréablement surpris en reconnaissant qu'au pied des glaciers qui couvraient les flancs de ces monts, s'étendaient des vallées fertiles.

Un volcan dominait la baie de Saint-Pierre et de Saint-Paul, appelée aussi baie d'Avatcha, comme ce volcan, dont on apercevait de loin le sommet couronné de flammes.

Les savants qui faisaient partie de l'expédition de La Pérouse ayant aussitôt demandé à le visiter, le gouverneur de cette province, qui appartient à la Russie, mit à leur disposition huit Cosaques, dont les services devaient leur être fort utiles.

La montagne avait plus de trois mille mètres de hauteur, et l'on ne pouvait parvenir au cratère qu'en escaladant des roches taillées à pic et souvent mal assujetties, entre lesquelles s'enfonçaient d'affreux précipices ; mais il n'y a guère d'obstacles insurmontables pour ceux qu'anime l'amour de la science, et l'ascension s'acheva sans aucun accident.

C'est de la ville de Saint-Pierre-et-Saint-Paul (en russe Petropawlowsk) que l'illustre navigateur envoya en France, où il ne devait jamais revenir, les dernières notes concernant son voyage. On l'attendit longtemps ; car ce fut en 1826 seulement que Dumont d'Urville, envoyé à sa recherche, apprit qu'il avait fait naufrage devant l'île de Vanikoro.

L'archipel des Kouriles, voisin du Kamtchatka, compte dix-huit îles appartenant à la Russie et trois au Japon. Toutes sont volcaniques, et l'on y ressent de fréquentes secousses de tremblements de terre. Dix volcans actifs, dont l'un, situé dans l'île Marékan, porte le nom de La Pérouse, lancent leurs panaches de fumée et d'ardentes vapeurs à travers les épaisses brumes qui enveloppent trop souvent ces îles habitées par de pauvres pêcheurs.

Les îles Aleutiennes ne le cèdent point aux Kouriles sous le rapport de l'activité volcanique. Sur l'île de Tanaga s'élève un volcan aussi considérable que l'Etna. On en compte plus de trente autres dans cet archipel, où l'on a vu surgir, en 1796, après un violent tremblement de terre, et au milieu d'une colonne de flammes, une île nouvelle, au centre de laquelle un pic est encore en éruption.

Le Japon, qui se compose de beaucoup de petites îles et de quatre grandes, Kiousiou, Sikokf, Niphon et Yeso, est montagneux et volcanique. Le sommet le plus élevé, le Fousi-Yama, dans l'île de Niphon, atteint 3,800 mètres d'altitude. Il est couronné d'une neige à travers laquelle s'échappent des jets de fumée. C'est la montagne sainte des Japonais ; aussi est-elle visitée par un grand nombre de pèlerins.

Au nord de la même île, le Jesan lance souvent assez loin en mer des cendres et des pierres ponces. L'Asama-Yama, qui s'élève aussi dans l'île Niphon, eut en 1783 une éruption dont les résultats furent des plus désastreux. Un torrent de pierres incandescentes, rejeté avec une violence inouïe, couvrit la plaine; vingt-neuf villages furent détruits par les flammes, et une large rivière, détournée de son lit, inonda toute la contrée.

Depuis ce moment l'Asama-Yama laisse échapper constamment de la fumée, et souvent encore des cendres, des pierres et des laves. Haut de trois mille mètres, il est environné de montagnes, et forme un cône dont l'accès est rendu très difficile par un entassement de scories qui se dérobent sous les pieds.

« Rouler de deux pas en arrière pour un pas en avant, dit M. Georges Bousquet, rendant compte d'une ascension qu'il y fit, en compagnie de plusieurs Français résidant au Japon; manger et respirer de la poussière et de la cendre, s'essouffler pour gravir une inexorable pente uniforme, s'asseoir de loin en loin sur des blocs rocailleux qui vous déchirent, tout cela sur un sol brûlant, par une température de 28°, il fallait vraiment, pour persister, toute l'énergie morale dont la caravane disposait. Enfin, nous apercevons une pierre qui nous paraît un indice du sommet; encore un effort, nous y sommes. Quelle ironie! Au-dessus de nous s'étend une petite dépression, et au delà une nouvelle montée. Nous ne sommes qu'à un ancien cratère, plus vaste, concentrique au nouveau. C'est un phénomène très fréquent dont les montagnes de la lune présentent le caractère très remarquable, et peut-être l'Asama-Yama lui-même n'est-il tout entier, au milieu de son grand cercle de montagnes, qu'un bouillonnement gigantesque, survenu dans une cuve refroidie de deux cents lieues de circonférence.

« Heureusement, la nouvelle ascension est plus douce; heureusement aussi la fumée ne chasse pas de notre côté; car nous serions aveuglés et à demi asphyxiés par ces vapeurs sulfureuses. Déjà l'on entend le bruit qui s'échappe de la montagne. Que faut-il de plus pour ranimer notre ardeur? C'est à qui arrivera le premier. Enfin nous y voilà. Quel spectacle! C'est peu que la vue environnante, voilée par les nuages; ce qui attire, ce qui écrase, ce qui fascine, c'est cette cuve formidable, de trois cents mètres de diamètre, au fond de laquelle on entend bouillonner la lave, trop profondément pour pouvoir l'apercevoir, et d'où sort, avec un fracas assourdissant, l'éternel murmure des forces souterraines. Sur les parois de ce puits immense s'ouvrent intérieurement des fissures par où s'échappe, au milieu de flocons de fumée, la lave incandescente qui tombe au fond, puis remonte avec la coulée, comme les vagues le long d'une falaise.

« Une terreur singulière s'empare de vous; il semble à chaque instant que la vague audacieuse va monter plus haut et vous happer au bord du gouffre. C'est l'attraction poignante et lugubre de l'abîme; on se sent pénétré de l'esprit d'Empédocle, et on s'arrache avec peine à ce sommet grondant.... »

Nos lecteurs savent sans doute qu'Empédocle, célèbre philosophe sicilien, disparut pendant une éruption de l'Etna, et que le cratère ayant rejeté une de ses sandales d'airain, ses ennemis l'accusèrent de s'y être précipité dans l'espoir de perpétuer sa renommée et peut-être d'obtenir les honneurs divins.

Dans l'île Kiousiou existent cinq volcans, dont le plus célèbre est le Wunzen, qui, en 1793, fut en éruption pendant quatre mois, et d'où sortirent d'énormes quantités de laves. Des tremblements de terre qui secouèrent en même temps l'île entière, y causèrent la mort de cinquante mille personnes.

L'île Yeso est hérissée de pics élevés, dont la plupart sont des volcans éteints. Kosima, Risiri, Masmai et plusieurs autres petites îles, ont des cratères en activité, et dans l'archipel Liou-Kiou se trouvent les îles de Soufre, d'où s'élève constamment une fumée sulfureuse.

L'île Formose, séparée de la Chine par le détroit de Fokien, est traversée dans toute son étendue par la chaîne volcanique de Ta-Chan, dans laquelle s'élèvent quatre volcans.

VII.

On ne connaît que fort peu les volcans du continent africain; on cite cependant le Koldagi, en Nigritie, et le Mongo-ma-Lohab, près du golfe de Guinée. Les îles qui dépendent de cette partie du monde en renferment un certain nombre.

Dans le groupe des Açores, l'île Pico est dominée par un volcan dont elle a pris le nom et qui a eu des éruptions très violentes en 1718 et 1812. L'île Saint-Georges, voisine de l'île de Pico, a été sillonnée par d'immenses courants de lave, et les savants regardent le cratère qui s'y est ouvert en 1808 comme une bouche latérale du Pico.

Saint-Michel, la plus grande des Açores, a plusieurs cônes de cendres et un grand cratère ; cependant les géologues pensent que les éruptions qui s'y sont produites peuvent être aussi attribuées au Pico. Il en est de même de la formation subite d'un îlot dans le voisinage de ces îles en 1811, et leur opinion s'appuie sur ce que le

Pico, alors en éruption, parut s'éteindre. Le capitaine de la *Subrina*, témoin de l'événement, donna à cette nouvelle terre le nom de son navire, et en prit possession au nom du roi d'Angleterre ; mais elle a disparu depuis, et la mer n'a pas moins de cent trente mètres de profondeur sur le point où cet îlot avait surgi.

Plusieurs cratères se sont ouverts, puis fermés, dans l'île de Saint-Michel. En 1522, une éruption fit sauter en l'air deux collines, ensevelit sous leurs débris la ville de Villafrança, et causa la mort de quatre mille de ses habitants.

Madère, la plus importante des Açores, est dominée par le pic Ruivo. Son sol montagneux est sujet aux tremblements de terre, et l'on croit que le groupe entier de ces îles s'est élevé du sein des eaux par quelque phénomène volcanique.

Les Anglais reconnurent Madère en 1344 ; puis les Portugais la visitèrent moins d'un siècle après. Ce n'était qu'une immense forêt, à laquelle ils mirent le feu. Elle brûla, dit-on, pendant sept ans, et la quantité de cendres dont elle couvrit le sol le doua d'une grande fertilité. Le climat de cette île est très agréable, et on en recommande le séjour aux personnes menacées de phtisie. La réputation du vin de Madère est universelle ; les ceps qui le produisent y ont été apportés de Chypre, pour la première fois, en 1445.

Les Canaries se composent d'une vingtaine d'îles, dont sept seulement sont habitées : Ténériffe, la grande Canarie, Palma, Lancerote, Fortaventura, Gomera et Fer.

Comme les Açores, les Canaries sont montagneuses et volcaniques. Au centre de l'île Palma se trouve un vaste cratère, entouré de pics élevés. Lancerote est criblée d'orifices qui ont donné passage à de nombreuses coulées de lave. On ne fait remonter l'origine de ces bouches qu'aux éruptions qui eurent lieu de 1730 à 1736, et qui ouvrirent d'un bout à l'autre de l'île une énorme fissure.

Gomera est une île de forme presque ronde, ou plutôt ce n'est qu'une montagne à large base, dont les flancs sont entièrement boisés et dont le haut sommet est souvent couvert de neige.

L'île de Fer est, comme les autres Canaries, montueuse et volcanique, mais fertile en vins et en fruits excellents. En 1634, une ordonnance du roi Louis XIII obligea les géographes français à y faire passer leur premier méridien, c'est-à-dire le point d'où l'on part pour compter les degrés de longitude. Les autres nations firent comme la France; mais aujourd'hui il n'y a plus guère que les Allemands qui aient leur méridien à l'île de Fer, tandis que celui de l'Observatoire de Paris est généralement usité.

Fortaventura et Canaria, ou la grande Canarie, renferment plusieurs cratères ; mais le pic de Teyde, vulgairement appelé pic de Ténériffe, du nom de l'île à laquelle il appartient, est le volcan central des Canaries. Ce pic, presque en tout temps couronné de neige, sort d'un cirque, de forme ovale, qui n'est autre que le grand cratère du volcan. Celui qui termine le pic a été surnommé la Chaudière; il a trente-cinq mètres de profondeur sur soixante-dix mètres de tour. Il n'en sort que de la fumée, et depuis longtemps il n'a lancé ni flammes, ni pierres, ni laves.

Le 5 mai 1704 eut lieu sa dernière éruption violente. Elle fut annoncée par un bruit semblable à celui du tonnerre; l'air était embrasé; une forte odeur de soufre suffoquait les hommes et les animaux; la mer bouillonnait et s'était retirée du rivage, et la vapeur qui s'élançait du pic ressemblait à une immense gerbe enflammée.

Tout à coup le sol trembla, des torrents de lave sortis de la Chaudière se précipitèrent dans la direction de la petite ville de Guarrachico, et en recouvrirent une partie, pendant que l'autre s'engloutissait dans des crevasses subitement ouvertes. Beaucoup d'habitants furent écrasés ou enfermés dans les ruines, et la plupart de ceux qui parvinrent à fuir furent tués par une pluie de pierres et de quartiers de rocher.

En 1798, il y eut une nouvelle éruption; mais elle se fit par la montagne de Chahorra, qui, avec la Blanca, s'élève près du pic, dans l'ancien cratère ou grand bassin. Elle commença le 9 juin, par une violente secousse du Chahorra, et dura plus de trois mois. De temps à autre, des fragments de roche, projetés en l'air, mettaient de douze à quinze secondes à retomber à terre.

Le phénomène se fit sentir jusque dans l'île de Palma, distante de vingt-cinq lieues; des torrents de lave s'y répandirent par des bouches volcaniques ouvertes dans les siècles précédents.

Malgré les éruptions et les tremblements de terre, autrefois beaucoup plus fréquents qu'aujourd'hui, les Canaries ont reçu des anciens le nom d'îles Fortunées, et elles le méritent par la beauté du climat et la fertilité du sol. La chaleur, qui devait y être insupportable, puisqu'elles sont situées non loin du tropique, y est sans cesse tempérée par les vents du nord ou de l'ouest et par les brises de la mer. Elles ne sont habitées par aucun animal féroce ni aucun reptile venimeux. C'est de là qu'ont été transportés en Europe les jolis oiseaux chanteurs connus sous le nom de canaris.

Toutes les plantes de nos pays y réussissent à côté de celles des chaudes latitudes, telles que la canne à sucre, le cotonnier, les palmiers, etc.; mais les vignes qui donnent l'excellent vin connu sous le nom de Ténériffe, sont pour ces îles la principale source de richesse.

En 1753, le docteur Heberden, qui visita le pic de Ténériffe, remarqua de grandes masses de rochers brûlés qui avaient roulé jusqu'au pied de la montagne. En continuant à monter, il arriva à la grotte de Zegds, environnée d'énormes quartiers de roches calcinées; puis il rencontra une plaine sablonneuse, du milieu de laquelle sortait une pyramide de sable ou de cendre jaunâtre, appelée le *pain de sucre*. Autour de ce cône transpiraient des vapeurs fuligineuses; mais il voulait atteindre le sommet, et il y parvint, quoique la pente fût très rapide et que le sol se dérobât sous ses pieds.

Du cratère, nommé la Chaudière, s'échappaient une vingtaine de jets d'une fumée épaisse et sulfureuse. Tout autour la terre brûlante était comme saupoudrée de soufre; une autre partie du cône était blanche comme de la chaux, et la base ressemblait à de l'argile rouge, mêlée de sel.

Le Bulletin de la Société de Géographie rend compte d'une excursion faite à Ténériffe par un savant botaniste français, M. Berthelot, qui, dans l'espoir de rencontrer quelque plante échappée aux recherches de ses devanciers, résolut de gravir le pic, en suivant des sentiers réputés impraticables.

« Je me trouvais à cette époque à Chasna, village situé dans une position des plus pittoresques, au sud du Teyde, et à 1,416 mètres d'élévation au-dessus du niveau de l'Océan, quoiqu'il ne soit guère éloigné que de trois lieues de la côte méridionale de l'île.

« J'en partis à cinq heures du matin, avec M. Mac Grégor, alors consul d'Angleterre aux Canaries, et deux guides qui nous accompagnaient. Après deux heures de marche, nous arrivâmes à la base des montagnes centrales. Les pins des Canaries, qui couvraient presque tous les terrains que nous avions traversés, commencèrent à devenir plus rares ; à mesure que nous avancions dans la gorge d'Oucanca, ces beaux arbres disparurent insensiblement et furent remplacés par des genêts visqueux. Oucanca est un endroit qui mérite d'être vu : une éruption volcanique, accompagnée sans doute de violentes commotions, en bouleversant jadis la base des montagnes centrales, donna naissance à la gorge qui existe aujourd'hui. Le cratère principal, qu'il est facile de reconnaître, vomit un torrent de lave vitrifiée qui inonda les alentours, et suivit son cours vers la côte, parcourant un espace de plus de deux lieues. Le désordre de ce site sauvage est encore augmenté par d'énormes rochers qui paraissent s'être détachés des hauteurs voisines.

« Au sortir des gorges d'Oucanca, nous continuâmes à gravir la montagne que nous avions en face ; les genêts blancs dont nous avions déjà rencontré quelques buissons près du cratère, se montrèrent alors en plus grand nombre, et s'étendirent bientôt en une zone de végétation qui domine exclusivement autour des bases du pic.

« La station où nous étions parvenus s'appelle degollada d'Oucanca. Le Teyde était en face de nous ; nous comptions déjà les torrents de lave noire qui sillonnent ses pentes, et nous découvrions toutes les montagnes centrales de Ténériffe ; car ce n'est que de ce point qu'on peut embrasser d'un seul regard l'ensemble de ce groupe de sommités volcaniques. Cette vue est des plus imposantes, et aucune description ne pourrait en donner une idée assez juste. Les montagnes des Canadas, qui, peut-être, formaient dans d'autres temps une chaîne entièrement circulaire, offrent aujourd'hui deux grands passages, dont les abords bouleversés indiquent assez les causes violentes qui les produisirent; les hautes crêtes s'élèvent à plus de 3,000 mètres au-dessus du niveau de l'Océan ; tout l'espace renfermé par la ligne de circonvallation de ces monts trachytiques constitue un cratère immense, d'une origine primordiale relativement au pic lui-même, que le géologue Escolar appelait *el hijo de la Canadas* (le fils des Canadas). C'est à peu près du milieu de ce cratère elliptique, dont le plus grand diamètre est d'environ cinq lieues, que s'élance le Teyde, encore fumant au-dessus de ce sol bouleversé. Le vaste circuit qui l'entoure est désigné sous le nom de gorges du pic.

« Le sentier qui conduit à la degollada d'Oucanca, dans le fond des gorges, est des plus scabreux; la contre-pente de la montagne est presque à pic, et présente dans plusieurs endroits des précipices de plus de trois cents mètres de chute. Lorsque nous descendions dans l'intérieur des gorges, nous pouvions à peine concevoir comment nous y parviendrions; mais enfin nous y arrivâmes. Le sol de ces gorges est à 2,700 mètres au-dessus du niveau de la mer, et la cime du Teyde s'élève à 985 mètres au-dessus du sol. Nous avions d'un côté les vastes pentes du grand cône et de l'autre la chaîne des montagnes dont nous étions descendus, et dont la coupe presque perpendiculaire servait jadis de paroi à cet immense cratère de soulèvement.

« Quel étonnant spectacle! et si l'imagination se transporte dans les siècles de tourmente géologique où ce volcan était dans toute son activité, on ne concevra pas sans effroi un gouffre enflammé de plus de neuf lieues de circonférence et 300 mètres de profondeur. Alors seulement on pourra se faire une idée de l'état de fermentation de cette époque d'incandescence, et la formation du Teyde au milieu de ce gouffre ne paraîtra plus qu'un effet secondaire.

« Après avoir admiré ces grands accidents volcaniques, et avant de nous avancer davantage vers la base du Teyde, nous fûmes nous reposer à la source de la *Piedra;* car nous étions suffoqués par la chaleur. Dans cette région élevée, l'air est toujours calme et diaphane, le ciel toujours d'un azur éclatant, et la plus légère nuée ne vient jamais en rompre l'uniformité. L'intensité des rayons solaires dans ces gorges, leur réverbération sur les nappes du tuf blanc, leur éblouissante scintillation sur tous les débris de ponce et d'obsidienne qui couvrent le sol, sont autant de causes qui produisent une haute température. De là, on domine les nuages ; aussi point de ces brumes bienfaisantes qui, dans les lieux plus bas, viennent rafraîchir l'atmosphère, humecter la terre et vivifier la végétation. L'habitant des plaines qui traverse cette zone en ressent bientôt l'influence : l'extrême sécheresse de l'air resserre ses pores, arrête sa transpiration et gerce son épiderme ; une soif immodérée le tourmente sans cesse, et souvent il cherche en vain la source cachée qui ne doit l'étancher qu'un instant.

« La source de la Piedra fournit une eau d'une fraîcheur délicieuse ; les chèvres qu'on laisse errer dans ces gorges et les abeilles dont les ruches sont placées dans le voisinage, viennent s'y désaltérer; une multitude de genêts blancs croissent aux alentours; cet utile arbuste est l'ornement des Canadas; les chèvres broutent ses tiges, tandis que les abeilles butinent sur ses fleurs parfumées....

« Nos guides nous firent traverser ensuite un torrent de lave, que nous avions à notre droite, puis entrer dans un troisième. On appelle mal pais (mauvais pays) tous ces espaces envahis par les éruptions. A mesure que nous avancions, les obstacles devenaient plus insurmontables; à chaque instant, il nous fallait gravir des tas de scories, des amas d'obsidiennes (1) qui interceptaient tous les passages.

« Nous marchions depuis plus de deux heures sur ce sol infernal, quand nos guides, qui s'étaient déjà arrêtés plusieurs fois pour se consulter, nous parurent incertains sur la route qu'ils devaient suivre; bientôt l'un d'eux vint nous déclarer que nous nous étions égarés et que nous devions renoncer à notre entreprise. Nous ne fûmes pas de son avis; nous étions trop avancés pour retourner en arrière; mais il fallait sortir de ce mauvais pas; car la nuit s'approchait. L'endroit où nos ignorants conducteurs nous avaient conduits était désespérant: des laves entassées en blocs nous entouraient de toutes parts; plus loin, elles paraissaient s'être étendues en nappe; nous ne savions de quel côté nous diriger. Cependant, à tout hasard et à force de bras, nous parvînmes à frayer un sentier au malheureux cheval qui portait nos provisions et qui manqua périr dix fois dans ce trajet.

---

(1) L'obsidienne est une roche volcanique ayant l'apparence d'un verre dont la couleur varie du bronze au jaune et au rouge.

« Nous étions harassés de fatigue lorsque nous arrivâmes à la base d'une montagne de ponces adossée au pic. Au sortir des ponces, nos chaussures étaient en lambeaux ; mais nous étions déjà parvenus sur une des pentes du Teyde et nous reprîmes courage. »

M. Berthelot reconnut le sentier qu'il avait suivi dans une première exploration faite en 1825, et, désormais sûr de ne plus s'égarer, il se dirigea, suivi de ses compagnons, vers la station où ils devaient passer la nuit. Sur ce point élevé, on respirait un air très pur, et de légères rafales de vent du nord y apportaient le parfum des genêts. Les guides avaient tué une chèvre dans les gorges ; ils allumèrent un grand feu, aux dépens des buissons et du voisinage ; puis, après avoir fait rôtir et mangé ce gibier, ils s'endormirent paisiblement.

Il était trois heures du matin lorsque nos voyageurs se remirent en marche vers la pointe du pic. Le sentier qu'ils suivirent d'abord était praticable, quoique très incliné ; mais bientôt le désordre du sol devint épouvantable par l'encombrement des matières volcaniques, et l'on ne pouvait marcher avec trop de précaution au milieu de tant de crevasses et d'aspérités.

« Après avoir franchi ce *mal pais de Teyde*, comme l'appelaient nos guides, on arrive sur l'assise de la *Rambleta*. Tout semble indiquer dans cet endroit un cratère antérieur à celui du sommet du pic ; car c'est de là que débordèrent les nombreux torrents de lave qui ont inondé les Canadas. Le Teyde aura eu des alternatives de repos, et ce fut probablement après une d'elles qu'une nouvelle éruption produisit le pic.

« Ce chapiteau volcanique qui a recouvert l'ancien gouffre s'élève en effet, au milieu de la *Rambleta*. Maintenant il couronne la montagne, et les échancrures de sa cime étaient éclairées par les premiers rayons du soleil levant. Des exhalaisons sulfureuses commençaient déjà à se faire sentir ; nous touchions au terme de notre entreprise ; mais il nous restait à gravir les pentes de ce petit cône, dont la hauteur est de 146 mètres. Les ponces et les débris de scories rendent cette montée des plus fatigantes ; cependant, après nous être reposés plusieurs fois pour reprendre haleine, nous atteignîmes enfin le sommet.

« La vue dont on jouit de cette élévation est tout à fait grandiose ; il me serait impossible de vous en donner une idée bien exacte, et vous rendre raison des impressions que produit ce spectacle sublime me serait plus difficile encore. De ce point culminant, que les éruptions lancèrent à 3,715 mètres au-dessus du niveau de la mer, nos regards embrassaient les sept îles ; à l'orient, les hautes cimes de Canaria perçaient à travers les nuages que le soleil dorait de ses feux ; plus loin, nous découvrions Lancerote et Fortaventura ; à l'occident, l'ombre du Teyde s'étendait en un immense triangle jusque sur Gomera, et non loin se montraient Palma et l'île de Fer. Nous avions au-dessous de nous Ténériffe, avec le circuit de ses côtes, les divers enchaînements de ses montagnes, ses plateaux et ses vallées pittoresques.

« Nos regards errèrent longtemps sur cette multitude de creux et de relèvements qu'indiquait le jeu des ombres ; nous aurions voulu deviner toutes les localités et reconnaître chaque accident ; mais ce panorama était trop éloigné pour qu'il fût possible de bien en saisir tous les détails ; ce n'était plus qu'un plan en relief ; nous ne pouvions assez apprécier ni les hauteurs ni les distances. Nous étions enivrés d'admiration devant l'immensité de ce tableau ; mais la scène changea bientôt d'aspect. A mesure que le soleil avançait dans sa course, les vapeurs s'élevaient de toutes parts ; on voyait peu à peu flotter leurs masses condensées et des nuées blanchâtres se former sur les lieux où une plus grande réunion de végétaux attirait et reproduisait sans cesse de nouveaux brouillards. Ce fut ainsi que se couvrit insensiblement toute la surface de l'île, au-dessus de laquelle nous dominâmes alors, comme sur un océan de nuages. »

Les îles du cap Vert sont d'origine volcanique, comme les Açores et les Canaries. Le pic de Fuego, situé dans la petite île de même nom, est le principal volcan de ce groupe. Il s'élève à 2,600 mètres au-dessus du niveau de la mer, et s'aperçoit de très loin, même quand il ne lance que de la fumée. Qu'on juge de l'effet qu'il devait produire lorsqu'il en sortait constamment des flammes, ce qui eut lieu pendant trente-trois ans, à partir de 1680.

En 1721, il vomit des torrents de lave. Sa dernière éruption remarquable eut lieu en 1799 ; mais il n'est pas éteint.

Dans l'île de l'Ascension se trouve un vaste cratère dont les éruptions ont anciennement couvert le sol de laves et de scories.

Sainte-Hélène ne serait, d'après l'opinion de plusieurs savants, qu'un vaste cirque, dans le genre du grand cratère au centre duquel a surgi le pic de Ténériffe. Ce cirque, bordé de falaises basaltiques, a donné naissance à un autre volcan, dont on voit encore le cratère éteint.

L'île Bourbon, ou île de la Réunion, située dans l'océan Indien, est en partie couverte de pierres brûlées, de scories et de coulées de lave, dont les plus anciennes sont devenues d'une grande fertilité : le café, la canne à sucre, les épices y réussissent fort bien. On y

ILE DE LA RÉUNION. — Le Piton d'Enghien.

remarque deux montagnes volcaniques : le Gros-Morne, depuis longtemps éteint, et le Piton, encore en activité.

Cette île, qui appartient à la France, porta d'abord, comme l'île de France ou île Maurice, l'île Rodrigue, etc., le nom de Mascareigne, en l'honneur du Portugais Mascarenhas, qui les découvrit en 1545. Vers le milieu du siècle suivant, des Français qui y avaient établi une colonie florissante remplacèrent ce nom par celui de Bourbon. La République lui donna celui d'île de la Réunion, qu'elle quitta sous l'Empire pour s'appeler île Bonaparte. Sous Louis XVIII, elle redevint l'île Bourbon, et depuis elle échangea de nouveau ce nom contre celui d'île de la Réunion.

Le Piton, appelé aussi Fournaise, a de fréquentes éruptions ; de nouveaux cratères s'y forment et des coulées de lave se répandent sur un espace de plusieurs lieues, où l'on ne voit encore aucune trace de végétation.

VIII.

L'Amérique compte un très grand nombre de volcans, disposés en ligne, principalement au Mexique, au Pérou, au Chili, dans la Colombie, et dans les îles de l'océan Pacifique.

Dans la région du nord-ouest, de nombreuses coulées de lave annoncent que les hautes montagnes dont les cimes sont couvertes de neige ont été des volcans actifs; mais le mont Saint-Elie, que les navigateurs aperçoivent de très loin, lance encore vers le ciel d'épaisses colonnes de fumée, ainsi que la montagne du Beau-Temps et le volcan de la Vierge, en Californie.

Au Mexique, on en compte cinq en pleine activité : l'Orizaba, le Popocatépetl, le Tuxtla, le Jorullo et le Colima.

L'Orizaba, qu'on appelle aussi montagne des Etoiles, atteint une hauteur de 6,000 mètres; il est hérissé de rochers, chargé de neiges et de glaces, et largement creusé par un cratère, du fond duquel s'élèvent plusieurs cônes volcaniques. Ses dernières éruptions remontent à trois cents ans ; mais elles ont été d'une violence extrême.

Le Popocatépetl laisse encore échapper de la fumée, beaucoup moins cependant qu'à l'époque où les Espagnols firent la conquête du Mexique, sous le commandement de Fernand Cortez. L'histoire raconte que ce guerrier chargea quelques-uns de ses plus vaillants compagnons d'aller jusqu'au sommet de la montagne, pour découvrir le secret de la fumée, afin qu'il pût le faire connaître à Charles-Quint.

Il fallait, en effet, des hommes résolus pour accomplir cet ordre ; car, outre les difficultés matérielles de l'entreprise, ils avaient à braver la superstitieuse terreur qui en éloignait les indigènes, ceux-ci étant persuadés que le volcan n'était autre chose que l'enfer réservé aux mauvais chefs.

Neuf Espagnols, conduits par le capitaine Diégo Ortaz, après avoir traversé une épaisse forêt, puis des pentes de laves et de pierres volcaniques, arrivèrent à la région des glaces et des neiges. Malgré la souffrance que leur causait la rareté de l'air à cette hauteur, ils continuèrent à monter jusqu'à ce qu'une pluie de cendres et d'étincelles, sortie du cratère et chassée vers eux par le vent, vint les forcer de renoncer à aller plus loin.

Le sommet de la montagne a été exploré depuis ; le cratère, d'où s'échappent des jets de fumée, est creusé dans une vaste échancrure déchiquetée, au-dessus de laquelle s'élèvent des pics couverts de neige.

Le Tuxtla, dans une violente éruption qui eut lieu en 1793, vomit d'énormes quantités de cendres, dont une partie alla tomber à plus de cinquante lieues de distance.

Le Colima, situé à l'ouest du Mexique, jette encore des cendres et de la fumée.

A égale distance de ce volcan et du Toluca, dont le cratère est éteint, se dresse le Jorullo, dont l'existence ne date que du mois de septembre 1759, et dont le soulèvement peut donner une idée de la puissance des phénomènes volcaniques, au temps où la croûte terrestre n'avait encore que peu d'épaisseur.

La plaine dans laquelle se dresse aujourd'hui le Jorullo était bien cultivée, et l'on pouvait admirer ses belles plantations de cannes à sucre, d'indigo, de coton. Deux cours d'eau en entretenaient la fertilité ; et grâce à l'élévation de ce plateau, la chaleur n'y était pas excessive.

Vers la fin de juin, des secousses de tremblements de terre, accompagnées de bruits souterrains, vinrent effrayer les habitants et se renouvelèrent à intervalles inégaux, pendant près de deux mois. Le calme se rétablit alors, et chacun était rassuré, lorsque, dans la nuit du 28 au 29 septembre, un horrible fracas souterrain fut suivi d'une agitation du sol semblable à celle des vagues de la mer.

Sur un espace de douze mille mètres carrés, le terrain se souleva, en se couvrant de flammes, au milieu desquelles apparut une butte immense et noire. Des milliers de cônes surgirent en même temps de tous côtés, sans atteindre plus de deux à trois mètres de hauteur. On leur donna le nom de fours, parce qu'ils s'ouvrirent non par le sommet, mais au-dessous, pour donner issue à des vapeurs brûlantes.

Le long d'une vaste crevasse, six buttes s'élevèrent de quatre à cinq cents mètres au-dessus des plaines voisines. Elles crevèrent en projetant dans les airs des flammes, des cendres, des pierres et des rochers en fusion. Cela dura près d'une année, et aujourd'hui, la plus haute de ces buttes, qu'on nomme Jorullo, lance encore des flammes et des vapeurs ardentes.

Les deux rivières qui arrosaient cette plaine s'engloutirent alors dans un abîme, d'où elles passèrent sans doute dans des conduits volcaniques ; car on les voit encore sortir, en brûlantes cascades, d'un point éloigné de celui où elles coulaient avant la catastrophe.

Les solfatares sont nombreuses dans les montagnes de l'Amérique, surtout du Mexique, qui presque toutes sont des volcans éteints. Le soufre qu'on y récolte est plus ou moins pur, mais on le rencontre parfois en cristaux d'une remarquable beauté.

« Tous les volcans du Mexique sont d'un accès facile, dit M. de Saussure, en rendant compte d'une excursion faite par lui à la montagne de San-Andrès. La pente de leurs flancs est tellement douce, qu'on les gravit à cheval jusqu'à une hauteur considérable ; mais toujours ils sont envahis par d'immenses forêts qui masquent l'horizon et le sommet de la montagne. Partout le rayon visuel est arrêté par les troncs des arbres séculaires qui semblent se disputer le sol, ou qui gisent et s'entassent en immenses monceaux, où toute une nature vivante se meut à l'abri des regards du passant. Cette végétation vigoureuse, fruit d'une nature tropicale éminemment fertile, excite pendant longtemps l'imagination du voyageur ; puis elle finit par le fatiguer, et sa monotonie remplit l'âme de tristesse et d'ennui. Ici, cependant, l'uniformité est rompue par de grandes clairières, dont le sol horizontal me paraît avoir appartenu à une série de petits lacs desséchés.

LES VOLCANS. 369

« La montagne de San-Andrès a en effet un développement considérable. Ses plans ne sont pas uniformément inclinés; mais ils sont coupés de plaines, de mamelons et de collines, placés sur la montagne même. Ce vaste ensemble offre un massif de dômes et de groupes séparés par des plaines et des vallons, et s'élève graduellement jusqu'au dernier plateau, du niveau duquel surgit le rocher arrondi qui forme la cime la plus élevée.

« L'étroit sentier qui conduit du village de Jaripea au lieu d'exploitation du soufre, serpente à travers ces forêts impénétrables, tantôt traversant les marécages des plateaux, tantôt s'enfonçant dans des ravins où les pas les plus difficiles créaient à nos montures un danger de tous les moments. Le sol de la montagne est composé d'un trachyte bleuâtre, traversé lui-même par une infinité de filons d'obsidienne, à tel point qu'en bien des endroits, hommes et chevaux marchent littéralement sur du verre. Toutes les plaines avoisinantes offrent le même caractère et sont en outre inondées de débordements basaltiques, qui ont fait irruption par une multitude de fentes dont le sol a été criblé durant les nombreux cataclysmes qu'ont amenés d'incessantes éruptions volcaniques.

« Après plusieurs heures de marche, nous débouchâmes dans un amphithéâtre rocailleux, où le plus curieux spectacle s'offrit à nos yeux. Au fond de cette espèce d'entonnoir, l'on voit un étang circulaire de plus de cent mètres de largeur, rempli d'une eau trouble et bouillante, d'où s'échappe un nuage de vapeur chargé de gaz méphitiques. Toutes les parois de l'amphithéâtre sont des rochers dépourvus de terre végétale, ramollis et blanchis par les vapeurs sulfureuses dont l'atmosphère de ce gouffre est chargée. Sur ces rochers se dessinent des auréoles jaunes et rouges, qui témoignent de l'action incessante du soufre, et une végétation languissante surplombe de tous côtés leurs bords taillés à pic.

« Cette lutte entre une végétation envahissante et les émanations pernicieuses qui la refoulent, a quelque chose de triste, qui rend plus sauvage encore l'aspect de ces lieux désolés. La mare d'eau chaude qui en occupe le fond, à en juger par l'inclinaison de ses bords, paraît être d'une assez grande profondeur. C'est de son sein que l'on retire continuellement le soufre mêlé de boue dont on se sert pour la fabrication des poudres.

« Quelques huttes de terre et un petit bâtiment d'exploitation ont été construits pour servir à ces travaux, et s'élèvent à une distance de la lagune où l'on se ressent le moins des mofettes ; mais telle est encore l'influence des vapeurs sulfureuses à cette distance, qu'elle transforme la terre argileuse dont les maisons sont bâties en sulfates divers, principalement en alun, au point de les faire écrouler périodiquement.

« Nous consacrâmes le reste de la journée à explorer diverses parties de la montagne, et, guidés par deux Indiens, nous pénétrâmes dans une vallée élevée, en nous frayant une route à coups de hache à travers l'épaisseur de la forêt....

« Depuis une demi-heure environ, notre attention était attirée par un bruit étrange, assez semblable à celui d'une cataracte lointaine, lorsque nous aperçûmes une grande colonne de vapeur blanche, projetant avec violence ses flocons moutonnés par-dessus la cime des sapins qui couvrent les flancs de la vallée.

« En atteignant le lieu d'où partait ce bruit, nous fûmes saisis de la grandeur du spectacle qu'il nous présenta. Devant nous s'élevait une pente blanchie qui semblait couverte de porcelaine. Au sommet se trouve un puits de deux mètres d'ouverture, d'où s'échappe un immense jet de vapeur, qui s'élève à une hauteur considérable.

« En même temps, un flot d'eau bouillante déborde de l'ouverture et s'écoule en plusieurs ruisseaux vers le fond de la vallée. Ce grand phénomène ne saurait être comparé qu'à celui des geysers d'Islande, et, ici comme là-bas, ses résultats sont les mêmes. Les eaux, en s'écoulant, déposent une grande quantité de silice et forment aux environs ces rochers blancs dont je compare la substance à celle de la porcelaine. Non loin du jet de vapeur, et dans la même vallée, l'on voit jaillir une autre source chaude, au milieu de divers petits bassins qui semblent taillés de main d'homme.

« Nous continuâmes à cheminer à travers les bois, en nous élevant graduellement sur les flancs de la vallée; mais sans sortir du rayon d'une demi-lieue, subitement nous vîmes s'ouvrir devant nous un gouffre, dont les bords argileux, coupés à pic, menacèrent de s'ébouler sous nos pas.

« Dans la profondeur de ce gouffre, nous vîmes une mare d'eau bourbeuse, agitée par une violente ébullition. Son niveau s'abaissait, puis s'élevait en immenses boursoufflures, qui éclataient en jetant de tous côtés des flots d'écume. Des sapins, que l'éboulement des bords avait entraînés, s'étaient abattus dans cet entonnoir où, agités par les flots brûlants d'une vase grise, ils subissaient une véritable coction, allant et venant comme un légume dans une marmite d'eau bouillante. La soudaineté de ce spectacle le rend encore plus effrayant;

nous reculâmes, saisis de terreur, à la pensée que la moindre imprudence nous précipiterait dans ce gouffre, où une mort affreuse deviendrait inévitable.

« Nous ne pûmes nous empêcher de comparer cette merveille pittoresque à certaines scènes féeriques que l'imagination du moyen-âge a enfantées. Si, au lieu d'être placée au sein des déserts de l'Amérique, la montagne que nous décrivons s'élevait sur les bords du Rhin, elle eût ajouté plus d'une légende aux traditions gothiques de l'Allemagne.... »

Les volcans du Guatémala et du Nicaragua, au nombre de dix-neuf, sont alignés à peu de distance de la côte, et se montrent aux navigateurs comme des phares allumés pour éclairer leur marche. Tous cependant ne sont pas également actifs : les uns ne lancent que de la fumée, tandis que les autres projettent au loin la lueur de leur panache de flammes.

Trois fois depuis le commencement de notre siècle, l'Isalco a ravagé ses environs, et, en 1873, un tremblement de terre a détruit de fond en comble la ville de San-Salvador, que le volcan de même nom avait déjà couverte de ruines à sept époques différentes.

Enfin, les nombreuses éruptions de deux pics voisins de Guatémala, et les violents tremblements de terre dont elles étaient accompagnées, ont obligé les habitants à rebâtir leur capitale à sept lieues de ces deux pics, qu'on appelait les feux de Guatémala. Aujourd'hui, un seul porte encore le nom de Fuego et l'autre celui d'Agua, parce que la fonte des neiges dont il était couvert a inondé la ville et son territoire.

Dix-huit volcans, dont six sont en activité, forment l'immense massif de la haute région de Quito. Les plus remarquables sont le

Cotopaxi, le Pichincha, le Tunguraga, le Sangay et l'Antisana.

Le Cotopaxi est le plus beau, le plus régulier et l'un des plus hauts sommets des Andes. Il est situé à quatre-vingts kilomètres de Quito, dans la république de l'Equateur. C'est aussi l'un des mieux connus, deux savants français, Bouguer et La Condamine, ayant été témoins d'une de ses éruptions, en 1742, pendant qu'ils travaillaient à mesurer un degré du méridien.

Les neiges, qui depuis deux cents ans s'étaient entassées sur la cime du Cotopaxi et descendaient à 250 mètres plus bas, s'étant fondues en masse, pendant que le cratère lançait à d'énormes hauteurs des colonnes de feu, de pierres incandescentes, de matières enflammées, qui retombaient sur les pentes du cône, un torrent furieux se précipita vers la plaine, où il forma des vagues de vingt à trente mètres.

Six cents maisons furent renversées par les eaux, et il périt de sept à huit cents personnes.

L'éruption de 1533 avait encore été plus terrible; car des blocs de trachyte, mesurant de vingt à vingt-cinq mètres cubes, avaient été lancés alors à plus de trois lieues de distance.

En 1744, 1766, 1768, 1803 et 1808, eurent lieu de nouvelles explosions. Pendant les premiers jours de juin 1881, des bruits souterrains, semblables à des décharges d'artillerie lointaines, se firent entendre, pendant que d'épais nuages noirs, traversés par des langues de feu, séjournaient au sommet de la montagne et s'éclairaient la nuit d'une lueur rougeâtre.

Le matin du 25 juin, des scories et des cendres, projetées avec une puissance incalculable, furent portées à deux cents lieues du volcan qui les vomissait; elles obscurcirent la lumière du soleil pendant plusieurs heures à Quito et enveloppèrent le steamer *l'Islay*, qui se rendait de Panama à Guyaquil.

En même temps les détonations souterraines éclataient avec un épouvantable fracas et de fortes secousses inspiraient à tous une profonde terreur. Peu de jours après, on annonçait la ruine des belles vallées de Chilo et de Tambuco et la destruction d'un grand nombre d'habitations.

Le Pichincha est moins un volcan qu'une chaîne de montagnes, qui occupe une longueur de quinze kilomètres. On y compte quatre sommets principaux, dont le plus élevé, le Pichincha, porte un cratère très profond, entouré d'un grand nombre de petites bouches, d'où sortent des flammes et des vapeurs sulfureuses.

En 1742, La Condamine et Bouguer passèrent plusieurs semaines sur le Pichincha; et M. de Humboldt, qui le visita en 1802, s'étant approché du cratère par un épais brouillard, faillit rouler dans cet ardent abîme.

Le Sangay est un gigantesque volcan dont les éruptions ont commencé, dit-on, en 1728. Elles n'ont pas cessé depuis, et l'on évalue à plus de cent mètres l'épaisseur de la couche formée au pied de cette montagne par les scories sorties de son sein.

L'Antisana se repose depuis plus de cent cinquante ans; mais on ne peut dire qu'il soit éteint.

Le voisinage de tant de volcans est pour les villes de ce pays un danger perpétuel. A diverses reprises elles ont été plongées dans les ténèbres par des nuées de cendres, et de fréquentes secousses de tremblements de terre s'y font sentir.

En 1697, toute la plaine volcanique située entre le Tinguraga et le

Cotopaxi fut bouleversée, et la ville de Riobamba complètement détruite ou plutôt engloutie ; car sur l'emplacement qu'elle occupait les ruines amoncelées n'ont guère plus de trois mètres de hauteur. Le sol fut ébranlé à d'énormes distances du lieu où l'on avait éprouvé les premières secousses, et plus de cinquante mille personnes périrent.

Le volcan de Pasto, éloigné de plus de soixante lieues de Riobamba, se relie, dit-on, au groupe de Quito ; car au moment où cette ville était renversée, le Pasto, en éruption depuis plusieurs mois, cessait de jeter de la fumée et des flammes.

Le Pérou est une des contrées qui ont eu le plus à souffrir des tremblements de terre. En 1746, Lima fut détruite, et le 13 août 1868, une terrible commotion ruina presque entièrement plusieurs villes florissantes : Arica, Iquique, Aréquipa, etc. Plusieurs autres furent plus ou moins endommagées, ainsi qu'un grand nombre de bourgs et de villages.

Le volcan d'Aréquipa n'a pas eu d'éruption proprement dite depuis la découverte de l'Amérique ; mais la ville qui porte ce nom avait, au XVIe siècle, été presque ensevelie sous des masses de cendres vomies par l'Uvinas, qu'on croit maintenant éteint, et qui en est éloigné de six lieues.

En Bolivie, le Gualatiéri, appelé aussi Sacama, lance constamment des cendres et des vapeurs.

Au Chili, que des tremblements de terre ont ravagé très souvent, se trouvent treize volcans actifs, dont le plus majestueux est l'Aconcagua, du sommet duquel s'élèvent presque constamment des vapeurs et des cendres.

Le Santiago n'a pas cessé de donner aussi des signes d'activité depuis 1822, époque à laquelle se rattache le souvenir d'un violent ébranlement du sol. Sept ans après, l'Antaco donna naissance à une énorme coulée de lave, d'un si grand éclat, qu'on la voyait la nuit à une distance de quarante lieues. Le Votuco jette encore tant de cendres, qu'il rend stérile le pays qui l'entoure.

Le 20 mars 1861, pendant que l'Aconcagua était en pleine éruption, sans qu'aucun bruit souterrain eût retenti, la ville de Mendoza, qui en est peu éloignée, s'écroula de fond en comble, ensevelissant sous les décombres plus de dix-sept mille personnes. L'ébranlement se fit sentir fort loin et dans des directions différentes.

Au sud de l'Amérique se trouve la Terre de Feu, dont le nom indique assez l'activité volcanique.

Les îles du nouveau continent ont aussi leurs volcans. Dans les Antilles, il faut citer ceux de Saint-Christophe, de Saint-Eustache, de Sainte-Lucie, de la Dominique, qui tous dégagent des vapeurs sulfureuses.

Le Saint-Vincent a eu des éruptions de laves et de cendres.

La montagne Pelée de la Martinique a vomi des torrents d'eau chaude en 1782, et le volcan de la Guadeloupe a lancé en 1797 des quantités de cendres et de pierres ponces.

De ces deux îles, la première a été ravagée par un tremblement de terre en 1839 et la seconde en 1843. La Pointe-à-Pitre, capitale de la Guadeloupe, fut renversée en un instant ; du sol profondément crevassé jaillirent des tourbillons de flamme, et plus de deux mille habitants périrent.

L'Océanie renferme une multitude de volcans, situés pour la plupart dans les innombrables archipels qui, avec quelques grandes îles, composent cette cinquième partie du monde.

Dans le groupe des Sandwich, se trouve l'île d'Hawaï, où le capitaine Cook fut massacré. Sur cette île s'élève un des plus grands volcans de l'Océanie, le Mouna-Rea, qui atteint 4,800 mètres, et porte plusieurs cratères, dont l'un, appelé Kilauea, offre des dimensions extraordinaires.

C'est une espèce d'amphithéâtre, formé de terrasses superposées, au fond duquel se trouve un bassin de lave, dont le plus grand diamètre est d'une lieue et le plus petit de seize cents mètres.

« Cette masse de lave rappelle la mer agitée, dit un naturaliste américain. Elle est presque aussi liquide que de l'eau ; ses vagues forment des brisants sur les bords des terrasses ; quelquefois elle est soulevée jusqu'à la hauteur de la première terrasse, d'où elle se précipite en formant des cascades. Quelquefois des jets isolés jaillissent jusqu'à la hauteur de vingt mètres ; la lave fondue se retire après une pareille explosion ; la surface se fige et devient noire ; mais tout à coup cette écorce se brise de nouveau, se couvre de fissures d'une lueur éclatante ; les pièces noires sont soulevées et flottent à la surface, comme des glaçons sur une rivière à l'approche du dégel. »

Cette lave projetée en l'air, étant très fluide, forme, lorsqu'elle retombe, une multitude de fils d'une finesse extrême, que le vent transporte fort loin, et les pierres ponces qu'on trouve au bord du cratère sont si poreuses et si légères, qu'elles se brisent au moindre choc.

Les îles Mariannes et les Philippines ne sont pas moins volcaniques que les Sandwich.

Les Moluques ont huit principaux volcans. L'Aboe, un des plus grands du globe, a couvert de cendres la moitié de l'île de Sanguir en 1811, et il a lancé, en 1856, des torrents de lave, de pierres et de boue. Dans l'île de Banda, la montagne de Feu a eu, en 1820, une désastreuse éruption.

Bornéo n'a qu'un seul volcan; mais Célèbes et Sumatra en comptent plusieurs, ainsi que les petites îles, très nombreuses dans ces parages.

En 1861, Sumatra fut dévastée par un tremblement de terre, dont les secousses se propagèrent au loin, pendant que ses volcans lançaient des flammes et que des sources bouillantes jaillissaient du sol bouleversé.

Java est, de toutes les îles de l'Océanie, celle qui compte le plus de volcans. Un des principaux était, au siècle dernier, le Papandujang; mais, en 1772, après l'apparition d'un grand nuage lumineux, la formidable montagne s'engloutit dans un abîme subitement ouvert, et avec elle disparut un terrain de 28 kilomètres de long sur 12 de large.

Le Tankuban laisse échapper d'un immense cratère des vapeurs sulfureuses très abondantes. Le mont du Tonnerre doit ce nom aux terribles éclats souterrains qu'il a fait entendre pendant sept années consécutives, et il est encore un des plus menaçants de cette île.

Dans celle de Sambava, une éruption du Timboro dura trente-quatre jours et fit périr tous les habitants de la contrée, à l'exception de trente-six. Le fracas des explosions retentit à trois cents lieues de distance et des nuées de cendres firent régner les ténèbres en plein midi, dans l'île de Java, qui en est éloignée de plus de cent lieues.

La Nouvelle-Guinée avait deux volcans en éruption lorsque Dampier en explora la côte, et ils continuent à dégager des flammes et de la fumée.

La Nouvelle-Bretagne en a trois, dont l'un versait en cascades des torrents de lave dans la mer, en 1793.

Dans les Nouvelles-Hébrides, Cook vit, en 1774, un volcan qui lançait, outre des flammes et des cendres, des pierres d'une grosseur au moins égale à celle de la grande chaloupe de son navire.

La Nouvelle-Zélande est presque entièrement composée de laves et de basaltes. On y trouve des cratères éteints et des volcans actifs, dont le plus remarquable s'élève sur la moins grande de ses deux îles.

Loin, bien loin de l'Océanie, dont la Nouvelle-Zélande est une des îles les plus méridionales, le navigateur anglais James Ross, s'étant avancé, en 1841, jusqu'au 76e degré de latitude, au milieu des glaces du pôle austral, vit, sur la terre Victoria, une montagne gigantesque, de laquelle s'élançaient à plus de 700 mètres dans les airs, des colonnes de fumée et des gerbes de flamme. De la base au cratère, elle était entièrement couverte de neige, et sa hauteur était de 3,750 mètres.

Un autre cône s'élevait non loin du premier ; mais au moment où il fut découvert, il ne s'en échappait aucune vapeur. Etait-il éteint ou seulement au repos ? James Ross donna à ce dernier volcan le nom d'Erèbe et à l'autre celui de Terror, que portaient les deux navires avec lesquels il avait accompli cette périlleuse expédition.

FIN.

TABLE.

	PAGES
I. — UN ÉQUIPAGE NAUFRAGÉ. — Position désespérée. — Tous sont morts, moins six. — Ils luttent pour sauver leur vie. — Le ciel au-dessus, la mer au-dessous, et rien en vue !	7
II. — LE MARTEAU. — Précaution du capitaine. — On se débarrasse du mort. — La tombe commune dans l'Océan. — Le type d'un monstre.	15
III. — L'ALBATROS. — Un homme à la mer. — Au secours. — Tentatives. — Le sauvera-t-on? — L'oiseau fatal.	21
IV. — LE CRI DU DUGONG. — Une nuit orageuse. — La voile improvisée. — Sous le vent. — Un cri mystérieux. — Ce qu'annonce le dugong. — Terre.	27
V. — SUR LES BRISANTS. — Les rochers de corail. — Une entreprise dangereuse. — La passe entre les rochers. — On aborde enfin. .	35
VI. — UNE HUITRE GIGANTESQUE. — Trouvera-t-il ? — La fontaine de vie. — Un endroit propice pour camper. — Est-ce une pierre ou un coquillage? — L'huître de Singapour. — Un repas copieux. . . .	41
VII. — UNE LOCALITÉ DANGEREUSE. — Un coup d'œil sur le paysage. — Le père va à la chasse. — Choix d'un siège. — Accident inattendu. — Qu'est-ce que cela peut être ? — Le fruit du durion.	49

		PAGES
VIII.	— A LA CHASSE AU DURION. — *Experientia docet.* — Ils sont trop verts. — Nécessité est mère d'industrie. — Le durion. — Une sensation nouvelle et un fruit dangereux. — Récits de voyageurs.	59
IX.	— UN GAVIAL BAILLONNÉ. — Un cri de détresse. — L'approche du gavial. — Que faire? — Le Malais sauveur. — Détails zoologiques. — Hélène est saine et sauve.	69
X.	— LES OISEAUX FOUISSEURS. — Que ne donnerait-on pas pour manger des œufs ? — La *beushee* supposée. — Les constructeurs de forts. — Un nid curieux. — Le mégapode. — On examine le terrain. — Avertissement de Laloo. — La ponte des œufs. — La patience récompensée. — Des provisions venues fort à point. — *A malo ad ovum.*	77
XI.	— LES LANOONS. — Plans d'avenir. — Voleurs d'hommes. — Les pirates malais. — Nouvelle cause d'effroi. — La difficulté vaincue.	91
XII.	— LE PYTHON. — Un hôte fort malvenu. — Murtagh est en grand danger. — Le python. — Le *kris* du Malais. — Un énorme reptile.	101
XIII.	— PRESSÉS D'ÉCLORE. — L'expédition projetée. — Les nids trompeurs. — Le trésor est découvert. — Encore pressés par la faim. — Les oiseaux précoces.	109
XIV.	— UN ADROIT GRIMPEUR. — Rien à manger. — Des oiseaux précoces. — L'homme universel. — L'échelle improvisée. — Comment on la fit. — Échelon par échelon. — L'ascension du Malais.	117
XV.	— A QUOI L'ON NE S'ATTENDAIT GUÈRE. — Une bonne chance. — Qu'est-ce que cela peut être. — Capture d'un toucan. — La mère et son petit.	129
XVI.	— L'ENNEMI AÉRIEN. — Seconde ascension. — L'adversaire de Henri. — Attaque et parade. — Combat en l'air. — Dévouement d'un père. — Un coup de fusil dont on peut être fier.	135
XVII.	— OU LE TOURNE-BROCHE DEVIENT INTÉRESSANT. — Rivalité d'ardeur dans le département de la cuisine. — L'office se garnit. — Le *korwé* et ses mœurs. — Muré dans l'arbre. — Les oiseaux et leur nid. — Murtagh soulève une difficulté. — Cuit à point.	143
XVIII.	— D'OÙ VIENT LE MAL? — Un malaise subit. — Empoisonnés ! — Le mal augmente. — Ils se préparent à la mort.	153
XIX.	— UNE NUIT CRUELLE. — La prière d'un père. — Paroles de consolation. — L'aube naissante. — Une heureuse découverte. — Ils ne mourront pas.	159
XX.	— L'ARBRE MORTEL. — La cause du mal. — Le soleil après la pluie. — L'upas; ses caractères.	167

TABLE.

XXI.	— Départ pour l'intérieur. — Toujours des préparatifs culinaires. — Un repas hâtif. — On campe sous un banian. — Étrange rôti que Laloo leur offre là. — On s'en contente, et l'on fait bien. — Porc frais et jambons fumés. — On se met en route.	173
XXII.	— Par monts et par vaux. — Que réserve l'avenir? — La sarbacane de Laloo. — Les sauvages de Bornéo. — Le premier jour. — La chaîne de montagnes. — On a fait des provisions d'eau. — Un coup d'œil splendide. — Le gorille rouge.	184
XXIII.	— Le voyage se complique. — Traversée de la plaine. — Le hallier de bambous. — Les toiles d'araignées. — Une forêt plus noire que la Forêt-Noire.	191
XXIV.	— Homme ou satyre. — Une imprudence de Henri. — Serait-ce un homme? — Oh! le monstre!	199
XXV.	— Où le silence est d'or. — Mœurs du gorille. — Un herbivore. — Quelles transes! — Le frère et la sœur.	205
XXVI.	— Où l'on ne retrouve pas la sécurité perdue. — Toujours le gorille. — On observe l'ennemi. — Terrible attente. — Résolution de Henri. — Fureur du gorille. — Qu'est-ce qui va se passer? — Encore un gavial.	211
XXVII.	— Un spectacle comme on n'en voit guère. — L'arrivée du crocodile. — Un combat terrible. — Qui sera vainqueur? — Victoire du gorille.	217
XXVIII.	— Où l'homme fait défaut. — *Monstrum horrendum*. — Le secours vient-il? — Anne, ma sœur Anne? — La crise approche.	223
XXIX.	— L'enlèvement. — Que faire? — Il est sur l'arbre. — Le retour de Murtagh. — La catastrophe est imminente — La bravoure de Henri. — Hélène a quitté la terre.	229
XXX.	— Que va-t-il en advenir? — Désespoir du père. — Dans la forêt. — Chasse désespérante. — Prière suprême.	237
XXXI.	— Tu n'iras pas plus loin. — La chasse continue. — Toujours plus loin. — Hors de vue. — Explosion de douleur.	243
XXXII.	— Où l'on ne peut que tacher d'écouter. — Morte ou vive? — Laloo écoute. — Le nid du gorille. — Sa retraite est découverte. — Un rayon d'espoir.	249
XXXIII.	— On part. — Est-elle vivante? — Il vaut mieux être deux que tout seul. — Le départ des nageurs. — Il est dur de rester en arrière.	255

	PAGES
XXXIV. — A L'OMBRE. — Côte à côte. — Un banc de terre. — L'îlot. — Le domicile du gorille.	261
XXXV. — UNE CHARMANTE FAMILLE. — Une scène terrible. — La famille du gorille. — Laloo vise. — Væ victis. — Le triomphe sera-t-il complet?	265
XXXVI. — LE PALANQUIN IMPROVISÉ. — Une heureuse réunion. — A travers les profondeurs de la forêt. — Retour à leur point de départ.	271
XXXVII. — REPRISE DU VOYAGE. — Avantage de la jeunesse. — On retrouve des provisions. — Laloo ne peut trouver de solution satisfaisante pour son énigme. — Différentes espèces de gorilles.	277
XXXVIII. — LE DRAPEAU AMI. — Ils descendent la montagne. — Heureux auspices. — Ils aperçoivent Labuan. — Conclusion.	281

FIN DE LA TABLE.

ROUEN. — Imp. MÉGARD et C°, rue Saint-Hilaire, 136.

www.ingramcontent.com/pod-product-compliance
Lightning Source LLC
Chambersburg PA
CBHW060609170426
43201CB00009B/950